Nord-Spanien

VISTA POINT

VERLAG

W0370368

Eine Übersichtskarte des Reisegebietes mit den eingezeichneten Routen finden Sie in der vorderen Umschlagklappe.

Andreas Drouve

Nord-Spanien

Jakobsweg und Atlantikküste

VISTA POINT VERLAG

Inhalt

Willkommen in Spaniens Norden

Nord-Spaniens Küsten sind gesäumt von weiten Sandstränden und bizarren Felsformationen

Haben Sie Lust auf ein unverfälschtes Stück Spanien, in dem sich Kultur und Natur ideal ergänzen? Sind Sie neugierig auf Burgen, Fjorde und Fischerdörfer? Schätzen Sie kulinarische Genüsse wie fangfrischen Fisch und Wein direkt von der Quelle? Ein dreifach Ja – und Sie liegen mit Spaniens grünem Norden goldrichtig. Dort, wo der Atlantik gegen die Klippen rollt und in wildromantischen Buchten brandet, sich der Jakobsweg seinem Endpunkt zuschiebt: der galicischen Pilgerstadt Santiago de Compostela mit der Kathedrale und ihrem im Mittelalter auf wundersame Weise entdeckten Grab des Apostels Jakobus. Seit einigen Jahren erlebt der zum Kulturerbe der Menschheit erklärte Jakobsweg *(Camino de Santiago)* eine blühende Renaissance. Entlang des historischen Binnenlandpfads von den Pyrenäen bis tief hinein nach Galicien reihen sich Kirchen, Kapellen und monumentale Klöster wie an einer Perlenschnur auf. So eröffnet sich auf einer Länge von knapp 800 Kilometern eine einzigartige kunsthistorische Schatzkammer unter freiem Himmel. Motto der Wallfahrer damals wie heute: »Der Weg ist das Ziel.«

Kurzum: Entdeckernaturen, aufgepaßt! Selbst eingefleischte Ibero-Fans wird Spaniens grüner Norden mit seinem bunten Potpourri an Zielen in seinen Bann ziehen. Sie werden verwinkelte Wehrgänge in trutzigen Kastellen durchstreifen und Mönchsgesängen in einsamen Klöstern lauschen. Oder in Geierschluchten und »Hexenhöhlen« eintauchen, das klobige Pflaster uriger Bergdörfer unter den Sohlen und das erfrischende Naß des Atlantiks in einer versteckten Bucht spüren. Das Ganze können sie anreichern mit Gaumenfreuden, wilden Fiestas, ungewöhnlichen Bräuchen und Be-

Cárcel-Brücke über den Río Ega in Estella

gegnungen der seltsamsten Art. Mit Stierläufern in den Altstadtgassen Pamplonas zum Beispiel oder Besuchen bei den Traubenstampfern Antonio und Francisco in Logroño und den vermummten Selbstgeißlern von San Vicente de la Sonsierra, die zu Ostern auf ihrem Kalvarienberg plötzlich die Umhänge abstreifen und zu langen Ruten greifen ...

An Spaniens Norden haben schon viele Feuer gefangen – ohne daß sie's erwartet hätten. So legt der Philosoph und Sprachforscher Wilhelm Freiherr von Humboldt (1767–1835) in seinem Werk »Die Vasken, oder Bemerkungen auf einer Reise durch Biscaya« im Frühling des Jahres 1801 Zeugnis von einer packend-romantischen Region ab. Kaum hatte er mit Roß und Gepäck bei Hondarribia über den Grenzfluß Bidasoa gesetzt, ließ er sich von einem baskischen »Bauernknaben«, der »kein Wort Spanisch« wußte, auf den Jaizkibel-Berg führen. Im Deutsch jener Jahre schreibt von Humboldt: »Wir lagerten uns hier auf einige Augenblicke; als wir aber im Schatten von der Ermüdung des Steigens sanft ausruhten, ahndeten wir nicht, dass wir nur um we-

nige Schritte von dem lieblichsten Flecke geschieden waren, den vielleicht an der ganzen Französischen und Spanischen Küste das Meer bespült. Wie gross war daher unsre Ueberraschung, als wir, da wir aufgestanden waren, und an den Abhang des Berges kamen, erst die Gipfel von Schiffsmasten, dann eine neue Bucht, die mahlerischsten Felsgruppen und zwischen ihnen und dem Meer weissschimmernde Häuser erblickten. Wir stürzten mit Ungeduld die kleinen Felsstufen, an deren Rande wir standen, hinunter, und befanden uns auf einmal auf den Strassen von Pasages.«

Hätten Sie's gedacht? Des Freiherrn Geheimtip-Örtchen »Pasages« – besser: Pasajes, baskisch: Pasaia de San Juan – überrascht noch heute. Auch wenn wir das mit dem »lieblichsten Flecke« nicht mehr gelten lassen. Gleich nebenan trübt San Sebastiáns großer Handelshafen die schwärmerische Buchtromantik und die Wasser des Atlantiks. Um so unverhoffter umfängt den Besucher der Charme Pasaia de San Juans, einer Fischeroase zwischen Felsabhängen und Fjord. Mit engen Gassen, lauschigen Torbögen, bunt bemalten Häuserbalkonen und dümpelnden Bötchen an den Flanken der Bucht. Nicht zu vergessen: die heimeligen kleinen Fischrestaurants.

Wilhelm von Humboldt hat's gezeigt, und es ist auch nach 200 Jahren noch gültig: Spaniens Norden bietet Individualisten ein ideales Reise- und Erkundungsterrain. Nur »Bauernknaben« wird man als ortskundige Führer schwerlich finden. Deren Nachkommen studieren längst an den Universitäten von San Sebastián und Bilbao, richten modernste Windkrafträder auf, bauen in den baskischen Technologieparks Computer oder in den Automobilwerken von Vitoria und Pamplona Fahrzeuge zusammen.

Schließlich ist Spanien längst aus dem Dornröschenschlaf erwacht und von einer Nation der billigen Obst- und Olivenlieferanten zu einer modernen Industrie- und Dienstleistungsgesellschaft herangewachsen, in der die Landesväter – wie andernorts auch – flächendeckend Beton und Asphalt aufgelegt haben. So würden »Bauernknaben« als Touristen-Guides auf den Jaizkibel ohnehin kein Geschäft mehr machen. Längst schlängelt sich ein Sträßchen von Hondarribia über das kleine Küstenmassiv und hinab nach Pasaia de San Juan. Wer's schneller liebt, nimmt die Autobahn im Inland.

Angelehnt an von Humboldts Enthusiasmus anno 1801, gilt für Besucher im 21. Jahrhundert: »Pasages« liegt überall. Entdecken Sie an Spaniens zerklüfteter Nordflanke Ihren persönlichen Favoriten unter all den Küsten- und Fischerorten.

Allgegenwärtig ist der feuchtfrische Atem des Atlantiks, den er an den küstennahen Gebirgen aushaucht. Sprich: der Regen. Doch der gehört ins Bild wie die nimmermüden Wellen, die an die langen Strände rollen, in idyllische kleine Buchten treiben und die weiten galicischen Meeresarme *(rías)* durchfluten. Schließlich braucht der Erdmantel aus Wiesen, Weiden und Koniferen ja auch seine regelmäßige Regeneration. An solch lichtem, erfrischenden Grün und den Kontrasten zum tiefen Blau des Ozeans wiederum weidet sich das Auge.

Zu Nordspaniens Gesichtern zählt das reiche kunst- und kulturgeschichtliche Erbe, das der berühmte Jakobsweg, der *Camino de Santiago*, seit weit mehr als tausend Jahren vorzeichnet. Von Glaubensburgen – großen wie kleinen – ist er gesäumt, voll von schlichter Romanik, filigraner Gotik, harmonischer Renaissance und üppigem Barock.

An den grandiosen Bauwerken am Wege, wie der heute zum Kulturerbe der Menschheit zählenden Kathedrale von Burgos, machten sich die bedeutendsten internationalen Künstler ihrer Zeit zu schaffen, bekannte und im Dunkel der Geschichte anonym gebliebene. Der *Camino* zieht sich von den Pyrenäen rund 800 Kilometer westwärts in die äußerste Nordwestecke der Pyrenäenhalbinsel. Sein Ziel: die galicische Hauptstadt Santiago de Compostela. Genauer: die Grabstätte des Apostels Jakobus des Älteren in der Kathedrale. Noch genauer: das vermeintliche Grab.

Ob hier tatsächlich die sterblichen Überreste des im Jahre 44 unter Herodes Agrippa I. hingerichteten Jüngers Jesu ruhen? Ob er nach seinem Martyrium in Judäa in einer Nacht-und-Nebel-Aktion wirklich von seinen Getreuen auf ein Schiff gebracht wurde, das der Engel des Herrn nach Spanien steuerte, dorthin, wo der Sohn des Zebedäus und der Salomé zuvor das Evangelium verkündet hatte? Wie gelangte der enthauptete Leichnam von der meeresnahen Flußmündung bei der römischen Siedlung *Iria Flavia* aber ein Stück weiter ins Inland? War es vielleicht auf einem Rinderkarren, wie uns die mittelalterliche *Legenda aurea* Glauben macht? Warum dauerte es dann jedoch knapp acht Jahrhunderte bis zur vermeintlichen Entdeckung des Grabes, damals, irgendwann zwischen 813 und 830, als der Einsiedler Pelayo von einem wunderhaften Sternenlicht geleitet wurde und Bischof Teodomiro den Fund sogleich bestätigte?

Fragen über Fragen. Gibt es greifbare wissenschaftliche Antworten? Oder, anders gefragt: Muß es auf alles immer wissenschaftlich fundierte Antworten geben? Geht es um den »wahren Jakob«, wird man sich in einem ewigen Spagat zwischen Geschichtsschreibung und – der tendenziell stärkeren – Legendenbildung bewegen. Schnörkellos-nüchtern

Jakobus auf seinem letzten Weg nach Santiago de Compostela

bringt es der moderne Jakobswegforscher Rolf Legler auf den Punkt: »Jakobus d. Ä. war zu Beginn des 9. Jahrhunderts ein fast vergessener Apostel. Bis ins 8. Jahrhundert hinein genießt er in der ganzen Ökumene keine besondere Verehrung. Keine andere Stadt, kein anderes Land beansprucht ernsthaft diesen wichtigen Jünger Christi für sich. Er war sozusagen verwendungsfrei. Deshalb konnte man auch, per Legendenbildung, nicht ohne Zwischenschaltung eines Wunders, sein Grab in Compostela propagieren.«

Halten Sie es mit dem Grab des Jakobus also am besten so: Glauben Sie an seine Existenz, so wie Sie an eucharistische Wunder glauben, an Erscheinungen und an Gott – oder eben nicht. Und nehmen Sie hin, daß Legenden einfach wahr sind – oder eben nicht. Gleichwohl sei noch einmal nachgefragt. Der Ursprung des Jakobskultes – mit unchristlicher Zunge von heute überspitzt formuliert – als gelungene touristische PR-Aktion des Mittelalters? Als macht- und kirchenpolitisches Konstrukt, bei dem es auch darum ging, mit möglichst vielen Wallfahrerströmen den stets von maurischen Streitern bedrohten Norden der Iberischen Halbinsel zu sichern? Keine Frage, die Muselmanen waren dem gesamten Abendland ein Dorn im Auge. Karl Martell und die Seinen hatten 732 bei der Schlacht von Tours und Poitiers das weitere Vordringen der Araber nach Zentraleuropa abgewehrt, nun blieben sie als latente Gefahr jenseits der Pyrenäen. Mit dem Feindbild der Heiden vor Augen, war den »Christen« ein kämpferisches Vorbild um so willkommener. So eines wie der heilige Jakobus eben.

Der nämlich soll den sich christlich nennenden Heeren bei der von Legenden umrankten Schlacht von Clavijo (844) auf einem feurigen Schimmel und mit schwingen-

Alles muß stimmen: Vorbereitungen für die Karwoche

dem Schwert erschienen sein: als *matamoros*, als Maurentöter. Welch ein Ansporn! So war's also, der Heilige als Schutzpatron und als Held eines militanten Christentums im Kampf gegen die Muselmanen, und das im Frühstadium der Reconquista, der »christlichen« Rückeroberung Spaniens! Dieses idealisierte Vorbild beflügelte weiter, legitimierte in irgendeiner Form die Gemetzel. Das mag erleuchten, warum Santiago de Compostela neben Rom und Jerusalem zu einem der populärsten Wallfahrtsziele des Mittelalters aufstieg. Jakobus ist Spaniens Schutzpatron geblieben – das erklärt den ungebrochenen Run auf Santiago in unserer Zeit. Für euphorische Stimmungsmache sorgen im Zweifelsfall die galicischen Tourismusbehörden und bescheren dem Fremdenverkehrsgeschäft zweistellige Zuwachsraten. Indem sie zum Beispiel das Bild eines stilisierten »Pilgers« entwerfen, so wie 1999 beim letzten Heiligen Jahr (immer, wenn der Jakobustag, der 25. Juli, auf einen Sonntag fällt). Als buntes, freudig hüpfendes Männchen wurde der Pilger der Neuzeit von Galiciens PR-Mühlen im Fernsehen, auf Plakaten und an den Werbebanden von Fußballfeldern bis zum Abwinken durchgedreht.

Osterprozession in Logroño

Wahrer Jakob hin oder her. Nicht zu bestreiten ist, daß der Mensch Ziele braucht. Reiseziele. Schon im Mittelalter. Ein solches ist Santiago de Compostela bis heute geblieben – das Besucheraufkommen beweist dies stärker denn je. Während des letzten Heiligen Jahres strömten rund zehn Millionen Menschen in die 100 000-Einwohner-Stadt. Nicht alles fromme Wallfahrer vom alten Schlag, versteht sich, die mit Körper und Seele an ihre Grenzen gehen und die göttliche Vergebung ihrer Sünden erhoffen. Viele zieht es aus purer Neugier oder kunsthistorischem Interesse in jene Pilgermetropole, die mit ihrer grandiosen Vielzahl an Monumenten einem Freilichtmuseum gleicht.

Selbst die »richtigen« Fußpilger sind nicht alle von christlichem Eifer beseelt. Da geht es um Selbstfindung, um Muße und Meditation, darum, einmal zur Besinnung zu kommen in unserem hektisch pulsierenden Zeitalter: der *Camino de Santiago* als Selbsterfahrungstrip. Da geht es auch um sportlichen Wander- und Radlerehrgeiz (viele kommen mittlerweile mit dem Drahtesel) und – Hand aufs Herz – um eine billige Art des Reisens, begünstigt durch die preiswerten Übernachtungen in den Pilgerherbergen.

Alle beleben das Geschäft, das schon von den Anfängen der Pilgerfahrten an geblüht hat. Im 11. und 12. Jahrhundert bereits, als die vornehmlich von religiöser Inbrunst angetriebene Wallfahrt auf ihrem ersten Höhepunkt stand, lauerte überall der

Profit. In seinem um 1120 verfaßten *Liber Sancti Jacobi*, dem »Pilger-Baedecker« des Mittelalters, berichtet der französische Mönch Aimeric Picaud von korrupten Zöllnern, hinterlistigen Wirten und Geldwechslern sowie horizontal-gewerblichen Damen: »Die Dienstmägde der Wirtsleute am Wege nach Santiago, welche, aus Spaß an der Verführung und auch um Geld zu verdienen, nachts, auf Eingebung des Teufels, in die Betten der Pilger zu steigen pflegen, sind überaus tadelnswert.«

Die Hauptpilgerader bis Santiago durchläuft zwar vielerlei Regionen, eint aber nicht ihre verschiedenen Charaktere. Da ist Navarra, die Grüne, die Frische, mit ihrer Haupt- und Hemingwaystadt Pamplona und den ausgelassenen *Fiestas de San Fermín* samt Stierauftrieb durch die Gassen. Dann folgt die Rioja, die Abgelegene, die sich mal von ihrer dürren und mal von ihrer feuchten Seite zeigt und in deren *bodegas*, den Kathedralen des roten Goldes, edelste Rotweine in alten Eichenfässern heranreifen. Danach: Kastilien-León, die Windgepeitschte, die Sommerhitzige mit staubtrockenem Flachland bis zum Horizont und grandiosen Glaubensfestungen wie den Kathedralen von Burgos und León. Zum Schluß: Galicien, die Grünste im ganzen Land, die Nebelverhangene, die Feuchte, die Hügelreiche, die Mythische im äußersten Nordwesten. Zur Küste hin schließen Asturien, Kantabrien und das Baskenland die Lücken und zeigen solch wechselhafte Ansichten wie Kohlezechen und Rinderweiden (Asturien), Meeresklippen und Hochgebirge (Kantabrien), sandige Strände und Schwerindustrie (Baskenland).

Viele bedeutende Orte und Städte zeichnen sich durch ihr ganz eigenes landschaftlich-kulturelles Mikroklima aus. So wie die von saftig-grünen Hängen umflankte Industriemetropole Bilbao, an deren dunklem Río Nervión sich das Guggenheim-Museum für Moderne Kunst in futuristischer Größe eindrucksvoll aufbläht. So wie San Sebastián, die altehrwürdig Feine, mit ihrer sichelförmigen Muschelbucht und den großzügig bemessenen Flanierpromenaden. So wie das im Schatten des Monte Naranco gelegene Oviedo, in dessen Altstadtbars Asturiens Nationalgebräu, die *sidra*, der Apfelwein, allgegenwärtig perlig hervorquillt.

Was antworten Sie, wenn Sie im Ausland jemand fragt, wo Sie herkommen? Wahrscheinlich: aus Deutschland. Ohne unmittelbar hinzuzusetzen: Nordrhein-Westfalen, gestatten, aus Köln, Nippes. Nun, in Spanien heftet sich der – nennen wir ihn so – Nationalstolz zunächst an den Heimatort, die Stadt und die Region und ist mit eigenen Sprachen wie dem Baskischen und Galicischen verbunden, erst irgendwo am Ende des Tunnels taucht das abstrakte Staatsgebilde »Spanien« auf. Zur schnellen Orientierung fürs Gegenüber befördert man »Spanien« vielleicht mal notgedrungen und rasch an den Satzanfang, geht aber dann sofort zur eigenen Region und deren Vorzügen über.

Nur bei Lach- und Haßnummern zeigt man sich indes als nationale Gemeinschaft. Namentlich, wenn man das große diabolische Dreigestirn Spaniens verflucht: Hacienda-Iberia-Telefónica. Hacienda, das ist kein romantisches Stückchen Wildwest mit Lagerfeuerromantik, sondern heißt vollkommen unromantisch »Finanzamt« und ist Spielball des spanischen Nationalroulettes, der Steuerhinterziehung. Iberia, Spaniens Vorzeige-Fluglinie, schwirrt als Feindbild durch die Köpfe von Generationen Zuspät-, Tags-drauf- oder Nie-Angekommener. Und zu Telefónica, der staatlichen Telefongesellschaft mit dem Markenzeichen »Höchstpreispolitik bei Niedrigstservice« und schlappen 400 Mark pro neuem Wohnungsanschluß, haben die Spanier seit ehedem keinen guten Draht.

Nach deutschen Maßstäben umstritten, in Spanien ein Stück Volkskultur: der Stierkampf, hier in der Variante vom Pferd aus

In Spanien werden Sie – beim Blick durch die mitteleuropäische Brille – mitunter Gelegenheit haben, Ihre an südliche Länder gekoppelten Vorurteile zu pflegen. Vorurteile in Hinsicht auf Chaos, Langsamkeit, Lust am Lärm, Desorganisation, *Mañana*-Mentalität (komm' ich heut' nicht, komm' ich morgen oder komm' ich überhaupt nicht). Auch in Spaniens grünem Norden wird man manch blaues Wunder erleben können. An diesem Punkt pflegt der Verfasser eine Anekdote aufzuwärmen, keine Legende, nein, sondern die kleine Geschichte von seinen einstigen spanischen Wohngemeinschaftsgenossen Mari Feli und Iñaki. Nach Wohnungseinzug des Autors (seinerzeit Student) im Winter machte sich an einem Tag im Februar der Wasserhahn im Bad tropfend bemerkbar. Nach ersten schüchternen Hinweisen im März galt es von April an, eingedenk der Dauerkaskade und möglicher Überschwemmungen, beim Verlassen der Wohnung die gesamte Wasserzufuhr abzustellen. Im Mai sagte Iñaki Also-dann-wollen-wir-bald-mal, im Juni zog der Autor – längst an das gleichmäßige Rauschen gewöhnt – planmäßig aus. Als der Abschied nahte, meinte Iñaki Also-dann-müssen-wir-bald-mal, das sei ja unerträglich mit dem defekten Hahn. Zum besseren Verständnis: Er war Klempner-Geselle.

Kurzum: keine Panik. *No pasa nada*, ist doch nichts passiert. *No te preocupes*, mach' dir keine Gedanken, regelt sich alles von selbst. Was zählt, ist Lebensqualität, ein gesunder Ausgleich zwischen Arbeit und Freizeit. Lieber ein Leberschaden vom Wein als Atemnot vor lauter Hektik. Respektieren Sie die lockere Leichtigkeit des spanischen Seins, lassen Sie sich anstecken. Aber nicht zu viel, sonst werden Sie den Lieben daheim nach der Rückkehr ein wenig spanisch vorkommen.

Routen und Ausflüge
Reiseplanung

Zehn Tage, zwei Wochen, ein Monat? Mit seinem farbigen Strauß an Zielen und dem landschaftlichen Wechsel zwischen Gebirge und Meer hat Nord-Spanien zweifelsfrei Potential genug, Reisende auch länger in Atem zu halten. Eine Schlucht hier, ein Kloster samt Museum dort, ein herrlicher Strand oder eine Höhle nur ein Fahrstündchen entfernt. Zum ganzheitlichen Erleben zählen gleichermaßen Begegnungen mit Menschen, kulinarische Genüsse und – individueller Freiraum für Spontaneität. Wenn gerade eine lokale Fiesta lockt.

In diesem Buch haben wir längere Routen und Ausflüge von einem »Stützpunkt« aus miteinander kombiniert. Ausflüge heißt: Ab einer besonders schönen und/oder strategisch günstig gelegenen Stadt nehmen Sie ausgearbeitete Tages- oder auch Mehrtagesexkursionen in Angriff und begeben sich dann wieder auf die Kernroute. Je nach verfügbarer Zeit und persönlichen Präferenzen können Sie natürlich den Standort wechseln und sich lieber an der Strecke einer Nebenroute oder in einem rustikalen Landhaus irgendwo in den Bergen einquartieren – und den vorgeschlagenen »Stützpunkt« samt weiterer lohnender Ziele lieber im Rahmen von weiteren Tagesausflügen besuchen.

Dabei ist das eigene Fahrzeug oder ein Leihwagen fast unverzichtbar. Wer seine Schwerpunkte beispielsweise auf Städtetouren legt, kann sich allerdings auch problemlos mit öffentlichen Verkehrsmitteln fortbewegen. Und noch einen Vorteil haben Busse für jene, die ein Stück auf dem Jakobsweg wandern möchten: Sie können sich in einem x-beliebigen Örtchen absetzen lassen und munter drauflosmarschieren, ohne zum Fahrzeug zurückkehren zu müssen.

Die fünf Kernrouten

In diesem Buch schlagen wir fünf Kernrouten vor:

1. und 2. der **Jakobsweg** mit den Großetappen **Pamplona – Burgos** und **Burgos – Santiago de Compostela**.

3. Baskische Küstenlandschaften (spanisch-französische Grenze bei Irún bis Bilbao, inklusive Abstechern ins nördliche Navarra).

4. Von Bilbao nach Oviedo (kantabrische Küste und asturische Ostküste mit Abstechern in die Hochgebirgslandschaft Picos de Europa).

5. Von Oviedo nach Santiago de Compostela (asturische Westküste und Galiciens Obere Meeresarme).

Für Sie sicher wichtig ist die Kombinationsmöglichkeit der Kernrouten. Nach Ende der ersten beiden Kernrouten von Pamplona über Burgos nach Santiago de Compostela steht es Ihnen offen, **an der Atlantikküste entlang** zurückzufahren und somit die Kernrouten 5 (Oviedo – Santiago de Compostela), 4 (Bilbao – Oviedo) und 3 (Irún – Bilbao) in umgekehrter Richtung in Angriff zu nehmen.

Im anderen Fall gelangen Sie über die küstennahen Kernrouten 3, 4 und 5 nach Santiago de Compostela und fahren auf den **durchs Binnenland** führenden Kernrouten 2 (Burgos – Santiago de Compostela) und 1 (Pamplona – Burgos) zurück. Ab Pamplona erreichen Sie auf der Autobahn problemlos San Sebastián und die spanisch-französische Grenze.

Auch zwischendurch können Sie selbstverständlich jederzeit kombinieren oder Ihre Fahrt auf der vorgeschlagenen Route unterbrechen und sich anhand von Kernrouten und Ausflügen eine eigene (kürzere) Tour zusammenstellen. Dazu im folgenden ein kurzes Beispiel:

Kernroute 1 Pamplona – Burgos, in Burgos die vorgeschlagene Tour zum nördlich gelegenen Ebro-Stausee und dann – ohne Rückkehr nach Burgos – an die kantabrische Küste hinab und bei Santillana del Mar oder Santander Anbindung an die Küstenroute (Kernroute 4).

Erste und zweite Kernroute: der Jakobsweg

Der Jakobsweg gibt das Leitmotiv der großen Route von Pamplona nach Santiago de Compostela vor, die ihrerseits in die beiden Großabschnitte **Auf dem Jakobsweg von Pamplona nach Burgos** und **Auf dem Jakobsweg von Burgos nach Santiago de Compostela** unterteilt ist. Für die beiden Kernrouten und kleinere Seitenabstecher sollte man etwa acht bis zehn Tage einplanen. Gehören Sie zu denen, die weder Klöster noch Kirchen, noch die zahlreichen riojanischen Weinkellereien am Wege auslassen möchten, werden Sie etwas länger bis Santiago de Compostela brauchen. Zusätzlich gesellen sich die Ausflüge ab Pamplona, Burgos und Santiago de Compostela hinzu.

Ausflüge ab Pamplona

Drei Touren sind es, die wir ab Pamplona vorstellen: »Pilgerstätten und Pyrenäentäler«, »Aragonesischer Pilgerweg« und »Ebrobecken und Dinosaurier«. Die ersten beiden richten sich insbesondere an Reisende, die den Einklang von Geschichte, Pilgerkultur und Naturerlebnissen suchen.

Die Tour **Pilgerstätten und Pyrenäentäler** führt von Pamplona aus auf dem Haupt-Jakobsweg etwa 50 Kilometer in die Gegenrichtung zu seinem historischen Verlauf, hinauf zum Ibañeta-Paß und zum Bergkloster Roncesvalles, dorthin, wo die Mehrzahl der Pilger traditionell die Pyrenäen überquerte und überquert, um dann erst Kurs auf Pamplona zu nehmen. An die Jakobswegtour schließt sich die Rundtour durch die Pyrenäentäler von Aézcoa, Salazar und Roncal an, in denen man besonders gut in rustikalen Landhäusern übernachten kann. Dauer dieser Tour: zweimal ein Tag beziehungsweise zwei Tage mit einer Zwischenübernachtung.

Die Tour **Aragonesischer Pilgerweg** führt unter anderem in die Berglandschaften und Schluchten um das Kloster Leyre, zur Felsenburg von Javier, zur Kirchenstadt Sangüesa und über Monreal und Santa María de Eunate (Heiligtum) nach Puente la Reina, wo sich der aus Pamplona hinzustoßende Hauptpilgerweg und die aus Aragonien kommende Achse vereinen. Dauer dieser Tour: ein oder zwei Tage (im letzteren Fall also eine Übernachtung zwischendurch).

Eine thematische Mixtur bietet die Tour **Ebrobecken und Dinosaurier**, bei deren ausgedehntester Variante Sie das navarresische Königsschloß von Olite, die Weingärten um Ujué, versteinerte Dinosaurierspuren bei den riojanischen Orten Arnedo und Cornago, den Kloster- und Thermalort Fitero, Navarras zweitgrößte Stadt Tudela und – bei einem zusätzlich zur Wahl stehenden Abstecher – die aragonesische Metropole Zaragoza kennenlernen. Dauer dieser Tour: ein Tag (bei sehr dicht gedrängtem Programm), besser zwei Tage mit einer Zwischenübernachtung. Wer sich für den Abstecher nach Zaragoza entscheidet, muß auf jeden Fall zwischenübernachten. Für den ein oder anderen wird es sich gegebenenfalls anbieten, den weiteren Weg durch die Rioja zu nehmen, um dann direkt an die Kernroute Richtung Santiago de Compostela anzubinden, zum Beispiel über die Autobahnachse Zaragoza – Logroño.

Ausflüge ab Burgos

Ab Burgos bieten sich ebenfalls drei Ausflüge an: »Museumsschätze und Mönchsgesänge«, »Monumentaler Reichtum« und »Wasserarme in saftigem Grün«.

Die Tour **Museumsschätze und Mönchsgesänge** führt Sie in den näheren Süden und Südosten von Burgos in die alte Herzogsstadt Lerma, das Steindorf Covarrubias mit seinem Kirchenschatz im örtlichen Gotteshaus und in den Klosterort Santo Domingo de Silos, von dem aus sich ein Kurzabstecher in die nahe La-Yecla-Klamm anbietet. Dauer dieser Tour: ein Tag.

Die südwestlich von Burgos gelegene kastilisch-leonesische Hauptstadt Valladolid ist Ziel der Tour **Monumentaler Reichtum**, die einen Tag dauert.

In die Natur taucht man bei der Tour **Wasserarme in saftigem Grün** ein, die Sie nördlich von Burgos ins kantabrische Gebirgsland an den Ebro-Stausee und die Ebro-Quelle bei Reinosa bringen wird. Dauer dieser Tour: ein oder zwei Tage mit einer Übernachtung.

Ausflüge ab Santiago de Compostela

Einmal angekommen in der galicischen Pilgermetropole Santiago de Compostela, ist es die spektakuläre und abwechslungsreiche Natur der Küstenlandschaft, die den Weg bei den beiden Ausflügen »Ans Ende der Welt und zur galicischen Todesküste« und »Galiciens Untere Meeresarme« vorgibt.

Die Tour **Ans Ende der Welt und zur galicischen Todesküste** führt Sie in den Westen von Santiago de Compostela in Meeresorte wie Muros und Carnota, an die Kaps Fisterra und Touriñán, dann noch ein wenig nordwärts nach Muxía, Laxe und Malpica. Dauer dieser Tour: zweimal ein Tag bzw. zwei Tage mit einer Zwischenübernachtung.

Bei der Tour **Galiciens Untere Meeresarme** steuern Sie Padrón (mit den Dichtermuseen zu Ehren von Camilo José Cela und Rosalía de Castro), beliebte Sommerferiengebiete wie Vilagarcía de Arosa und die Halbinsel A Toxa sowie die Städte Vigo und Pontevedra an. Zur Wahl stehen außerdem mehrere Bootstouren von verschiedenen Orten der galicischen Westküste aus, unter anderem ein sommerlicher Kurzausflug ab Vigo zu den Illas Cíes, sehr interessanten Vogelinseln. Dauer dieser Route: mindestens zweimal ein Tag beziehungsweise zwei Tage mit Zwischenübernachtung. Meeres- und Strandliebhaber werden sicher noch etwas verlängern.

Dritte Kernroute: Baskische Küstenlandschaften

Das Kapitel **Meeresfrische und Metropolen** beschreibt den Weg längs der baskischen Atlantikküste. Es enthält unseren Vorschlag für jene, die von der französisch-spanischen Grenze bei Hendaye/Irún nach Spanien einreisen und sich (zunächst) weniger für den Jakobsweg interessieren. Auf dieser Tour machen Sie sowohl Bekanntschaft mit sturmgepeitschten Klippen und langen, sandigen Stränden als auch mit Höhepunkten nordspanischer Stadt- und Museumskultur in San Sebastián oder Bilbao.

Der Schwerpunkt liegt in diesem Kapitel jedoch eindeutig auf der Natur in möglichst vielen Facetten. Aus diesem Grund haben wir die Entdeckungen an der Atlantikküste mit Abstechern ins Hinterland – genauer: in die Pyrenäenlandschaften im nördlichen Navarra – angereichert. Dauer: vier bis fünf Tage.

Vierte Kernroute: Bilbao – Oviedo

Die Route **Im Schatten der Europagipfel** zeichnet einige Kurzabstecher aus. Diese richten sich vor allem an jene, die sich nicht auf die küstennahen Landschaften allein beschränken wollen, sondern die auch das gebirgige und bis über 2600 Meter hoch aufragende Hinterland anlockt. Das Miteinander von Ozean und Hochgebirge setzt auf dieser Tour somit die Akzente. Kontrastreich auch die Städte und Dörfer: Der urige Steinort Santillana del Mar liegt gerade eine halbe Fahrstunde vom altehrwürdig-stolzen Seebad Santander entfernt.

Dauer: drei bis vier Tage ohne Abstecher, bis zu sechs Tagen mit Abstechern. Wanderfreunde werden gegebenenfalls noch ein wenig länger im Nationalpark Picos de Europa verweilen.

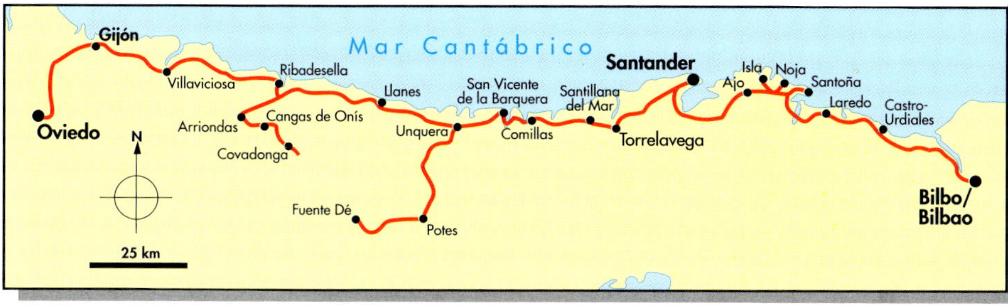

Fünfte Kernroute: Oviedo – Santiago de Compostela

Auf dieser Route mit dem Namen **Fjorde, Kelten und magische Kräfte** wenden Sie sich von der im Inland gelegenen asturischen Hauptstadt Oviedo wieder dem Atlantik zu. Anschließend lernen Sie die asturische Westküste und Galiciens Obere Meeresarme kennen, ehe Sie Kurs Richtung Santiago de Compostela nehmen. Richten Sie sich entlang der galicischen Fjorde auf kurvenreiche (und zum Teil pittoreske) Strecken ein, die schnelles Fortkommen nicht erlauben. Dauer: drei bis vier Tage.

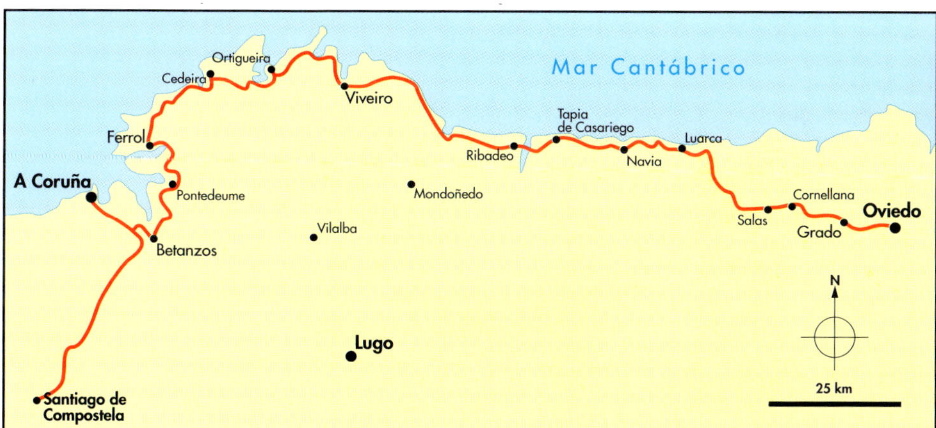

Schreibweisen

Im Baskenland und Navarra werden **Ortsnamen** im Regelfall sowohl in Spanisch als auch in Baskisch angegeben, in Galicien mehrheitlich nur auf galicisch. Um Ihnen das (Reise-)Leben nicht zu verkomplizieren, nennen wir in den praktischen Teilen dieses Buches den Namen einer Stadt oder eines Ortes zuerst auf spanisch und dann in der Regionalsprache. Ein Beispiel: das Pyrenäendorf Burguete, bei dem hinter dem Schrägstrich die baskische Bezeichnung steht (Burguete/Auritz).

Chronik

Daten zu Geschichte, Gesellschaft und Wirtschaft Nord-Spaniens

Felsmalerei in der Höhle von Altamira

Als Bauarbeiter vor knapp einhundert Jahren Gräben für eine neue Eisenbahnstrecke östlich von Burgos aushoben, legten sie in der Sierra de Atapuerca unfreiwillig einige Reste aus dem Paläolithikum frei, deren Bedeutung die Archäologen erst Jahrzehnte später auf den Grund gingen. Dann, Mitte der 1990er Jahre, die Sensation! Man hatte tatsächlich Spuren eines neuen Altmenschen gefunden, des *Homo antecessor*, der gewissermaßen der Urgroßvater des Neandertalers war. Wissenschaftler geben das Alter des *Homo antecessor*, des mutmaßlich ältesten Menschen des Kontinents, mit sage und schreibe 800 000 Jahren an und gehen davon aus, daß sich bei ihm bereits die physiologischen Phasen des »modernen Menschen« herausgebildet hatten: Kindheit, Jugend, Erwachsenenleben. Unsere Vorfahren lebten in Gemeinschaften von 40 bis 50 Individuen, kopulierten wann immer und mit wem es ihnen in den Sinn kam, gingen gruppenweise auf die Jagd, ernährten sich von Pflanzen und verspeisten sich angesichts ihrer kannibalischen Triebe gelegentlich selber. Sie schienen bestens der feindlichen Umwelt angepaßt, und ihre Muskelmasse soll um ein Drittel über der des Menschen von heute gelegen haben.

Unter den mittlerweile zu Tausenden ans Licht geförderten fossilen Resten in der Sierra de Atapuerca stechen ein komplettes menschliches Becken und *cráneo número 5* hervor, »Schädel Nummer 5«. Und der hat eine Rekonstruktion der Gesichtszüge seines einstigen Trägers erlaubt, samt Hinweis auf die Hirnmasse (für die Spezialisten): 1 120 Kubikzentimeter. Zum Vergleich, der zeigt, wie wenig man sich in einer knappen Million Jahren verbessern kann: Jeder von uns trägt im Durchschnitt 1 425 Kubikzentimeter Hirn mit sich herum.

Auch die sogenannte Magdalénien-Kultur – und damit die Epoche von vor rund 15 000 bis 20 000 Jahren – ist in Spaniens Norden präsent. In der bei Santillana del Mar gelegenen Altamira-Höhle zum Beispiel. Die Bedeutung der dort entdeckten Fels-

bilder wird wohl ebenso ein Rätsel bleiben wie die Herkunft der Basken, deren älteste Spuren für eine Zeit von vor 8 000 Jahren nachweisbar sind. Ob sie aus anderen Regionen unseres Kontinents – vielleicht aus Osteuropa – in den Bereich des heutigen Baskenlandes gekommen sind oder sich erst vor Ort aus den Zuwanderern früherer Epochen zu einem eigenständigen Volksstamm entwickelt haben, ist unter Experten ebenso umstritten wie die Herkunft ihrer hart klingenden Sprache *Euskera*.

Von allen Seiten hat Spanien in vorchristlichen Zeiten fremde Volksgruppen angezogen. Vom afrikanischen Kontinent kamen die Iberer und ließen sich im Osten und Süden nieder, während sich die aus Mitteleuropa stammenden Kelten die Atlantikküste vornahmen. Indessen beschränkten sich die wichtigen Stützpunkte der Karthager auf den Mittelmeerraum. Was folgte, war – mit aller Macht und über einen Zeitraum von rund 600 Jahren – die Herrschaft der Römer, mit denen unser detaillierter Überblick über die letzten 2 200 Jahre spanischer Geschichte beginnt. Ein Überblick auch über das Auf und Ab und Hin und Her von Königreichen in einem alles andere als »geschlossenen Kulturraum Nord-Spanien«. Erst in der heutigen Zeit bewegt sich Spaniens Geschichte in etwas ruhigerem Fahrwasser. Und die aufstrebende Wirtschaft um die Jahrtausendwende hat zum allgegenwärtigen Slogan geführt: *España va bien*, »Spanien ist auf gutem Weg«.

218 – 201 v. Chr. Im Zweiten Punischen Krieg besiegen die Römer die Karthager und legen den Grundstein ihrer Herrschaft, die sie jedoch erst in den kommenden 200 Jahren – bis in die Zeit des Augustus – zu festigen vermögen. Der Grund: der erbitterte Widerstand der einzelnen einheimischen Stämme, vor allem im nördlichen Asturien und Kantabrien. Die Anlage von Häfen, landwirtschaftlichen Nutzgebieten (Wein, Weizen, Oliven) und eines ausgedehnten Straßennetzes folgen.

75 v. Chr. Als eine der frühesten römischen Städte auf spanischem Boden gründet General Pompejus Pamplona, das in den folgenden Jahrhunderten von Franken, Alemannen, Westgoten und Mauren besetzt und wieder aufgegeben wird.

44 n. Chr. Unter Herodes Agrippa I. wird im fernen Judäa der Apostel Jakobus der Ältere enthauptet, nachdem er – laut der mittelalterlichen *Legenda aurae* und relativ erfolglos – in Spanien das Wort Gottes ausgesät hatte. Der Überlieferung zufolge gelangen seine sterblichen Überreste auf einem Engelsschiff nach Galicien, wo sie im heutigen Santiago de Com-

Maurische Elfenbeinschnitzarbeit (Navarra-Museum, Pamplona)

postela beigesetzt werden. Schenkt man einer weiteren Legende Glauben, entdeckt ein Einsiedler das Grab des Jakobus (spanisch *Santiago*) erst im 9. Jahrhundert.

2. Jh. n. Chr. In den Goldbergwerken von Las Médulas nahe der heutigen Stadt Ponferrada gewinnen die Römer Unmengen an Reichtümern – dank der Sklavenarbeit.

5. Jh. n. Chr. Ende der römischen Herrschaft, Sueben, Alanen und Vandalen fallen in die Iberische Halbinsel ein.

6.–8. Jh. n. Chr. Die Westgoten beherrschen Spanien, im Jahre 587 bekennt sich Rekkared I. zum Katholizismus.

711 Die Mauren dringen im Süden über die Straße von Gibraltar auf die Pyrenäenhalbinsel vor, machen den Westgoten die Macht streitig und bringen das neu eroberte Land binnen weniger Jahre fast komplett unter ihre Kontrolle. Bei weiteren Expansionszügen stoppt sie Karl Martell 732 in Frankreich bei der Schlacht von Tours und Poitiers. Mitte des 10. Jahrhunderts wird das Reich der Mauren als unabhängiges Kalifat von Córdoba auf dem Höhepunkt der Macht stehen, ehe es in Kleinkönigreiche *(taifas)* zerfällt. Das letzte maurische Reich der Nasriden im andalusischen Granada hält sich bis zu seiner Eroberung durch christliche Heere unter den Katholischen Königen Isabella I de Castilla und Fernando II de Aragón im Jahre 1492.

722 Sagenumwobene Schlacht Nummer eins: Kämpfe bei dem im asturischen Gebirgsland gelegenen Covadonga, in deren Verlauf einige Bergstämme unter dem Westgotenfürsten Pelayo die Mauren erstmals besiegen. In der spanischen Geschichte gilt dieses Datum als der offizielle Markstein der *reconquista*, der Rückeroberung des Landes.

778 Sagenumwobene Schlacht Nummer zwei: die von Roncesvalles im navarresisch-französischen Grenzraum. Karl der Große kehrt nach einem Feldzug gegen die Muselmanen über die Pyrenäen Richtung Heimat zurück, seine von dem französischen Markgrafen Roland angeführte Nachhut kommt in einem riesigen Gemetzel um. Allerdings weiß man nicht, wer die Bösen waren. Zur Wahl stehen: Mauren, Basken oder beide gemeinsam.

813–30 Irgendwann in diesem Zeitraum entdeckt ein von übernatürlichen Lichtern geleiteter, frommer Einsiedler mit Namen Pelayo – laut Legende – im heutigen Santiago de Compostela das vermeintliche Apostelgrab von Jakobus dem Älteren. Bischof Teodomiro bestätigt den Fund, die Jakobuswallfahrt nimmt ihren Anfang.

844 Sagenumwobene Schlacht Nummer drei, von der nicht sicher ist, ob sie jemals stattgefunden hat: die von Clavijo, das in der Rioja nahe der Hauptstadt Logroño liegt und bei der sich Muslime und Christen erneut bekriegten. Die Legende besagt: Jakobus erscheint den spanischen Streitern auf einem Schimmel als *matamoros*, als anspornender

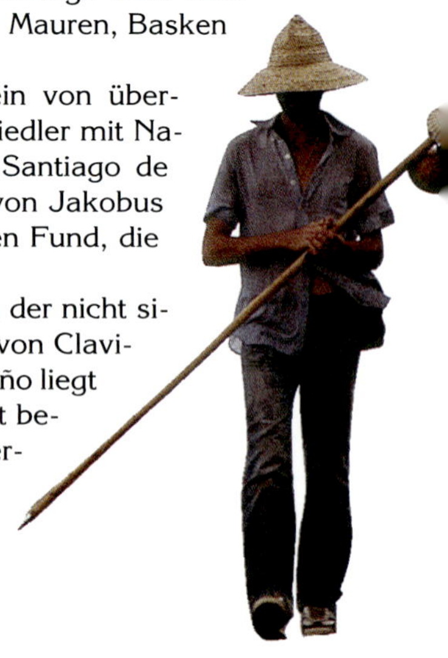

und beispielgebender Maurentöter (was für ein Bild von einem Heiligen!). Die Folgen: »christlicher« Sieg und baldiger Aufstieg von Jakobus zum Schutzpatron der Spanier. Beides bringt der abendländischen Santiago-Wallfahrt Schubwirkung.

Spaniens Nationalheld: El Cid

884 Als Bollwerk gegen die feindlichen Muslime gründet Graf Diego Porcelos Burgos, das im weiteren Verlauf des Mittelalters zu einem bedeutenden Zentrum des kastilischen Wollhandels aufsteigen wird.

905 Navarra bildet sich unter Sancho Garcés I als eigenständiges Königreich heraus (bis 1512). Wenige Jahre später kommt es zu neuen Herrschaftsbildungen weiter westlich: ab 910 entsteht das Königreich León unter García I und dann Ordoño II (bis 1230), ab 923 die eigenständige Grafschaft Kastilien (ab 1035 Königreich).

997 Einnahme Santiago de Compostelas durch die muselmanischen Heere unter Almanzor.

1035 Eigenständiges Königreich Aragón unter Ramiro I, das bis zur Heirat von Fernando II de Aragón 1469 mit Isabella I de Castilla Bestand haben und dann im Großreich Kastilien aufgehen wird.

1099 Tod von Spaniens Nationalheld El Cid, der 1043 nahe Burgos geboren wurde und als heroischer Kämpfer gegen die Mauren hervortrat.

Um 1120 Der französische Mönch Aimeric Picaud verfaßt den ersten »Reiseführer für Pilger« *(Liber Sancti Jacobi*, auch: *Codex Calixtinus)*.

1208 In Palencia ruft Alfonso VIII Spaniens erste Universität ins Leben.

1221 Bischof Mauricio und König Fernando III legen in Burgos den Grundstein zur Kathedrale, einem der prächtigsten Gotteshäuser auf der Iberischen Halbinsel. Bis zur Fertigstellung werden noch über 300 Jahre vergehen.

1230 Endgültige Vereinigung der Königreiche von León und Kastilien.

1491 Auf dem baskischen Schloß Loyola wird Ignacio de Loyola (deutsch Ignatius von Loyola) geboren, der, ursprünglich Soldat, sich nach einer Verwundung 1521 in Pamplona der Religion zuwendet und nach Studien, unter anderem in Spanien und Frankreich, die Jesuitengemeinschaft begründet. Er stirbt 1556 in Rom.

Ignatius von Loyola

1492 Das »große spanische Jahr« mit der Entdeckung Amerikas im Namen der Krone durch Christoph Kolumbus und dem Fall des letzten maurischen Reiches, aber auch mit dem Dekret zur Vertreibung der jüdischen Bevölkerung. Das Land steht auf der Vorstufe zur Weltmacht.

1494 Vertrag von Tordesillas, in dem Spanien und Portugal einem Schiedsspruch von Papst Alexander VI. gemäß ihre Entdeckungs- und Besitzräume in der sogenannten »Neuen Welt« aufteilen.

1506 In Valladolid stirbt – relativ vergessen – Cristóbal Colón (deutsch Christoph Kolumbus, Jahrgang 1451), der legendäre genuesische Seefahrer in spanischen Diensten. Hinter ihm liegen vier große Fahrten über den Atlantik und – aus europäischer Sicht – »Entdeckungen« von zahlreichen Ländern der Karibik und Mittelamerikas.

Starb in Valladolid: Christoph Kolumbus

Auf der navarresischen Felsenburg von Javier kommt Francisco Javier (deutsch Franz Xaver) zur Welt, der als Mitbegründer des Jesuitenordens und als großer Jesuitenmissionar des Orients in die Geschichte eingehen wird. Er stirbt 1552 bei Kanton (China).

1512 Kastilische Heerscharen nehmen Pamplona ein, bereiten dem bis dahin unabhängigen Königreich Navarra ein Ende und gliedern es in jenes von Kastilien ein.

16./17. Jh. Spaniens «Goldenes Zeitalter« *(Siglo de Oro)* mit kultureller und wirtschaftlicher Blüte. Ein erster Wermutstropfen: der Untergang *der Armada Invencible*, der »Unbesiegbaren Armada«, im Jahre 1588.

1610 Die riojanische Hauptstadt Logroño ist Schauplatz blutiger Hexenprozesse, Ausgeburt der unseligen Inquisition.

1701–14 Spanischer Erbfolgekrieg, der nach dem Tod des letzten spanischen Habsburgers Carlos II ausbricht. Seitdem haben die Bourbonen (genauer: die Nebenlinie Bourbon-Anjou) Anspruch auf den Thron – bis heute.

1808 Französische Truppen fallen in Nord-Spanien ein und nehmen unter anderem Pamplona ein.

1816–25 Spaniens Kolonien (außer Kuba, Puerto Rico und den Philippinen) werden zu unabhängigen Staaten.

1833–40 Nach dem Tod von König Fernando VII machen seine Witwe María Cristina im Namen ihrer noch minderjährigen Tochter Isabella und sein Bruder Don Carlos Ansprüche auf den Thron geltend. Die Streitigkeiten lösen die sogenannten Karlistenkriege aus. Hochburgen der *carlistas*, der Anhänger von Don Carlos, sind das Baskenland und Navarra.

Sanfermines zu Zeiten Hemingways

1898 Nach der Niederlage im Krieg gegen die USA verliert Spanien auch seine letzten Kolonien.

1923 Ein junger, aufstrebender Reporter und Literat namens Ernest Hemingway erlebt seine ersten *Fiestas de San Fermín* in Pamplona.

Beginn der Militärdiktatur von General Miguel Primo de Rivera; König Alfonso XIII hatte grünes Licht für den Putsch gegen die parlamentarische Regierung gegeben. Des Königs Hoffnung war, daß sich das von Wirtschafts- und Sozialkrisen geschüttelte Land stabilisieren werde – eine Fehleinschätzung.

1928 Der spanische Priester Josémaría Escrivá de Balaguer y Albás (1902–75) gründet das Opus Dei, eine nicht nur vielen laizistisch eingestellten Spaniern suspekte internationale Vereinigung katholischer Christen. Bis heute hat das Opus Dei in weltweit fast einhundert Ländern Fuß gefaßt und eine tragende gesellschaftliche Stellung in Balaguers Heimatregion Navarra behalten. In Pamplona gibt es nach wie vor die 1952 gegründete und wenige Jahre später unter Diktator Franco staatlich anerkannte Opus-Dei-Universität von Navarra.

1931 Gemeindewahlen bringen republikanische Kräfte an die Macht, König Alfonso XIII verläßt das Land. Der sogenannten »Zweiten Republik« ist nur ein kurzes Leben von wenigen Jahren beschieden.

1934 Ein konservativ eingestelltes Kabinett löst die liberale Regierung aus den ersten Jahren der Republik ab. Aus Enttäuschung über die Rücknahme der ab 1932 begonnenen Reformen kommt es zu einem Aufstand der Bergarbeiter in Asturien, wo zeitweise eine Räterepublik ausgerufen wird. Die Rebellion wird blutig niedergeschlagen.

1936–39 Spanischer Bürgerkrieg mit Hunderttausenden von Toten und Exilierten. Weite Teile des Landes werden zerstört. Beginn der Diktatur von Francisco Franco (1892–1975), der sich bis zu seinem Tod an der Macht hält. Nach Ende des Bürgerkriegs folgen Hungerjahre und die internationale Isolation des Landes.

1937 Zur Unterstützung Francos legt die deutsche Legion Condor bei einem Luftangriff die vielen Basken als heilig geltende Stadt Gernika in Schutt und Asche. Unter dem Eindruck des Grauens malt Pablo Picasso sein berühmtes Gemälde »Guernica«, das heute im Kunstzentrum Reina Sofía in Madrid hängt. Viele Basken hätten es gerne in ihrer Heimat, vorzugsweise im Guggenheim-Museum für Moderne Kunst in Bilbao – ein Dauerstreitthema zwischen den Autoritäten.

Plakat aus dem Spanischen Bürgerkrieg

1955 Spanien tritt der UNO bei, die internationale Isolation des Landes bricht allmählich auf.

1959 Im Zuge der gnadenlosen Unterdrückung durch das Franco-Regime gründen radikale Regionalisten aus dem Baskenland die Untergrundorganisation ETA, was als Abkürzung für *Euskadi ta Askatasuna*, »Baskenland und Freiheit«, steht.

Im selben Jahr Beginn der wirtschaftlichen Öffnung Spaniens mit einer Reihe von Liberalisierungsgesetzen. In den sechziger Jahren setzt das »spanische Wirtschaftswunder« ein, gespeist unter anderem vom Beginn des Massentourismus und den Überweisungen der Arbeitsemigranten, die hauptsächlich nach Deutschland, Frankreich und in die Schweiz ausgewandert sind. Industrieller Boom.

1968 ETA beginnt ihren bewaffneten Kampf, dem bis ins Jahr 2000 annähernd 1 000 Menschen bei Attentaten zum Opfer fallen. Der tödliche Haß der *Etarras* richtet sich in erster Linie gegen Repräsentanten des Staates, doch häufig genug müssen Unbeteiligte mit dem Leben bezahlen. Den aufsehenerregendsten Mord verüben die Terroristen 1973: Sie töten den Ministerpräsidenten und Vertrauten Francos, Luis Carrero Blanco.

1969 Diktator Francisco Franco regelt im Nachfolgegesetz *(Ley de Sucesión)*, wie es nach seinem Tod weitergehen soll. Er bestimmt Juan Carlos de Borbón zum kommenden König Spaniens. Juan Carlos' Großvater Alfonso XIII hatte 1931, dem Jahr der Ausrufung der Zweiten Republik, das

Land verlassen und war 1941 in Rom gestorben. Theoretisch hätte der Vater von Juan Carlos, Juan de Borbón y Battenberg, Anspruch auf den Thron gehabt, doch erklärt dieser 1977 seinen offiziellen Verzicht. Er stirbt 1993, im Alter von 79 Jahren, in Pamplona.

1975 Tod Francos, Juan Carlos de Borbón geht als spanischer König Juan Carlos I in die Geschichte ein und erweist sich als einer der Motoren der Redemokratisierung Spaniens – das erklärt bis heute seine hohe Popularität.

1975–76 Übergangsregierung unter Carlos Arias Navarro. Nach seiner Entlassung ernennt der König den 43jährigen Adolfo Suárez González zum bis dahin jüngsten Ministerpräsidenten in der spanischen Geschichte.

1977 Aus den ersten nachfranquistischen Parlamentswahlen geht die Demokratische Zentrumsunion *(Unión de Centro Democrático)* von Adolfo Suárez als Sieger hervor. Regierung und Oppositionsparteien schließen den »Moncloa-Pakt«, um die Wirtschaftskrise zu überwinden.

1978 Die spanische Verfassung tritt nach einer Volksabstimmung in Kraft. Spanien wird offiziell in Autonome Gemeinschaften *(Comunidades Autónomas)* eingeteilt. In den Folgejahren erhalten das Baskenland, Galicien und Katalonien eigene Autonomiestatuten mit weitgehenden Selbstverwaltungsrechten. Außerdem gilt für die drei in der Verfassung als »Historische Nationalitäten« eingestuften Gemeinschaften seitdem die Zweisprachigkeit: neben dem Spanischen *(castellano)* wird der Gebrauch der Regionalsprachen (Baskisch, Galicisch und Katalanisch) ausdrücklich zugelassen.

1981 Putschversuch von Antonio Tejero, eines Oberstleutnants der Guardia Civil. Im selben Jahr tritt Adolfo Suárez als Regierungschef zurück; ihn löst Leopoldo Calvo Sotelo (bis 1982) ab.

Hoch die internationale Solidarität: Graffiti bei Pamplona

Die neue Attraktion Bilbaos: Das Guggenheim-Museum für Moderne Kunst

1982 Spanien tritt der NATO bei. Bei vorgezogenen Parlamentswahlen siegen die von Felipe González angeführten Sozialisten (*Partido Socialista Obrero Español*, kurz PSOE), die sich bis 1996 an der Macht halten.

1986 Beitritt Spaniens zur Europäischen Gemeinschaft. Beim NATO-Referendum sprechen sich 52,5 Prozent der Abstimmenden für einen Verbleib in der Atlantischen Allianz aus.

1988 Aus Protest gegen die Wirtschafts- und Sozialpolitik des PSOE organisieren die Gewerkschaften den größten Generalstreik in Spaniens Geschichte, an dem sich rund sieben Millionen Unzufriedene beteiligen.

1989 Der aus dem galicischen Padrón gebürtige Romancier Camilo José Cela erhält den Literatur-Nobelpreis.

Die Peseta wird in das Europäische Währungssystem eingegliedert.

1991 Miguel Induráin, aus Pamplona stammendes Radsportidol, siegt erstmals bei der bekanntesten Radrundfahrt der Welt, der Tour de France. Vier weitere Triumphe und die Goldmedaille im Einzelzeitfahren bei den Olympischen Spielen 1996 in Atlanta folgen.

1992 Spanien steht mit der Weltausstellung in Sevilla und als Gastgeberland der Olympischen Spiele von Barcelona im Blickpunkt der Weltöffentlichkeit.

1993 Nach landesweiten Wahlen in Spanien wird der sozialistische Ministerpräsident Felipe González zum vierten Mal seit 1982 im Amt bestätigt, diesmal mit Hilfe der Stimmen der gemäßigt-nationalistischen Regionalparteien Kataloniens und des Baskenlands. Gleichzeitig Korruptionsskandale in der Regierungspartei.

1996 Bei Neuwahlen löst die konservative Volkspartei (*Partido Popular*, kurz: PP) González' PSOE ab, José María Aznar wird neuer Regierungschef.

1997 In Bilbao eröffnet das spanische Königspaar das von dem nordamerikanischen Architekten Frank O. Gehry entworfene Guggenheim-Museum für Moderne Kunst.

Bei den Wahlen in Galicien wird Manuel Fraga Iribarne von der Volkspartei zum zweiten Mal als Präsident der *Xunta de Galicia*, der galicischen Regionalregierung, bestätigt. Fraga, ehemaliger Minister unter Franco und in den 1980er Jahren Oppositionsführer im spanischen Parlament, hatte das Amt des Vorsitzenden der *Xunta* 1990 übernommen. Mit rund 25 Prozent der Stimmen wird der für die Selbstbestimmung der Galicier eintretende Galicisch-Nationalistische Block *(Bloque Nacionalista Gallego)* erstmals zur zweitstärksten Kraft im Parlament.

1998 »Manifest von Estella« der nationalistischen Parteien des Baskenlandes, die unverändert die Autonomie für ihre Region anstreben.

Nach einigen besonders feigen Morden gegen Gemeinderatsmitglieder des *Partido Popular* sowie Massendemonstrationen gegen die ETA kündigt die baskische Terrororganisation einen einseitigen Waffenstillstand an. Ende 1999 nimmt ETA ihre Entscheidung überraschenderweise zurück.

Ein neuer spanischer Thronfolger ist da. Die Infantin Elena schenkt einem gesunden Jungen, Felipe Juan Froilán, das Leben.

1998–99 Zahlreiche Maßnahmen zur Privatisierung bisheriger Staatsbetriebe, vor allem auf dem Gebiet der Telekommunikation.

1999 Spanien beteiligt sich an der schrittweisen Einführung des Euro.

Die Regierungspartei PP bestätigt direkte Kontakte mit der ETA und ist zu Zugeständnissen bereit: Das Innenministerium ordnet die Verlegung zahlreicher verurteilter ETA-Mitglieder, die bisher an Orten im Süden und im Zentrum des Landes ihre Haft verbüßten, in heimatnahe Gefängnisse an.

Im letzten Jakobusjahr des zweiten Jahrtausends verzeichnet die Pilgerstadt Santiago de Compostela einen Besucherrekord von rund zehn Millionen Menschen.

Noch ein Enkel für die spanischen Könige, die ganze Nation freut sich erneut: Die Infantin Cristina bringt einen Jungen zur Welt, der den Namen Juan Valentín de Todos los Santos erhält.

Für den volkswirtschaftlichen Aufschwung Spaniens (bis zu drei Prozent pro Jahr) steht eine offiziell mit unter zehn Prozent angegebene Arbeitslosenquote. Allerdings führt der Boom nicht zu entscheidenden Verbesserungen im sozialen Netz. Kindergeld gibt es immer noch nicht, die Folgen sind nicht zu übersehen: Die Geburtenrate zählt zu den niedrigsten Europas.

2000 Bei den Parlamentswahlen im März erringt José María Aznars Volkspartei die absolute Mehrheit. Die Sozialisten müssen schwere Verluste hinnehmen. Plangemäßes Ende der Peseta, die durch den Euro ersetzt wird.

2002 bis 2010 Die Autonome Gemeinschaft Navarra will bis zu diesem Zeitpunkt 45 Prozent des regionalen Stromverbrauchs durch Windkraftwerke decken. Auf die Inbetriebnahme von 19 Anlagen bis zum Jahr 2001 folgt der Bau von einem weiteren Dutzend Parks mit Windrädern.

1.1 Mit den Stieren auf du und du

Die Stadt der *Sanfermines*

1.1 Programm: Pamplona

Vormittag

Bummel durch die geschäftige **Altstadt**, Besuch der **Kathedrale** und des **Diözesanmuseums**, **Navarra-Museum**.

Nachmittag

Spaziergang durch die **Parkanlagen Media Luna** und **Taconera** sowie über die Stadtmauern, **Zitadelle** mit Ausstellungszentren.

Extras: Während der fröhlich-ausgelassenen **Fiestas de San Fermín** – alljährlich und ohne eine Minute Pause vom 6. bis 14. Juli – kann man sich sein persönliches Pamplona-Full-Time-Programm zusammenstellen und es auf mindestens zwei Tage verteilen. Zum Tagesverlauf von einem der größten Volksfeste Europas zählen in der Regel alleine 25 bis 30 offizielle Punkte, hier die wichtigsten: 6.45 Uhr Umzüge von verschiedenen Musikgruppen durch die Innenstadt; um 8 Uhr Stiertreiben *(encierro)* durch die Altstadt; ab etwa 8.10 Uhr Loslassen von einzelnen Rindern mit gestutzten Hörnern *(vaquillas)* auf die Massen in der Arena; ab 9.30 Uhr volkstümlicher City-Umzug der »Giganten« *(gigantes)* und Großkopfpuppen *(cabezudos)*; ab 13 Uhr im Stallungsbereich der Arena Einzelpräsentation der Stiere für den Stierkampf und Auslosungszeremonie, bei der sich entscheidet, welcher Torero am frühen Abend gegen welchen Stier antreten wird *(apartado)*; 17.30 Uhr auf dem Rathausvorplatz Parade von Maultiergespannen *(mulillas)* und »Ehrenmännern« *(caballeros)*; ab 18.30 Uhr Stierkampf *(corrida)* in der Arena; um 22 Uhr »Feuerstier« *(toro de fuego)* ab der Plaza de Santiago; ab 23 Uhr Feuerwerk *(fuegos artificiales)* mit den besten Aussichtspunkten rund um die Zitadelle.

Hinzu kommen – je nach Tag – fest verankerte Programmpunkte. Dazu zählen Demonstrationswettbewerbe ländlicher Sportarten aus Navarra und dem Baskenland *(deporte rural)* auf der Plaza de los Fueros (z. B. Holzhacken und Tauziehen); *Fiesta Campera* in der Arena mit Reiterspielen und Auftritten von Nachwuchs-Stierkämpfern; Platzkonzerte auf der Plaza del Castillo, der Plaza de la Cruz, der Plaza San José, der Plaza Conde de Rodezno und der Plaza de los Fueros; weitere Konzerte in den Parks Antoniutti, Yamaguchi und Media Luna sowie im Teatro Gayarre.

Während all der Tage ist ein großer Jahrmarkt an der Zitadelle aufgebaut. Die für die *encierros* und *corridas* bestimmten Kampfstiere der verschiedenen Züchterge-

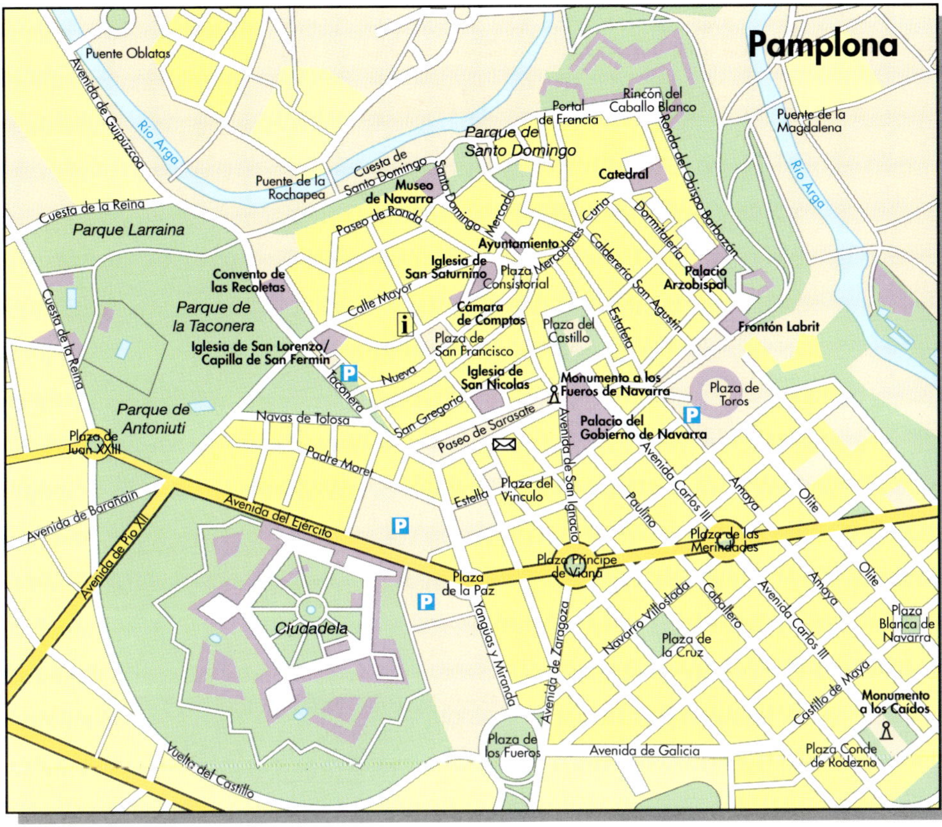

meinschaften kann man sich in den Stallungen *(Corrales del Gas)* nahe dem Río Arga ansehen (abwärtige Verlängerung der Cuesta de Santo Domingo).

Der 7. Juli steht mit seiner großen Prozession ganz im Zeichen des heiligen Fermín, jenes aus Pamplona stammenden Namensgebers der Fiesta, der zu römischen Zeiten das Evangelium im heutigen Frankreich verbreitete und Ende des 3. oder Anfang des 4. Jahrhunderts als Märtyrer in Amiens starb. Erst knapp 900 Jahre später, 1186, gelangten seine Reliquien nach Pamplona.

Das eigentliche Herzstück der *Fiestas de San Fermín* ist das bunte Straßenleben, durch das man sich von Instinkt, Gerüchen und Lärm treiben lassen sollte. Für 204 Stunden Dauermusik mit Pauken und Trompeten sorgen die umherziehenden Gruppen *(peñas)*, deren Mitglieder sich selbst in Schichten einteilen.

Hotelreservierungen sollte man möglichst weit im voraus vornehmen. Für das Reisebudget unangenehm ist, daß die Unterkunftpreise vom 6. bis 14. Juli um mehr als das Dreifache anziehen können.

An dreihundertsechsundfünfzigeinhalb Tagen im Jahr läuft das Leben in Pamplona in gewohnten Bahnen. Man geht zur Arbeit (davon gibt es in der wohlhabenden Region recht viel), in die Kirche (immer weniger), in die Kneipen (regelmäßig), genießt die lockere Leichtigkeit des Seins und die ersten wärmenden Sonnenstrahlen des Frühjahrs in den Straßencafés der Plaza del Castillo. Doch dann, am 6. Juli, Punkt 12 Uhr, bricht es urgewaltig aus: Spaniens größtes und längstes Volksfest und Massengelage, die spätestens seit Ernest Hemingways »Fiesta«-Buch weltberühmten **Fiestas de San Fermín**.

Bis 14. Juli, Mitternacht, steckt die Hauptstadt Navarras im Rausch eines 204-stündigen Freiluft-Marathons aus Musik, Tanz, Umzügen, Wein- und Sangríastrudel, der sämtliche Schall- und Promillegrenzen und die Fantasie des unbedarften Newcomers sprengt. Wehe dem, der zum mittägigen Fiestastart am 6. Juli in die Altstadt gerät. Dort regnet es nicht nur öfter als man denkt – Typ schäumender Sektguß –, an allen Ecken und Enden hagelt es außerdem Tausende von Korken und rohen Eiern, die durch Nebelwände aus Mehlstaub und Kakaopulver zischen. Kurzum: eine Riesenschweinerei von rund zwei Stunden. Danach ist es mit solcherlei künstlichen Niederschlägen vorbei. Was bleibt, sind ein auf Wochen klebendes und bis zum Jahr darauf markiertes Pflaster und die Kombination aus Froh- und Wahnsinnsdenken, die sich auf andere Ebenen der Fiesta verlagert.

Aufs tägliche **Stiertreiben** zum Beispiel, den *encierro*. Jeden Morgen, den der Herr werden läßt, schießen sechs Kampfstiere 825 Meter durch die Altstadt bis zu den Stallungen der Arena.

Umzug der Großkopfpuppen bei den Fiestas de San Fermín

Meist brauchen sie zwei bis drei Minuten und sind nicht allein. Mit von der Partie sind bullige Begleitochsen, professionelle Treiber und bis zu 3 000 Läufer. Zuzüglich der Zuschauer an der mit Holzbarrieren abgesperrten Strecke und der knapp 20 000 Schaulustigen in der Stierkampfarena sowie der Millionen an ihren Bildschirmen daheim bei den Live-Übertragungen des spanischen Fernsehens. Man will ja nichts verpassen. Ergreifende Sprints, Hornstiche, blutige Prellungen und Quetschungen, Transporte der Verletzten, Interviews mit den Rettungsengeln vom Roten Kreuz ...

Die Frage sei erlaubt: Warum nur stürzt man vor Stieren davon und rennt ums nackte Leben, so wie allmorgendlich, Glockenschlag acht, bei den *Fiestas de San Fermín*? Freiwillig wohlgemerkt. Weder auf weiten Weiden noch gepanzert, nein, im luftig rot-weißen Fiestadreß durch das Nadelöhr aus Altstadtgassen. Ohne Trug und Tricks, ohne Netz und doppelten Boden. Einzig mit der eingerollten Zeitung des Tages in Händen, einer papiernen Psychostütze, beseelt von der Hoffnung, man könne die Stiere durch Zeitungswurf ablenken für den lebensrettenden Augenblick. Und warum sind es fast ausschließlich Männer, die Mut und Angstschweiß gegen zwölf messerscharfe Hörner und sechsmal zwölf Zentner Stier aufbieten? Die noch schwereren Begleitochsen gar nicht mitgerechnet. Cristina Doria, fiestafreudige *Pamplonica*, analysiert messerscharf: »Frauen sind einfach zu intelligent dazu, die haben das nicht nötig.« Das hat was, finden Sie nicht? Weist es nicht – wie in freier Wildbahn – aufs Imponiergehabe des Männchens dem Weibchen gegenüber? Gut, Fregattvögel-Kerle zum Beispiel haben's einfacher, die plustern ihre roten Kehlsäcke auf und fühlen sich gleich begehrt, während sich Pamplonas Fiestamachos und -buben die Anerkennung erst ersprinten müssen.

Anderen geht es schlichtweg um den großen Kick, um schäumendes Adrenalin, um ihr ganz persönliches Multi-Kulti-Gratis-Erlebnis in der an Abenteuern arm gewordenen Welt. Und so laufen sie denn, Aug' in Aug' mit der tödlichen Gefahr oder sie im Rücken und – vielleicht noch riskanter – Schulter an Schulter mit übernächtigt-betrunkenen Lauf-Burschen um sie herum. Aber lassen wir die Sekundenhelden des Morgens selbst zu Wort kommen, wie in der täglichen »Läuferspalte« von Pamplonas größter Tageszeitung, dem *Diario de Navarra*. Tuka Irurzun, fiesta-erfahrener Pamplonese, sagt: »Es ist immer wieder irre. Du weißt, da ist alles nur ein paar Meter breit, und Du mußt mit den Stieren da durch.« Greenhorn Paul Ellis aus Alabama hat bei seinem ersten *encierro* »die aufregendsten Momente in meinem Leben« gespürt und ein enttäuschter Francisco García Velasco aus Salamanca »vor lauter Leuten überhaupt keine Stiere« gesehen. Für den, der am Erlebnischarakter eines Stiertreibens zweifelt, hat Alex Texidor Prieto aus Florida einen Rat zur Hand: »Eine unglaubliche Erfahrung, die jeder auf der Welt mal machen sollte.«

Manche lieben's halt dramatisch, vor allem jedoch die Spanier. Todesfälle beim *encierro* sind selten, um die 50 Verletzte pro Morgen indes normal. Detailfetischisten nehmen die tägliche Infografik zu den Verletzten des Vortags im *Diario de Navarra* zur Hand. Die schlüsselt fachmännisch auf in schwere Verletzungen, Quetschungen, Luxationen, umgeknickte Knöchel, Schürf- und Schnittwunden, Erste-Hilfe-Maßnahmen, Abtransporte und Sonstiges. Außerdem stellt das Blatt in seiner minde-

Endstation der Stiere: die Arena von Pamplona

stens zwanzigseitigen Beilage akribisch die gefährlichsten Stiere heraus. Ob *Bombito*, ein 605-Kilo-Schwergewicht von Andalusiens Weiden, oder den etwas leichteren und wendigeren *Aviadorito*.

Solcherlei Zeitungsbeiträge haben gleichzeitig Nachrufcharakter, denn am Tage des Erscheinens liegen Bombito, Aviadorito und Co. bereits als Braten und Steaks in den örtlichen Metzgereien aus. Zwischen *encierro* und dem Teller, dem Endziel der vierbeinigen *Encierro*-Sprinter, wartet auf die *toros* der Stierkampf am selben Abend und hinter den Stierkampf-Kulissen von Pamplonas Arena wiederum eine stattliche Zerlegerriege samt martialischen Instrumenten und Kühlfahrzeug. Das Gröbste hat der Torero natürlich per Degen erledigt und ist – je nach Glück und Kampfesgeschick – vom Stierkampfpräsidium und auf Beifallsdrängen des Publikums mit einem Ohr, zwei Ohren oder Ohren samt Schwanz des erlegten Tieres belohnt worden. Wenn's schief geht, springt der Ersatzmatador ein. Derweil darf sich der Torero – sofern er noch kann – einen von zwei perfekt ausstaffierten Operationssälen im rückwärtigen Teil der Arena aussuchen ...

Aber der Ruf Pamplonas beruht nicht auf Stieren und Fiesta allein. Über 2 000 Jahre Geschichte bündeln sich hoch über dem Río Arga auf überschaubarem Raum in der Oberstadt. Am besten, Sie lassen Ihr Fahrzeug in der Hotelgarage oder stellen es auf dem (gebührenpflichtigen) Großparkplatz an der Avenida del Ejército ab und machen sich zu Fuß auf den Weg. Es erwarten Sie Promenaden und Parks, Plätze und Kirchen sowie ein Gewirr aus verwinkelten **Altstadtgassen**, die in den letzten

Jahren in eine stimmungsvolle **Fußgängerzone** verwandelt worden sind. Sie werden weder stattliche Kaufhäuser noch große Supermärkte finden, dafür Unmengen an winzigen Bars, Cafés, Boutiquen, Wein-, Parfüm- und sonstigen Shops, die zum Bummeln und Verweilen animieren. Wer mag, kann die berühmte **Stierlaufstrecke** der *Fiestas de San Fermín* abgehen: von der **Cuesta de Santo Domingo** (dortige Stallungen nur während der turbulenten Tage) hinauf zum Rathaus, über die Plaza Consistorial, ein Stück durch die Calle Mercaderes und dann hinein in die langgestreckte und von zahlreichen Kneipen flankierte **Calle Estafeta** bis zur **Stierkampfarena** mit der etwas unscheinbaren **Hemingway-Büste**. In den Kurven der *encierro*-Strecke, vor allem jedoch auf dem Vorplatz des Rathauses, sehen Sie am Boden zahlreiche metallbedeckte Einlässe für die Absperrungen mit schweren Holzgatterpfosten.

Und noch eins: Achten Sie auf die Maueröffnung in der Mitte der Cuesta de Santo Domingo. Hier steht am Morgen vor Beginn eines jeden *encierros* San Fermín en miniature. Die Läufer verehren die kleine Figur des Heiligen mit lauten Gesängen und bitten ihn hier um Schutz. Fünf Minuten vorher, drei Minuten vorher und um 7.59 Uhr noch einmal. Dann kommen die Stiere.

Als Zentralbau im historischen Viertel *(casco viejo)* ragt an der Plaza Consistorial das **Rathaus** *(ayuntamiento)* mit seiner Barockfassade empor. Auf dem Giebel schwingen zwei Herkulesfiguren ihre Keulen, darüber stützen stolze Löwen aus Stein die Wappen von Pamplona und Navarra, den höchsten Platz nimmt die Ruhmesfigur ein. Solcherlei bildliches Schulterklopfen und Brust-

Während der Sanfermines trägt Pamplonas Rathaus Festschmuck

Sie krönt das Altstadtplateau: Kathedrale Santa María

schwellen der Stadt muß wohl sein. Die Balustraden dienen den Stadtobersten am 6. Juli, *high noon*, dazu, unter Raketenböllern und dem Jubel der Menschenmassen die *Fiestas de San Fermín* zu eröffnen, und – zu jeder Jahreszeit – als Ziele von Farbbeuteln jener, die mit der hiesigen Politik nicht einverstanden sind. Schließlich brodeln immer wieder Konflikte auf, vor allem bei Diskussionen um die Autonomie Navarras und des Baskenlands. Und in Pamplona sind schon so manche Widerstandsnester von Sympathisanten der Terrororganisation ETA ausgehoben worden. Aber längst nicht alle. So müssen immer wieder Putz- und Streichkolonnen ausrükken, um kämpferische Parolen und Graffitis zu ETA und den »politischen Gefangenen«, den inzwischen verhafteten und verurteilten Mitgliedern der Organisation nämlich, zu überpinseln.

Der heutige Rathausbau steht im historischen Niemandsland. Stellen Sie sich vor, daß Pamplona – immerhin Hauptstadt des Königreiches Navarra – im Spätmittelalter in drei Stadtteile zerfiel, die jeweils von eigenen Mauern umzogen waren und ihr eigenes Gepräge hatten: Navarrería, San Cernin und San Nicolás. Der Grund: Nachbarschaftsstreit und -neid, den kennt man ja auch aus der Gegenwart. San Cernin steckte voll französischer Kaufleute und Handwerker, die nicht mit den Spaniern der Navarrería konnten, und die strikt von der Kirche abhängigen San Nicolás' ler waren sowieso ein sonderliches Grüppchen. Erst der navarresische König Carlos III el Noble führte 1423 Frieden herbei und einte die Stadt.

Den bedeutendsten Bau im San-Cernin-Viertel sieht man direkt vom Rathausplatz aus: die gotische **Wehrkirche**

San Saturnino mit ihren schlanken Backsteintürmen. Vor dem Hauptportal stand – eine Gedenkplatte zeigt's an – während der römischen Herrschaft ein Brunnen, mit dessen Wasser Bischof San Saturnino die ersten Christen Pamplonas taufte. Doch ansonsten ist von römischen Gründerzeiten nichts geblieben – bis auf Mosaike im **Museo de Navarra**. Einmal dort, kann man im Regionalmuseum gleich die gesamten fünf Ausstellungsebenen in Angriff nehmen, die sich über die mittelalterliche bis zur modernen Kunst erstrecken. Auch Altmeister Goya ist mit einem Gemälde vertreten.

Allüberragend und auf dem höchsten Punkt des historischen Viertels recken sich die Türme der **Kathedrale Santa María** knapp 50 Meter dem Himmel über Pamplona entgegen. In ihrem klassizistischen Mantel verhüllt Pamplonas mächtigstes Monument pure Gotik mit Renaissance-, Barock- und Rokokozusatz. Das Wichtigste: der lichte gotische Kreuzgang, das romanische Bildnis der Jungfrau Maria im Presbyterium, die im Rokokostil ausgestaltete Sakristei sowie – im Mittelschiff – das königliche Alabastermausoleum mit den liegenden Figuren von Friedensstifter Carlos III el Noble und seiner Gattin Leonor, ein ausdrucksvolles Werk des Meisters Jehan Lome de Tournal. Da Besucher – im Zuge des touristischen Kommerzdenkens – nur am **Museo Diocesano** in der Calle de la Dormitalería vorbei in den Kreuzgang und die Kathedrale geschleust werden, sollte man sich die Skulpturensammlung dieses Diözesan-Museums nicht entgehen lassen.

Apropos **Calle de la Dormitalería**, abgeleitet vom spanischen Verb *dormir* (schlafen). Der Name wirft ein Licht auf die Jakobuspilger, die hier traditionsgemäß ausruhen und schlummern konnten. Versorgt wurden sie aus der Wallfahrerküche der Kathedrale, die in der Gegenwart als Teil des Diözesan-Museums dient. Damals wie heute zogen und ziehen die Pilger durch das **Portal de Francia**, das dem Río Arga zugewandte »Frankreich-Tor«, und die Calle del Carmen in die Altstadt ein, die unverändert von wuchtigen Mauern umzogen ist. Den besten Blick auf einen Teil des Mauergürtels und die historische Pilgerstrecke hat man von den Bollwerken beim **Rincón del Caballo Blanco** (auch: El Redín) aus. Als grüner Buckel im Hintergrund bäumt sich der städtische Hausberg, der **Monte San Cristóbal**, auf; ab dem Vorort Artica schlängelt sich ein ruppiges, rund sechs Kilometer langes Panoramasträßchen hinauf. Weniger idyllisch nimmt sich der Blick auf die von Hochhäusern zerfressenen Vorstädte aus. Das Landfluchtziel Pamplona steuert auf die 200 000-Einwohner-Marke zu und gibt reichlich Arbeit, ob in der riesigen Regionalverwaltung, an zwei Universitäten (eine davon in Händen des Opus Dei), im großen VW-Werk oder in mehr als 200 Bars und 30 Hotels und Pensionen.

In Pamplonas City schlägt ein Doppelherz. Zum Rathausvorplatz gesellt sich als weiterer Schnittpunkt des täglichen Lebens und des Stadtrundgangs die weit ausladende **Plaza del Castillo**. Einzig störend ist hier der Verkehrsfluß. Ansonsten bietet der Platz heimelige Zutaten im besten spanischen Stil: Arkaden, Kneipen, stilvolle Cafés (das **Iruña** war eines von Hemingways Lieblingseckchen), pittoreske Häuserzeilen mit hölzernen Läden und Glasvorbauten, in der Mitte Bänkchen, Blumenbeete, schattenspendende Platanen und einen Musikpavillon. An die Plaza del Castillo grenzt der klassizistische Bau des **Palacio del Gobierno de Navarra** (Sitz der

Blick auf die Plaza del Castillo

Regionalregierung) und bildet das Verbindungsglied zum **Paseo de Sarasate**. An dieser beliebt-belebten Promenade, benannt nach dem aus Pamplona stammenden Komponisten und Violonisten Pablo Sarasate (1844–1908), erhebt sich der weithin sichtbare **Monumento a los Fueros de Navarra**. Auf der Spitze dieses 1903 errichteten Denkmals steht eine Bronzefigur, die allen nachfolgenden Generationen das Gesetz der navarresischen Sonderrechte *(fueros)* vorhält. Auf seinem geraden Weg zum alten Justizpalast streift der Paseo de Sarasate das Postgebäude und die mittelalterliche **Wehrkirche San Nicolás**. Dahinter taucht man ein in Pamplonas extrem feuchte Zone: die der Kneipengassen San Nicolás und San Gregorio.

Mit seinen typischen gelben Pfeilen leitet der **Jakobsweg** aus der Kernstadt um die Plaza Consistorial heraus. Durch die lange Geschäftsschneise der **Calle Mayor** bis zur Plaza Recoletas mit dem Convento de las Recoletas und der **Kirche San Lorenzo** (mit San-Fermín-Kapelle), schließlich am **Taconera-Park** und der Zitadelle vorbei. Hier zeigt die navarresische Hauptstadt noch einmal überraschende Seiten. Zum Beispiel Rehe und Hirsche in den zum Taconera-Park gehörigen Burggräben, Stadtmauerpromenaden und künstliche Ententeiche. Oder die lauschigen Grünzonen und Ausstellungshallen im Innern des weitläufigen Komplexes der **Zitadelle** *(ciudadela)*.

Nachdem Kastiliens Heerscharen im 16. Jahrhundert das Königreich Navarra vereinnahmt hatten, galt die Sorge der neuen Machthaber anschließend vor allem dem feindlichen Nachbarn jenseits der Pyrenäen: den Franzosen. Also mußte eine neue, unter Felipe II begonnene

Festung her, die später auch als Gefängnis diente. Doch die Zeiten haben sich gewandelt, die Bösen von einst sind vorerst von der Bildfläche der Geschichte verschwunden. Geblieben ist einzig manches Vorurteil. Man liebt die Franzosen zwar noch immer nicht, aber man fürchtet sie auch nicht mehr. Die Zitadelle hat ihren Schrecken und Urzweck verloren und lockt heute Jogger, Picknicker, Kinderwagenschieber und sonstige Spaziergänger an. Außerdem trifft man sich gerne zur neuesten Vernissage. Dort, wo einst Waffen und Pulver lagerten, geben sich heute lokale Künstler mit zahlreichen Werkschauen ein friedliches Stelldichein. Und die seinerzeitige Küche der Militärs eignet sich vorzüglich für Rauminstallationen.

Wen es zu weiteren Stadtmauern und Grünzonen drängt, geht ans andere Ende der Stadt in den nahe der Stierkampfarena beginnenden **Parque de la Media Luna**. Je weiter man der Hauptpromenade – hoch über den Ufern des Río Arga und mit Aussicht auf die Ausläufer der Pyrenäen – stadtauswärts folgt, desto markanter hebt sich beim Blick zurück die Kathedrale auf dem Altstadtplateau ab. Dem Schlenker in die äußeren Zonen kann man einen weiteren zum pompösen **Monumento a los Caídos** folgen lassen. Der überkuppelte Bau an der Plaza Conde de Rodezno erinnert an die im Spanischen Bürgerkrieg auf der Seite der »Nationalen« unter Franco Gefallenen und dient heute als Forum für Ausstellungen.

Stierkampf, Variante II: Der Torero Aug' in Aug' mit dem Toro

1.1 **Infos:** Pamplona/Iruña oder Iruñea

Laubengänge an der Plaza del Castillo

Oficina de Turismo
Calle Eslava, 1 (Ecke Plaza San Francisco)
✆ 948 20 65 40, Fax 948 20 70 34
oit.pamplona@cfnavarra.es
Während der *Fiestas de San Fermín* besorgt man sich das umfangreiche Festprogramm am besten in einer Buchhandlung (z. B. Librería Abárzuza, Cuesta de Santo Domingo, 29) oder einem Kiosk.

Hotel Iruña Park
Calle Arcadio Larraona, 1
✆ 948 17 32 00, Fax 948 17 23 87
irupark.hotel@ctv.es
Gepflegtes Vier-Sterne-Haus, 225 Zimmer, unter Kongreßteilnehmern erste Wahl. Rund 2 km südwestlich der City, zu Fuß an vielen Geschäften vorbei. PPP

Hotel Reino de Navarra
Calle Acella, 1
✆ 948 17 75 75, Fax 948 17 77 78
Modernes, erst vor wenigen Jahren eröffnetes Drei-Sterne-Hotel am ebenfalls neu angelegten Yamaguchi-Park. Etwas abseits der Innenstadt. PPP

Hotel Tres Reyes
Jardines de la Taconera, s/n
✆ 948 22 66 00, Fax 948 22 29 30
hotel3reyes@abs.internet.com
Sehr günstig zwischen Altstadt und Taconera-Park gelegen. Vier Sterne, komfortabel. PPP

Hotel Yoldi
Avenida de San Ignacio, 11
✆ 948 22 48 00, Fax 948 21 20 45
Solides Drei-Sterne-Haus, zentral gelegen. PP–PPP

Hotel Eslava
Plaza Virgen de la O, 7
✆ 948 22 22 70, Fax 948 22 51 57

Von außen etwas unscheinbares Zwei-Sterne-Haus, recht ruhig und zentrumsnah gelegen. Ein Katzensprung zur Promenade über die Stadtmauern und in den Taconera-Park. PP

Gran Hotel La Perla
Plaza del Castillo, 1
✆ 948 22 77 06, Fax 948 21 15 66
Mitten in der Stadt, für Autofahrer ungünstig zum Parken. Anklänge an die gute alte Zeit, Meisterliterat und -trinker Ernest Hemingway pflegte im Zimmer 217 abzusteigen. PP

Habitaciones Otano
Calle San Nicolás, 5
✆ 948 22 70 36
Für alle, die eine zentrale, vergleichsweise preisgünstige Bleibe suchen. Nachteil: in einer der geräuschintensivsten Bargassen Pamplonas gelegen. P–PP

Camping Ezcaba
Carretera Pamplona-Irún, km 7 (Eusa)
✆ 948 33 03 15
Am nächsten zur Stadt gelegener Campingplatz, rund 7 km nördlich, Anfahrt erfolgt über die Nationalstraße 121 A. Ganzjährig.

Restaurante-Asador La Chistera
Calle San Nicolás, 40–42
✆ 948 22 78 81
Erlesene Kost, netter Rahmen. Fisch- und Fleischgerichte, Tagesmenüs. PP

Restaurante-Café Iruña
Plaza del Castillo, s/n
✆ 948 22 20 64
Pamplonas zentrales Aushängerestaurant, jüngst umfangreich renoviert. Reichhaltig mit Pflanzen dekoriert und altaristokratische Atmosphäre, an der sich schon Ernest Hemingway erfreute. Guter Mittagstisch, werktags relativ preiswert, an den Wochenenden etwas teurer. Mit Terrassencafé. P–PP

Hostería del Temple
Calle Curia, 3
✆ 948 22 51 71
Altstadtrestaurant, robustes Ambiente unter starken hölzernen Deckenbalken und mit Keramiktellern und -krügen an den Wänden. Recht preisgünstige und sehr gute Mittagsmenüs an Werktagen. Begrenzte Kapazität. P–PP

Restaurante Catachú
Calle Lindachiquía, 16
✆ 948 22 60 28
Rustikales Grotten-Restaurant in unscheinbarer Altstadtgasse, als Studentenbar Ende des 16. Jhs. von Prinzessin Catalina feierlich eröffnet. Werktags gute, äußerst preiswerte Mittagsmenüs. P

Restaurante Montón
Calle Jarauta, 29
✆ 948 22 21 41
Hausmannskost im Hinterraumrestaurant. Einfach, schmackhaft-füllende Mittagsmenüs. P

Restaurante Don Lluis
Calle San Nicolás, 1
✆ 948 22 17 31
Handfestes Eckrestaurant, Portionen jedoch nicht übertrieben groß. Für den Aperitif und Appetithäppchen bietet sich die Bar im unteren Bereich an. Tagesmenüs. P

Café Vienés
Jardines de la Taconera, s/n
Mitten im Taconera-Park gelegenes Kaffeehaus, in der wärmeren Zeit Terrassenservice unter Bäumen und Sonnenschirmen.

Café Roch
Calle Comedias, s/n
Mehr winzige Bar als Café. Schon seit 1898 beliebter Treffpunkt der Einheimischen, die besonders die reiche Appetithäppchen-Auswahl schätzen.

1.1 Infos: Pamplona/Iruña oder Iruñea

Río
Calle San Nicolás, s/n
Schmackhafte Spezialität: die in einem Mantel aus Béchamelsoße fritierten harten Eier.

Kathedrale und Museo Diocesano
Calle de la Dormitalería, s/n
Mo–Fr 10–13.30 und 16–19, Sa 10–13.30 Uhr
Kathedral- und Diözesanmuseum mit romanischen und gotischen Marienstatuen im ehemaligen Refektorium. Außerdem: Reliquienschreine, Renaissance- und Barockskulpturen, ein Marmorkruzifix aus dem 18. Jh. sowie eine silberne Monstranz. Durch den Kreuzgang betritt man die Kathedrale, deren Hauptportal nur zu Gottesdienstzeiten geöffnet ist.

Zitadelle
Avenida del Ejército, s/n
Riesige Militäranlage mit mächtigen Mauern aus dem 16. und 17. Jh., aber auch mit Wiesen und Gebäudetrakten rund um den Zentralhof der Zitadelle *(ciudadela)*. Die Trakte dienen heute als Ausstellungskomplexe und sind nur zeitlich begrenzt zugänglich: Mo–Sa 18–20.30, So 12–14 Uhr. Ansonsten ist die Zitadelle täglich von 7.30–21.30, So von 9–21.30 Uhr betretbar. Der Haupteingang liegt an der Avenida del Ejército, der hintere Zugang an der Vuelta del Castillo.

Der Dickkopf braucht eine Stärkung

Museo de Navarra
Cuesta de Santo Domingo, s/n
Di–Sa 10–14 und 17–19, So 11–14 Uhr
Navarras Regionalmuseum in einem ehemaligen Krankenhausbau aus dem 16. Jh. Exponate von der prähistorischen und der römischen Epoche bis zur modernen Malerei.

Planetario
Calle Sancho Ramírez, s/n
Tägl. außer Mo
Planetarium mit wechselnden Ausstellungen und Vorführungen.

Teatro Gayarre
Avenida Carlos III el Noble, 1
✆ 948 22 01 39

Escuela Navarra de Teatro
Calle San Agustín, 5
✆ 948 21 03 60
Navarresische Theaterschule mit Aufführungssaal.

Ideal zum Stöbern sind mehrere **Antiquitätenläden** in der Altstadt, u.a. in der Calle Curia, der Calle Mayor, in der Calle del Carmen, 30 und – im Schatten der Kathedrale – an der Plaza de San José.

Vinoteca Murillo
Calle San Miguel, 16
Reiche Auswahl an Weinen jedweder

1.1 **Infos:** Pamplona/Iruña oder Iruñea

Den Durst auf diese Art zu löschen braucht einige Übung

Preisklasse aus Navarra und der Rioja. Außerdem: Liköre.

Aeropuerto
✆ 948 16 87 00
Von Pamplonas Flughafen im Vorort Noáin täglich Flüge nach Barcelona und Madrid.

Estación de Autobuses
Conde Oliveto, 2
✆ 948 22 38 54
Busse u. a. nach Barcelona, Bilbao, Lizarra, Jaca, Logroño, Madrid, Sangüesa, San Sebastián, Santander, Tafalla, Vitoria und Zaragoza.

Estación de Ferrocarriles
Plaza de la Estación, s/n
✆ 948 13 02 02
Züge u. a. nach Barcelona, Irún, Madrid, San Sebastián, Vitoria und Zaragoza.

Wichtigste Feste

Außer den wilden, ausgelassenen **Fiestas de San Fermín** (6.–14. Juli) stehen unter anderem die **Fiesta de San Blas** (am 3. Februar; mit Prozession zu Ehren des Heiligen Blasius), der bunte **Karneval** zum Ausgang des Winters, die große **Karfreitagsprozession**, die **Fronleichnamsprozession**, die **Fiestas de San Fermín Chiquito** (*Sanfermines* im Miniformat und ohne Stiere, rund um den 25. September) und der volkstümliche **Heiligabendumzug** (am 24. Dezember) auf dem alljährlichen Festprogramm der Stadt.

Außerdem bietet Pamplona gegen Ende September/Anfang Oktober noch die **navarresische Verkaufs- und Handelsmesse** *(Feria de Mues-tras de Navarra).* Und Mitte/Ende Oktober richtet die **Deutsch-Spanische Gesellschaft Nordspaniens** ihre traditionelle **Kulturwoche** aus.

Ausflüge ab Pamplona

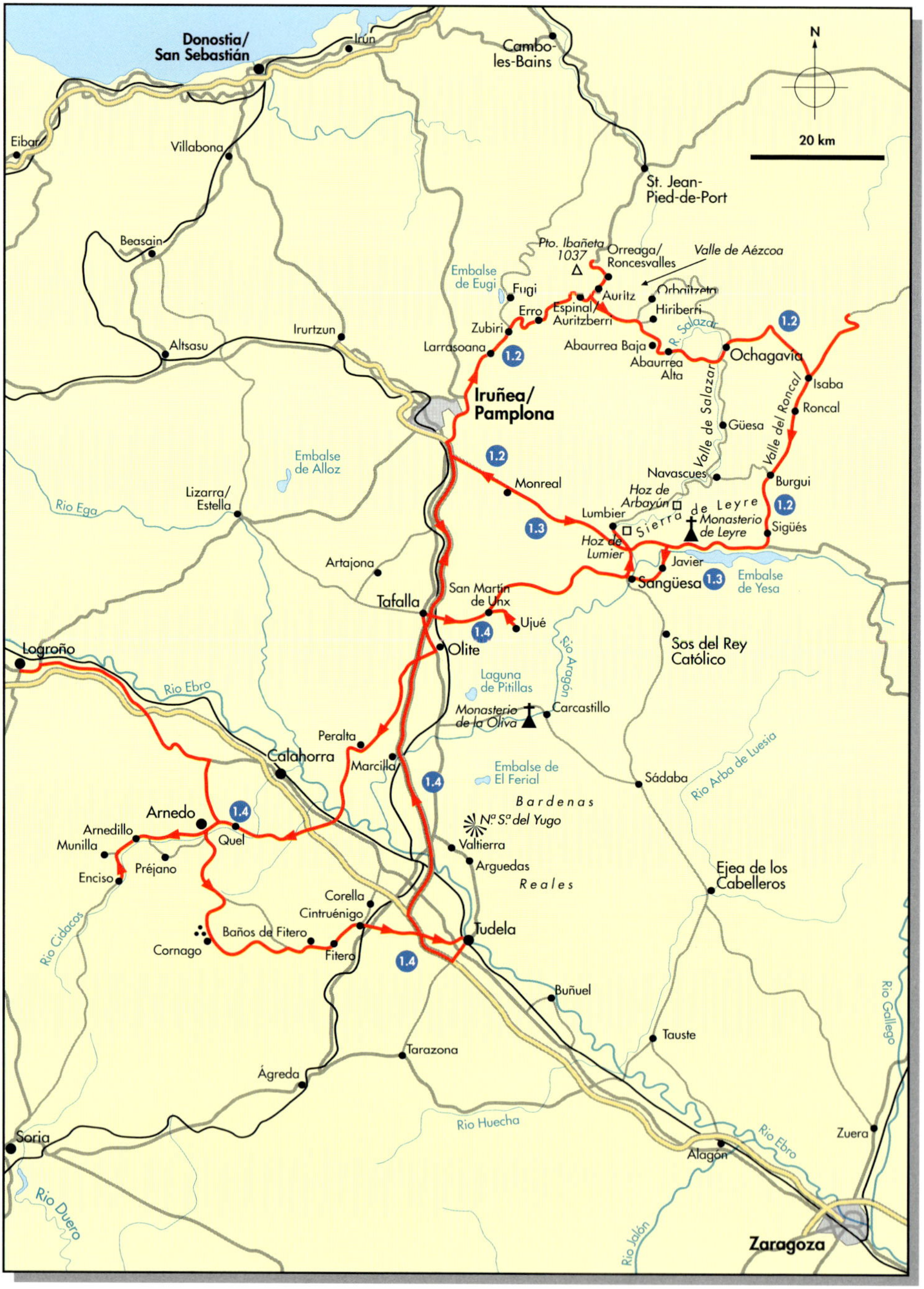

1.2 Pilgerstätten und Pyrenäentäler

1.2 Route: Pamplona – Roncesvalles/Orreaga – Burguete/Auritz – Ochagavía – Isaba – Roncal – Pamplona (194 km)

Vormittag

Auf dem Haupt-Jakobsweg (N-135) zum **Ibañeta-Paß**, Besuch des Bergklosters **Roncesvalles** und seiner Museumsschätze. Weiterfahrt am späten Vormittag in Richtung der Pyrenäentäler Aézcoa, Salazar und Roncal (Straßeneinstieg – von Roncesvalles aus gesehen – kurz hinter Burguete/Auritz, wo die NA-140 nach links von der N-135 abzweigt).

Nachmittag

Rundgänge durch die pittoresken und von trutzigen Steinhäusern geprägten **Bergdörfer Navarras**; die schönsten sind **Ochagavía**, **Isaba** und **Roncal** (hier: Besuch des Museums und Mausoleums zu Ehren des Tenors Julián Gayarre). Das Tal von Roncal verläßt man südwärts auf der NA-137, dann die N-240 bis **Pamplona**.

Alternativen & Extras: Angesichts eines dichten und sicher erlebnisreichen Tagesprogramms sollten Sie überlegen, ob Sie nicht eine Zwischenübernachtung einlegen wollen. Dafür bieten sich besonders Zimmer in rustikalen Landhäusern *(casas rurales)* an, die in recht großer Auswahl direkt am Weg in den schönsten Orten **Ochagavía**, **Isaba** und **Roncal** zu finden sind. Zimmerbuchungen kann man im Vorfeld der Tour über die Reservierungszentrale für Landhäuser (Central de Reservas de Casas Rurales) vornehmen, die unmittelbar der Touristeninformation in Pamplona angeschlossen ist (Calle Eslava, 1; ✆ 948 20 65 41, Fax 948 20 70 32; centraldereservas.pamplona@cfnavarra.es). Auch in anderen kleinen Orten am Wege gibt es Landhausunterkünfte, u. a. in **Erro**, **Burguete/Auritz** und **Abaurrea Baja**.

Diese Tour kann man ganz oder teilweise mit der nachfolgenden zum »aragonesischen Pilgerweg« (s. S. 54 ff.) kombinieren und u. a. das **Kloster San Salvador de Leyre**, die **Felsenburg von Javier**, die Kirchenstadt **Sangüesa**, die **Geierschlucht von Lumbier** und das Pilgerörtchen **Monreal** besuchen. In dem Fall ist mindestens eine Übernachtung zwischendurch unerläßlich.

Von der vorgeschlagenen Strecke bieten sich noch kleinere **Abstecher** an:
– An der N-135 am nördlichen Ortsausgang von Zubiri Abzweig zum nahegelege-

nen **Embalse de Eugui**, einem See, der in waldreichem Gebiet den Río Arga aufstaut. Im Örtchen Eugui gibt es zwei Pensionen.
– Abfahrt vom Ibañeta-Paß, unverändert auf der N-135, ins rund 25 km entfernte französische Städtchen **Saint-Jean-Pied-de-Port**. Dort: malerische Gassen, Bischofsgefängnis, Zitadelle mit prächtigem Bergblick.
– Unscheinbarer, kleiner Straßenabzweig von der NA-140 in Arive/Aribe, der Sie ins wenige Kilometer nordöstlich gelegene 250-Einwohner-Örtchen **Orbaiceta/Orbaitzeta** bringt. Hier: Unterkunft in Landhäusern und Wandergebiet, das sich bis zum nahen Irati-Stausee erstreckt und das rund 6 500 ha umfassende Naturschutzgebiet **Bosque de Irati** durchzieht. Hier breitet sich einer der größten zusammenhängenden Buchenwälder Europas aus.
– Weiterer Straßenabzweig von der NA-140 etwas östlich von Arive/Aribe ins wenige Kilometer entfernte **Villanueva de Aézkoa/Hiriberri**. Nettes Dorf, gotisches Kirchlein El Salvador, Unterkunft in Landhäusern.
– Von Isaba aus in nordöstlicher Richtung durch das malerische Tal des **Río Belagua** in Richtung französischer Grenze. An der Strecke liegt – wenige Kilometer von Isaba entfernt, rechts an der Straße und als einsam stehendes kleines Gehöft am Flußlauf – die **Hausmacher-Käserei Marengo**. Verkauf von delikatem Schafskäse *(queso de oveja)*.
– Wollen Sie das vom Río Salazar durchzogene Tal gen Süden (an Güesa und Navascués vorbei) auf der NA-178 verlassen, übersehen Sie keinesfalls den Stopp an **der Schlucht von Arbayún** (Foz de Arbayún); der Panoramaparkplatz mit Ausblick über den »Grand Canyon Navarras« und die mehr als 400 m hoch abfallenden Flanken liegt unmittelbar links an der Straße.

Typische Landschaft bei Pamplona

Im Innern der Real Colegiata von Roncesvalles

Kaum, daß die letzten Hochhaushälse Pamplonas aus den Augen geraten, gibt das schier unendliche Grün den Weg in die waldreichen Ausläufer der Pyrenäen vor. In solcherlei herz- und lungenerfrischendes Grün drängen sich bald Braun- und Rostrottöne uriger Dörfer sowie weiße Sprenkel aus Schafen und Rindern, die Wiesen und Weiden punktieren. Doch auch das Blutrot der Geschichte haftet der Etappe an, die Sie auf den ersten 50 Kilometern rund 700 Höhenmeter auf dem historischen Jakobsweg hinaufträgt und langgezogene Stein- und Pilgerorte wie **Zubiri**, **Auritzberri** (wäre unser Favorit bei »Unser Dorf soll schöner werden«) und **Auritz** passiert. Überliefert sind tragische Begegnungen von Wallfahrern mit Wegelagerern an der »Banditenbrücke« von **Larrasoaña** und auf dem Anstieg zum Ibañeta-Paß. Und der Klosterort Roncesvalles trägt die Angedenken grausamer Gefechte in der Höhenluft. Zunächst an die Schlacht am Ibañeta-Paß ...

Wir schreiben den 15. August des Jahres 778. An jenem Sommertag kehrt Karl der Große mit den Seinen nach Kämpfen gegen die Mauren über die Pyrenäen zurück in Richtung Heimat. Hintenan zieht Markgraf Roland mit der Nachhut. Plötzlich: ein Hinterhalt! Sind es wilde Basken, rachsüchtige Muselmanen oder haben sich beide verschworen, um Rolands Truppen hier zu überfallen? Wie Ameisen kommen die Feinde aus ihren Verstecken hervor und greifen in den Bergen die Soldaten an. Tausende – oder wie manche Quellen glauben machen: Zehntausende – fallen, ihr Blut tränkt überall die Erde. Roland, ein Held, so sagt die Legende, kämpft furchtlos und wacker mit seinem Wunderschwert Durandal – bis auch ihn der gewaltsame Tod ereilt.

Roncesvalles: Glasfenster im Kapitelsaal

Erinnerungen an Roland hält auf dem **Paß von Ibañeta**, ein Stückchen oberhalb der kleinen Kapelle San Salvador, ein Gedenkstein wach. Hier, auf über 1 050 Metern Höhe und mitten auf dem magischen Pyrenäengrat der Jakobspilger, saugt man die herrliche Höhenluft ein, genießt Gebirgspanorama und Frieden – es sei denn, es ist Spätherbst, und die spanischen Wildtaubenjäger sind unterwegs. Ihre geschützten Unterstände, die sie alljährlich bei der Gemeinde gegen harte Münze ersteigern, erkennt man mit scharfem Auge über die Straße hinweg.

Geradewegs so, als hätte Gevatter Tod leitmotivisch das Kommando übernommen, treffen Sie Roland auf einem winzigen Denkmal am geschützten, in weiten Teilen auf das 12. und 13. Jahrhundert zurückgehenden Klosterkomplex von **Roncesvalles** wieder. Genau gegenüber dem alten Gebeinhaus für Pilger, die hier, ummantelt von der (auch »Silo Karls des Großen« genannt) Grabkapelle Sancti Spiritus, eine letzte Ruhestätte fanden, nachdem sie entkräftet und ausgezehrt vom Anstieg auf den Ibañeta-Paß eingetroffen waren. Im Roncesvalles des Mittelalters kümmerten sich Augustiner im Hospiz um die Wallfahrer, heute gehört die Herberge unverändert zum Netzwerk der Unterkünfte am *Camino de Santiago.*

Einfluß, Prestige und Reichtum von Roncesvalles gründeten sich auf zahlreiche Schenkungen, Komtureien im In- und Ausland, die Verwaltung erblicher Pachtrenten und das Recht, Bischöfe und Könige Navarras in ihre Ämter einzusetzen, die sich auf diese Art ihren Platz im Geschichtsbuch des Mittelalters sicherten. So bereitete Navarras Monarch Sancho VII el Fuerte den (finanziellen) Urgrund der *Real Colegiata*, in der die Gläubigen heute ein mit Silber überzogenes Holzbildnis der Madonna von Roncesvalles verehren.

Mit der königlichen Stiftskirche sind wir erneut beim Thema Tod und Kriege angelangt. Der starke Sancho liegt im restaurierten, an den Kreuzgang *(claustro)* des Klosters anschließenden Kapitelsaal (auch San-Agustín-Kapelle genannt) begraben. Ein monumentales Glasfenster ruft dort des Königs größtes Verdienst ins Gedächtnis: den Sieg über die Mauren 1212 bei der Schlacht von Navas de Tolosa.

Sancho kam nicht mit leeren Händen heim. Als Trophäen des Sieges brachte er einige Gegenstände aus dem Besitz des muselmanischen Führers Miramamolín nach Roncesvalles: den großen Smaragd aus seinem Turban und metallene Ketten, mit denen der Maure sich ans Zelt gefesselt hatte. Miramolíns Edelstein ist heute eines der wertvollsten Ausstellungsstücke in dem kleinen, in der Klosteranlage untergebrachten Museum. Zu seinen Schätzen zählen außerdem das »Schachspiel Karls des Großen« (eine Reliquie, die aus dem 14. Jahrhundert stammt), ein Evangelienbuch mit prächtigem silbernem Einband und weitere wertvolle Schenkungen. Die Ketten werden – hinter Gittern – in der San-Agustín-Kapelle aufbewahrt, als Symbol sind sie vor Zeiten ins Wappen Navarras eingegangen. Sancho VII. der Starke und seine Gattin Doña Clemencia haben ihren Platz auf einem stark vom Zahn der Zeit angenagten gotischen Pilgerkreuz gefunden, das an der Straße den Weg hinab nach Auritz weist.

Kurz hinter dem von Quadersteinhäusern durchsetzten **Auritz** wenden Sie sich von der historischen Pilgerachse ab und einem landschaftlichen Traum in Grün zu, voller Wiesenteppiche und mit Wäldern aus Eichen und Buchen. Nirgendwo dürfen Sie auf den malerischen Gebirgs- oder Flußrandstraßen auf rasches Fortkommen hoffen – die Eile der Moderne verblaßt im Abseits der nun folgenden **Pyrenäentäler Aézcoa**, **Salazar** und **Roncal**.

Einige Orte werden den dörflichen Klischees nahekommen, die so mancher vor Augen hat. Ein paar Dutzend Steinhäuser um die Kirche gruppiert, Verdauungsspuren von Schafen und Rindern auf der Durchgangsstraße, bellende Hofhunde und stets freundliche Dörfler. Auch **Abaurrea Baja** und **Abaurrea Alta** sind solche urigen 50-Seelen-Nester in grünen Lagen um die 1 000 Meter, oder, bereits im Nachbartal von Salazar, das 600 Einwohner starke **Ochagavía**.

Mit ihren eng verschachtelten Häusern sowie den pittoresken Gassen und Brückchen stehen Ochagavía, **Isaba** (besonders schön) und **Roncal** (rustikale Schafskäse-Hochburg und außerdem Geburtsort des Tenors Julián Gayarre) als Musterbeispiele für navarresische Bergdörfer, die sich mittlerweile in klingende Münze umsetzen lassen. Der sogenannte grüne Tourismus gibt den Orten eine entscheidende neue Note, er hat aber weder Massenhochbetrieb ausgelöst (zumindest bis heute nicht), noch kultiviert er Urigkeit als übertriebenes Kunstprodukt. Es sieht halt aus, wie es immer ausgesehen hat. Punkt. Und daß Natur- und Wanderfreunde die Pyrenäendörfer im Nirgendwo ein wenig aus dem Dornröschenschlummer erweckt und ihnen neues Leben eingehaucht haben, scheint den drei Gemeinden gut zu bekommen.

Das meinen auch die Einheimischen und bauen – meist mit Finanzspritzen aus öffentlicher Hand – alte Anbauten, Schaf- und Rinderställe sowie Etagen ihres eigenen Hauses zu vorzüglichen Landhausunterkünften um. Daß ganzjährig Einkünfte fließen, verdanken sie den nahgelegenen Pisten und Loipen. Auf ewige Zeiten läßt sich halt schwer von Holzeinschlag und Viehwirtschaft leben. Kehren Sie ruhig in einem der örtlichen Restaurants – vor allem in Ochagavía oder Isaba – ein und erkunden Sie neues kulinarisches Terrain. Auf den Speisekarten ist besonders häufig die Forelle *(trucha)* vertreten, die man auf typisch navarresische Art mit einem Stück rohen Schinken garniert. Wer's fleischiger liebt, bestellt – wenn es die Jagdsaison zuläßt – am besten Wildschwein *(jabalí)*.

Von der Beschaulichkeit der bukolischen Pyrenäendörfer muß man in und um **Burgui**, dem südlichsten Dorf im Roncaltal, Abschied nehmen. Noch einmal fällt es leicht, seine Gedanken ein paar Jahrhunderte zurückwandern zu lassen.

Wie mag es wohl zu der Zeit gewesen sein, als Navarras Vorväter die romanische Brücke über den Esca kreuzten? Und wie, als das »traurige Burgfräulein« in einer heute verschwundenen Feste schmollte?

Bei Sigüés wird Sie der Verkehrsstrom der N-240 schlucken, die den großen, künstlichen Stausee von Yesa umfließt und anschließend bis Pamplona zurückführt. Dabei berühren Sie ein Stück Jakobsweg den Zweiten, diesmal die aragonesische Achse (detaillierte Routenbeschreibung im nachfolgenden Kapitel ab Seite 54). Dortiger Höhepunkt im doppelten Sinne ist das mit der jetzigen Route kombinierbare und hoch im Gebirge gelegene **Kloster San Salvador de Leyre.**

Garantiert hausgemacht: der Schafskäse von José Marengo

Legende: Der Barde und das traurige Burgfräulein von Burgui

Vor langer Zeit lebte auf der heute verschwundenen Festung von Burgui ein Burgherr mit seiner Familie. Der ganze Stolz des alten Herrn war seine Enkelin, deren fröhliches Wesen sich allerdings durch eine unglückliche Liebe gewandelt hatte. Tagelang schloß sich die traurige junge Frau in ihrem Zimmer ein, wollte niemanden sehen und mit niemandem reden. Oft röteten sich ihre Augen vor Tränen. Selbst ihr weiser Großvater wußte kein Rezept gegen ihren übergroßen Schmerz.

Ihr Auserwählter war ein Lebemann aus adligem Hause gewesen. Jahre zuvor war er unter König Sancho in den Kampf gegen die Mauren gezogen und seither nicht zurückgekehrt, denn – so trug es die Kunde herbei – er sei einer muselmanischen Prinzessin verfallen.

Das Burgfräulein von Burgui hörte jedoch nicht auf, an den schönen jungen Mann zu denken.

Eines Tages erschien am Tor des Kastells von Burgui ein Barde und begehrte Einlaß. Von weither sei er gekommen, so erzählte er. In Händen hielt er ein Bündel mit seinen Habseligkeiten und eine Klampfe.

Der fremde Besucher wurde zum Burgherrn geführt, der ihn herzlich willkommen hieß.

»Euch schickt der Himmel«, sagte der alte Mann zu seinem Gast. »Seht, meine einzige Enkelin ist umnachtet von der Traurigkeit einer unglücklichen, unerfüllten Liebe. Vielleicht könnt Ihr Sie wieder fröhlich machen mit Eurem Gesang. Daher lade ich Euch ein zu bleiben, solange Ihr wollt.«

Der Besucher bedankte sich höflich für die Gastfreundschaft und sagte: »Ich werde sehen, was in meiner Macht steht.«

»Sicher werdet Ihr meiner Enkelin gefallen«, sprach der Burgherr. »Doch nun erzählt mir zuerst von Euren Wegen und Abenteuern.«

Es wurde ein langer Abend.

Tags darauf bekam der Barde die schöne junge Frau zu Gesicht. Gleichmütig begrüßte sie ihn. Nicht ein einziges freundliches Lächeln huschte über ihr Antlitz, doch er war sogleich von ihr entzückt.

Mit sachter Stimme hob der Barde zu melancholischen Liedern an und legte seine ganze Sanftmut in die Strophen.

So ging es fortan jeden Tag. Der Barde stimmte Heldenepen aus dem Baskenland und aus fernen Ländern an. Er sang, zum Klang der Laute, von siegreichen Schlachten, von Sehnsucht und Liebe. Mal versuchte er es mit leisen, ein anderes Mal mit fröhlichen Tönen. Doch nichts geschah. Das Burgfräulein würdigte ihn kaum eines Blickes und sprach kein einziges Wort.

Die Gefühle des Gastes für das traurige Burgfräulein von Burgui verstärkten sich von Vers zu Vers, von Stunde zu Stunde, von Tag zu Tag. Er unterdrückte es jedoch, dem verletzlichen Geschöpf seine Liebe zu eröffnen. Er wollte warten und ihren Schmerz nicht verstärken. Winzige Gesten von ihr versuchte er zu deuten, aber selbst nach Wochen war bei der jungen Frau nicht ein Schimmer an Lebensfreude zurückgekehrt.

Eines Tages brach das Burgfräulein ihr Schweigen.

»Hört«, sprach sie zu dem Barden, »haltet inne mit Euren Gesängen, sie schmerzen mich zutiefst.« Ihre Stimme klang bitter und ernst.

Sämtliches Bemühen des Barden war vergebens. Zu ruhelos war die schöne junge Frau, zu tief hatte sich Gram in ihre Seele gegraben.

Der Sänger suchte den Burgherrn auf und berichtete von ihren Worten. Nun sah der alte Mann keinen anderen Ausweg, als seine Enkelin in eine ferne Bergabtei zu bringen.

Kurze Zeit später verließ auch der junge Troubadour das Kastell. Ziellos durchstreifte er die Sierra de Leyre und erblickte das Kloster San Salvador. Dort bat er um Aufnahme. Bald tauschte der Barde die Klampfe gegen die Kutte und wurde ein frommer Mönch, bis der Herr ihn zu sich rief. Nur eines konnte er bis zu seinem Lebensende nicht vergessen: das traurige Burgfräulein von Burgui.

1.2 **Infos:** Roncesvalles/Orreaga – Ochagavía

Schlucht von Arbayún

Oficina de Turismo
Antiguo Molino, Kloster von Roncesvalles
Roncesvalles/Orreaga
✆ und Fax 948 76 03 01
oit.roncesvalles@cfnavarra.es

Hostal La Posada
Am Kloster von Roncesvalles/Orreaga
✆ und Fax 948 76 02 25
Recht einfache Herberge direkt an der Hauptstraße, Landhaus aus dem 17. Jh., Frühstück gegen Aufpreis. Hier kann man auch zu Mittag und zu Abend essen. P–PP

Hostal Casa Sabina
Carretera Pamplona–Francia, km 48
Roncesvalles/Orreaga
✆ 948 76 00 12
Ähnlicher Standard wie das nahegelegene La Posada.
P–PP.

Kloster Roncesvalles mit Museum
Verschiedene Eingänge: Kirche, Kreuzgang und Museum
Tägl. 10–14 und 16–19 Uhr
Im Klosterkomplex Verkauf von Schafskäse.

Hotel Loizu
Avenida Roncesvalles, s/n
Burguete/Auritz
✆ 948 76 00 08, Fax 948 79 04 44
Drei-Sterne-Hotel direkt an der schmalen Ortsdurchfahrt. Mit Restaurant, recht urig. PP

Camping Urrobi
Carretera Pamplona–Valcarlos, km 42
Burguete/Auritz
✆ und Fax 948 76 02 00
An den Ufern des Río Urrobi, von der N-135 her einsehbar, rund 2 km südwestlich von Auritz. Nur Anfang April bis Ende Okt.

Hostal-Posada Sarobe
Calle San Martín, 1
Abaurrea Baja
✆ und Fax 948 76 90 60
Landhausstil, nahe der Dorfkirche gelegen, 7 Zimmer. Mit Restaurant, das solide typisch navarresische Küche bietet. P–PP

Oficina de Turismo
Calle Labaría, s/n
Ochagavía
✆ und Fax 948 89 06 41
oit.ochagavía@cfnavarra.es
Auch Naturkundehaus (Centro de Interpretación de la Naturaleza).

Hostal Auñamendi
Plaza Gurpide, 1
Ochagavía
✆ 948 89 01 89, Fax 948 89 02 62
auniamendi@jet.es
Rustikale 11-Zimmer-Pension am Zentralplatz, im unteren Bereich Bar und Restaurant. P–PP

1.2 **Infos:** Ochagavía – Burgui

Camping Osate
Carretera de Salazar, s/n
Ochagavía
✆ 948 89 01 84
An den Ufern des Río Salazar, mit Restaurant und Bar. Vermietung von Bungalows. Ganzjährig.

Restaurante Hostal Laspalas
Calle Urrutia, s/n
Ochagavía
✆ 948 89 00 15
Deftige Speisen in diesem typischen Dorfrestaurant. Zur Einstimmung bieten sich ein paar Häppchen am Tresen der Bar im Eingangsbereich an. Im gleichen Haus auch Fremdenzimmer. P–PP

Hotel Isaba
Calle Bormapea, 51
Isaba
✆ 948 89 30 00, Fax 948 89 30 30
Drei-Sterne-Haus, 50 Zimmer. Restaurant mit guter Küche, die ihren Preis hat. PP

Hostal Lola
Calle Mendigatxa, 17
Isaba
✆ und Fax 948 89 30 12
hostallola@jet.es
Zentral im Ort, typischer Steinbau. Restaurant mit traditioneller navarresischer Hausmannskost. P–PP

Camping Asolaze
Carretera Isaba–Francia, km 6
Isaba
✆ und Fax 948 89 30 34
Im Tal des Río Belagua, etwas abseits der Route, 6 km nordöstlich von Isaba. Ganzjährig, im Nov. Betriebsferien.

Oficina de Turismo
Carretera de Isaba, s/n
Roncal
✆ und Fax 948 47 52 56
oit.roncal@cfnavarra.es
Auch Naturkundehaus (Centro de Interpretación de la Naturaleza).

Hostal Zaltua
Castillo, 23
Roncal
✆ 948 47 50 08
Einfache, preiswerte 13-Zimmer-Pension. P

Casa-Museo Julián Gayarre
Calle Arana, s/n
Roncal
April–Sept. Di–So 11.30–13.30 sowie 17–19 Uhr, sonst lediglich Sa und So 11.30–13.30 und 16–18 Uhr
Museum in Erinnerung an den Tenor Julián Gayarre (1844–90), u. a. mit persönlichen Gegenständen. Auf dem örtlichen Friedhof sieht man das von Mariano Benlliure gestaltete Gayarre-Monument.

In mehreren zentralen **Geschäften Roncals** Verkauf von Käse *(queso)* aus der Gegend.

Hostal El Almadiero
Plaza Mayor, s/n
Burgui
✆ 948 477086
almadiero@jez.es
9 gemütliche Zimmer in diesem rustikalen Steinbau. Gäste müssen die Mahlzeiten im angeschlossenen Restaurant rechtzeitig bestellen, da es fast immer voll besetzt ist. P–PP

Wichtigste Feste

Alljährlich am 13. Juli Fest des **Tributs der drei Kühe** *(Tributo de las Tres Vacas)*, bei dem eine Abordnung der Bewohner des **Tals von Roncal** ihren französischen Talnachbarn auf dem Gipfel San Martín drei Kühe übergibt – als Zeichen eines im 14. Jahrhundert besiegelten Friedensschlusses. Am 26. Juli und 8. September **ab Ochagavía Wallfahrten** zum nahen **Heiligtum Nuestra Señora de Muskilda**.

1.3 Der aragonesische Pilgerweg

1.3 Route: Pamplona – San Salvador de Leyre – Javier – Sangüesa – Schlucht von Lumbier – Monreal – Pamplona (108 km)

Vormittag

Auf der N-240 bis kurz vor Yesa, dort ausgeschilderter 4-km-Abzweig links hinauf zum **Kloster Leyre**, Besuch des Klosters (alternativ: Wanderung zur »Virila-Quelle«). Zurück auf die N-240, weiter bis Yesa, im Ort ausgeschilderter Rechts-Abzweig nach **Javier** (dort Besuch der Felsenburg) und **Sangüesa** (Kirchenfassade Santa María la Real).

Nachmittag

Ab Sangüesa zurück auf die N-240 Richtung Pamplona, nach wenigen Kilometern Rechts-Abzweig Richtung Lumbier und am Ortsbeginn Lumbier rechts auf winziger Asphaltstraße zur **Schlucht von Lumbier** (Foz de Lumbier). Auto auf dem Parkplatz abstellen, Wanderung durch die etwa 1 km lange »Schlucht der Gänsegeier« (Fernglas). Rückkehr auf die N-240 in Richtung Pamplona, Stopp im Pilgerort **Monreal** mit engen Gassen und romanischer Brücke (Alternative: Besuch bereits am Morgen bei der Hinfahrt).

Den Routenverlauf finden Sie in der Karte auf S. 44.

Alternativen & Extras: Die Route kann man mit der Tour »Pilgerstätten und Pyrenäentäler« (s. S. 45 ff.) kombinieren, deren Ende am Stausee von Yesa (nahe Sigüés) auf die N-240 stößt; dort Einfahrt ins pittoreske **Tal von Roncal**. Eine Anbindung läßt sich auch zur Tour »Ebrobecken und Dinosaurier« (s. S. 60 ff.) schaffen, indem man westlich von Sangüesa die NA-132 nimmt und über **San Martín de Unx** (hier: Abstecher nach **Ujué**) nach **Tafalla** fährt.

Das Tagesprogramm läßt sich durch **weitere Punkte/Abstecher** anreichern:
– Übernachtung im Bergkloster **San Salvador de Leyre** (Gästehaus und Restaurant; s. u. »Infos«). Dies gibt Gelegenheit, den Mönchen am Abend oder frühen Morgen bei ihren gregorianischen Gesängen in der Klosterkirche zu lauschen.
– Rund 15 km südöstlich von Sangüesa in das malerische aragonesische Steinstädtchen **Sos del Rey Católico**, dessen Name vom Geburtsort des sogenannten

»Katholischen Königs« *(rey católico)* Fernando II (1452–1516) herrührt. Schöner Spaziergang durch die mittelalterlich anmutenden Gassen; der Ortskern steht unter Denkmalschutz. Übernachtung ist im hiesigen Parador möglich, einem zum Drei-Sterne-Haus umfunktionierten typisch aragonesischen Adelshaus (Calle Arquitecto Sainz de Vicuña, 1; © 948 88 80 11, Fax 948 88 81 00; mit vorzüglichem Restaurant, das ebenfalls seinen Preis hat).
– Nordöstlich von Lumbier über die NA-178 Anbindung ans **Salazar-Tal** und damit ebenfalls an die Tour »Pilgerstätten und Pyrenäentäler«. Besonders interessant hierbei ist die **Schlucht von Arbayún** (Foz de Arbayún); der Panoramaparkplatz mit Ausblick über den »Grand Canyon Navarras« und die über 400 m hoch abfallenden Flanken liegt unmittelbar rechts der Straße.
– Sportsfreunde, die Energie und ihr eigenes Fahrrad mitbringen, können von **Monreal** aus ihre Kondition bei der Fahrt auf den Berg **Higa de Monreal** testen. Ein Sträßchen windet sich in Schleifen vom Ort (550 m) auf die Spitze (1 289 m) hinauf.

Ein Spruch besagt: Es gibt so viele Pilgerwege nach Santiago de Compostela wie es Pilger gibt. Hört sich gut an, stimmt aber nicht ganz. Schließlich sind die Ströme der Wallfahrer seit ehedem kanalisiert worden, wobei es zwei Hauptachsen über die Pyrenäen gab und gibt: die damals wie heute populärere über den Ibañeta-Paß bei Roncesvalles (vgl. die Tour »Pilgerstätten und Pyrenäentäler«, S. 45 ff.) und die beschwerlichere aragonesische Variante über den mehr als 1 600 Meter hohen Paß von Somport und weiter durch Jaca, die alte Hauptstadt Aragoniens. Beide Wege vereinen sich westlich von Pamplona in Puente la Reina (vgl. die Route »Auf dem Jakobsweg von Pamplona nach Burgos«, S. 68 ff.).

Als Höhepunkt im doppelten Sinne ragt das **Bergkloster San Salvador de Leyre** am Aragonesischen Weg heraus. Hoch oben in der Sierra de Leyre und rund 50 Kilometer südöstlich von Pamplona streckt sich die seit dem 9. Jahrhundert urkundlich nachgewiesene und im 11. Jahrhundert wiederaufgebaute Abtei auf einem Plateau in der Einsamkeit der Berge aus und zieht Besucher mit überragender Baukunst in ihren Bann. Die Krypta: ein romanischer Traum, angefüllt mit überhöhten Bögen, tief im Boden verankerten Säulen, wulstigen Kapitellen und schmalen Lichtschächten aus Alabaster. Weiter der an Abt Virila (870–970) erinnernde »Virila-Tunnel«. Dann das detail- und figurenreiche Speciosa-Portal der Klosterkirche aus dem 12. Jahrhundert: eine Bilderreise vom Jüngsten Gericht bis zu Jonas und dem Wal. Schließlich die Schätze im Kircheninnern: ein spätmittelalterliches Bildnis des gekreuzigten Christus und das sogenannte »Pantheon der Könige Navarras« in Gestalt einer großen Grabtruhe hinter Gittern. Und nicht zuletzt das Umfeld: die zerklüfteten Flanken der **Sierra de Leyre** und der Blick hinab auf den **Stausee von Yesa**, der im Sonnenlicht in den schönsten Postkartenfarben blau und grünlich schimmert.

Kein Zweifel: Das Leyre von heute, in dem rund zwei Dutzend Benediktiner ihren Lebe-und-arbeite-Grundsätzen folgen, zeigt sich von bescheiden-beschaulichen Seiten. Vor einem guten Jahrtau-

Hoch in den Bergen liegt das Kloster San Salvador de Leyre

send ging es anders zur Sache. Da war Leyre Hof und Sitz des Pyrenäischen Rittergutes und mit solcher Macht behaftet, daß ihm die Kontrolle der Pyrenäenübergänge oblag. In den Chroniken liest man von unerbittlichen christlichen Machtkämpfen: Zisterzienser gegen Benediktiner (die über Jahrzehnte hinweg in zwei verschiedenen Klosterbereichen lebten), Leyres Äbte gegen Pamplonas Bischöfe.

Gleichwohl gab es auch friedvolle Äbte. So wie Virila. Einer Legende zufolge begannen seine Gedanken auf langen Spaziergängen und mit zunehmendem Alter um das Mysterium der Ewigkeit zu kreisen. Er fragte sich, ob der Strom der Zeit wirklich niemals versiegen, ob alle Heiligen in ihrem ewigen Leben Gott wirklich unablässig rühmen und preisen und ob sich nicht selbst die Frömmsten auf Dauer langweilen würden. Plötzlich, inmitten seiner Gedanken, vernahm er den Gesang einer Nachtigall. Er folgte ihr, setzte sich nieder, hörte weiter ihrem zauberhaften Zirpen und Zwitschern zu und fiel in tiefen Schlaf. Aus dem erwachte er dreihundert Jahre später. Also, Vorsicht mit den Vogelstimmen rund um Leyre!

Aus dem nahegelegenen Städtchen **Javier** stammte einer, der seine Stimme erhob, um das Wort Gottes in die Welt hinauszutragen: Francisco Javier, zu deutsch Franz Xaver (1506–52), Missionar und Mitbegründer des Jesuitenordens. Kindheit und Jugend verbrachte er bis zum Alter von 18 Jahren auf der **Felsenburg** seiner Familie, dann kehrte er der Heimat den Rücken und begab sich auf eine aufregende Lebensreise. Seine Stationen: Paris (Studium), Italien, Portugal, Indien, Japan, Insel Sancian gegenüber der chinesischen Stadt Kanton (Tod). Wie sehr der heutige Schutzpatron Navarras in seinem missionarischen Wirken vor allem in Indien aufging, mag man in ein paar Briefzeilen an den Ordensgründer Ignatius von Loyola ermessen: »Seit ich hergekommen bin, habe ich nicht geruht: Ich bin viel durch die Dörfer gewandert und habe die noch nicht getauften Kinder mit dem heiligen Wasser reingewaschen. So habe ich viele Kinder, die sozusagen rechts und links nicht unterscheiden können, von der Schuld befreit. Die Kinder ließen mich nicht zum Stundengebet, nicht zum Essen und Schlafen kommen, bevor ich ihnen nicht irgendein Gebet beigebracht hatte. Da begriff ich, daß gerade ihnen das Himmelreich gehört.«

Hinter der nächsten Bergkuppe geht es in die Ebene hinab nach **Sangüesa**, im Mittelalter wichtige Pilgerstation und Tummelplatz von Königen und Kirchenfürsten, heute mit dem entsprechenden baulichen Erbe: die herrschaftliche Residenz Príncipe de Viana, die Jakobuskirche (Santiago), die Erlöserkirche (Salvador) und – wegen ihres romanischen Figurenportals die schönste von allen – die Marienkirche (Santa María la Real). Auf seiner Wallfahrt nach Santiago de Compostela 1212/13 soll Franz von Assisi den Convento de San Francisco de Asís begründet haben.

An die Gegenwart erinnern die herüberwehenden säuerlichen Gerüche der Papierfabrik am Stadtrand. Sie trennt Neu-Sangüesa (das jetzige 5 000-Einwohner-Städtchen am Río Aragón) und Alt-Sangüesa (heute: Rocaforte, »starker Fels«), das einst aus einer trutzigen Feste auf dem Hügel bestand.

In der von steilen, nackten Felswänden umgebenen Foz de Lumbier, der **Geierschlucht bei Lumbier**, leben die gewaltigen Gänsegeier, genauer gesagt, mit einer Flügelspannweite bis knapp zweieinhalb Meter. Für die Beobachtung der Geier sollten Sie Fernglas, Teleobjektiv und Taschenlampe mitbringen. Letztere wird Ihnen den Weg durch zwei lange Eisenbahntunnels leuchten. Keine Sorge, die Strecke ist schon vor Jahrzehnten stillgelegt worden.

In **Monreal**, das zu Füßen des vulkanförmigen Higa-Berges (1 289 Meter) liegt und dessen Ortsrand unter dem Durchgangsverkehr erbebt, erwartet Sie noch einmal ein wenig Dorf- und Pilgerkultur. Abseits der N-240 trifft man hier auf ein Mosaik aus Gassen, Ziegel- und Bruchsteinhäusern und die romanische Brücke über den Río Elorz. Ein würdiger Abschluß für den heutigen Tag, bevor es wieder zurück Richtung Pamplona geht.

Felsenburg Javier

1.3 **Infos:** San Salvador de Leyre – Lumbier

Hotel Hospedería de Leyre
Kloster San Salvador de Leyre
✆ 948 88 41 00, Fax 948 88 41 37
info@monasterio-de-leyre.com
Stilvolle Übernachtung im äußerst gepflegten alten Gästehaus des Klosters, gemütlich, freundliches Personal, recht übersichtliche Zimmer. Vorzügliches Restaurant. Vorsicht, Kloster: Glockengeläut erfüllt auch zu früher Morgenstunde den Hof. PP

Kloster San Salvador de Leyre
Mo–Fr 10.15–14 und 15.30–19, Sa und So 10.15–14 sowie 16–19 Uhr (Schreibweise auch: Leire)
In der Regel im Kloster vorrätig: Bergkräuterlikör.

Hotel Xavier
Plaza del Santo, s/n
Javier
✆ 948 88 40 06, Fax 948 88 40 78
Rustikales und recht preisgünstiges Drei-Sterne-Haus mit 46 Zimmern, ein Katzensprung hinüber zur Felsenburg. PP

Restaurante Hotel El Mesón
Plaza de Javier, s/n
Javier
✆ 948 88 40 35
Weithin bekannte vorzügliche navarresische Küche. Tagesmenüs auch an den Wochenenden. Zu den Spezialitäten zählen Gemüsetopf und mit Meeresfrüchten gefüllter Spargel. Hausgemachte Nachtische. Auch Hotel mit 8 Zimmern, im Preis etwas günstiger als das Xavier. PP

Felsenburg von Javier
Tägl. 9–13 und 16–19 Uhr
Gesamter Komplex stark restauriert. Hier kam im Jahr 1506 der heilige Franz Xaver zur Welt. Im Burginnern u.a. Mobiliar aus der guten alten Zeit, Gemälde, Skulpturen, Franz Xavers Zimmer, Turmaufstieg auf die Torre del Homenaje. An die Felsenburg angebaut ist eine kleine, einschiffige Kapelle, die Capilla de la Anunciación.

Oficina de Turismo
Calle Alfonso el Batallador, 20
Sangüesa
✆ und Fax 948 87 03 29
oit.sangüesa@cfnavarra.es

Hotel Yamaguchi
Carretera de Javier, s/n
Sangüesa
✆ 948 87 01 27, Fax 948 87 07 00
Schnörkelloses 40-Betten-Haus, mit zwei Sternen und Restaurant. PP

Pensión Las Navas
Calle Alfonso el Batallador, 7
Sangüesa
✆ 948 87 00 77
Unscheinbare Unterkunft, frei von Luxus. Zentral und preiswert. P

Camping Cantolagua
Paseo Cantolagua, s/n
Sangüesa
✆ 948 43 03 52
2. Kategorie, 300 Plätze, ganzjährig. Recht preisgünstiges Restaurant mit Tagesmenüs und guter Hausmannskost.

Hotel Iru Bide
Carretera Salazar, s/n
Lumbier
✆ 948 88 04 35
Preisgünstiges 12-Zimmer-Haus an der Straße, im Restaurant gute navarresische Küche. P

Camping Iturbero
Término de Iturbero
Lumbier
✆ 948 76 02 00, Fax 948 88 04 14
Nahe Gemeindeschwimmbad, ganzjährig, nur Mitte Dez. bis Anfang Jan. geschl., 2. Kategorie.

In der **Schlucht der Gänsegeier** (Foz de Lumbier) folgt der Weg der **alten Ei-**

Am Ufer des Stausees von Yesa

senbahntrasse Sangüesa–Pamplona, von der zwar keine Schienen mehr, aber zwei lange Tunnels erhalten sind. Am Ende des vom Río Irati geformten **Canyons** sehen Sie Reste der von napoleonischen Heeren zu Beginn des 19. Jhs. zerstörten **»Teufelsbrücke«** (höchste Vorsicht auf einem vom Hauptweg abzweigenden halsbrecherischen Pfad).

Hostal Unzué
Carretera de Pamplona, s/n
Monreal
✆ 948 36 20 08
Nur geeignet für eine Streckenübernachtung, 11 Zimmer, Mahlzeiten. P–PP

Wichtigste Feste

An zwei aufeinanderfolgenden Wochenenden im März die **Wallfahrten nach Javier** *(Javieradas)*, die Eifrigsten gehen die rund 50 Kilometer ab Pamplona zu Fuß. Wichtig dann: die sonntäglichen Freiluftgottesdienste auf dem Burgplatz. In **Sangüesa** einwöchiges **Patronatsfest** rund um den 12. September mit Umzügen, Tanz, Musik, Feuerwerk und Jungstiertreiben durch die Straßen. Am Dreifaltigkeitssonntag *(Domingo de Trinidad)*, dem ersten Sonntag nach Pfingsten, die **Büßerprozession von Lumbier** zur Einsiedelei Trinidad.

1.4 Ebrobecken und Dinosaurier

1.4 Route: Pamplona – Ujué – Olite – Arnedo – Enciso – Fitero – Tudela – Pamplona (425 km)

Vormittag	Auf der N-121 oder der gebührenpflichtigen Autobahn A-15 nach **Tafalla**, dort auf der Regionalstraße 132 nach links Richtung San Martín de Unx, kurz hinter San Martín de Unx Rechts-Abzweig (ausgeschildert) zum Hügel- und Weindorf **Ujué**. Zurück nach Tafalla, wenige Kilometer südlich nach **Olite**, dort Besuch des Schlosses der Könige Navarras. Von Olite über die N-121 hinweg auf die Regionalstraße 115 nach **Peralta**, weiter über den Río Ebro und die N-232 hinweg nach **Arnedo**. Von dort Abstecher nach **Enciso**, unverändert auf der Regionalstraße 115. Enciso: Erkundung versteinerter Dinosaurierspuren in der Umgebung (ausgeschildert).
Nachmittag	Von Enciso Rückkehr auf derselben Strecke durch das Tal des Río Cidacos nach **Arnedo**, ab Arnedo südwärts auf der Regionalstraße 123 Richtung **Cornago**. Wenige Kilometer vor Cornago links etwa 2,5 km langer Schotterstraßenabzweig zum Dinosaurierspurenfeld **Los Cayos**. Weiter nach Cornago, dann ostwärts über **Fitero** (Thermal- und Klosterort) und **Cintruénigo** nach **Tudela**. Rascheste Rückkehr nach Pamplona über die gebührenpflichtige Autobahn.

Den Routenverlauf finden Sie in der Karte auf S. 44.

Alternativen & Extras: Mit Blick auf das reich bemessene Kilometerpensum dieser Tour empfiehlt es sich, eine Zwischenübernachtung einzulegen. Mindestens eine Übernachtung zwischendurch wird ohnehin nötig, wenn Sie den zusätzlichen Abstecher in die aragonesische Hauptstadt Zaragoza einplanen. Als besondere Unterkünfte an der Strecke empfehlen sich die ganzjährig geöffneten **Thermalhotels von Arnedillo** (westlich von Arnedo) und **Fitero**.

Auch ein grundsätzlicher **Standortwechsel von Pamplona** ein Stückchen weiter gen Süden ist eine Überlegung wert. In dem Fall bieten sich – je nach Lust, Laune und Inhalt der Reisekasse – verschiedene Möglichkeiten an. Sehr schön und nicht gerade billig: der **Drei-Sterne-Parador** in der Schloßanlage von **Olite**. Sehr schön und preiswert: Unterkunft in einem der rund ein Dutzend Landhäuser *(casas* *rurales)* in den navarresischen Örtchen **San Martín de Unx** und **Ujué**; Zimmerbuchungen kann man im Vorfeld über die Reservierungszentrale für Landhäuser (Central de Reservas de Casas Rurales) vornehmen, die der Touristeninformation in Pamplona angeschlossen ist (Calle Eslava, 1; ✆ 948 20 65 41, Fax 948 20 70 32; centraldereservas.pamplona@cfnavarra.es).

Diese Tour können Sie mit der vorangegangenen Tour »Der aragonesische Pilgerweg« (s. S. 54 ff.) verknüpfen, indem Sie östlich von Tafalla über San Martín de Unx und Aibar nach **Sangüesa** fahren. Auch eine Anbindung an die Hauptroute »Auf dem Jakobsweg von Pamplona nach Burgos« (s. S. 68 ff.) ist möglich, indem Sie nördlich von Arnedo über die Landstraße N-232 oder die Autobahn A-68 in die riojanische Hauptstadt **Logroño** fahren (dort Übergang auf den Jakobsweg).

Von der vorgeschlagenen Strecke bieten sich weitere **Abstecher** an:
– 10 km nordwestlich von Tafalla erreicht man das Örtchen **Artajona**, über dem sich die Wehrkirche San Saturnino sowie Reste einer Verteidigungsanlage aus dem 11./12. Jh. erheben.
– Rund 25 km südöstlich von Olite liegt das im 12. Jh. erbaute **Zisterzienserkloster Santa María de la Oliva** (nahe Carcastillo). Auf dem Weg dorthin passiert man die für ihren Vogelreichtum bekannte **Laguna de Pitillas**; etwas oberhalb des Seeufers gibt es ein kleines Vogelbeobachtungszentrum.
– Von Peralta aus sind es wenige Kilometer gen Osten nach **Marcilla**, wo sich mitten aus dem Ortszentrum ein wuchtiges Kastell (15. Jh.) erhebt.
– Knapp 15 km nordöstlich von Arnedo erreicht man die riojanische 20 000-Einwohner-Stadt **Calahorra**, deren Geschichte mindestens bis in römische, wenn nicht keltiberische Zeiten zurückreicht. Wichtigstes Bauwerk in der am Río Cidacos gelegenen Stadt ist die auf das 13. bis 16. Jh. zurückgehende **Kathedrale** (mit Diözesanmuseum). Calahorras Touristeninformation findet man in einem Gebäude in der Calle Ángel Oliván, 8 (✆ 941 14 63 98), gute Unterkunft bietet der Drei-Sterne-Parador (Paseo Mercadal, s/n; ✆ 941 13 03 58, Fax 941 13 51 39).
– Im weiteren **Umkreis von Enciso** erreicht man zu Fuß weitere **Fundgebiete von versteinerten Dinosaurierspuren:** in der Bergwelt oberhalb von **Munilla** und im Gebirge bei **Préjano** (beide ausgeschildert).
– Wenige Kilometer nördlich von Cintruénigo liegt das Städtchen **Corella**, zu dem sich ein Abstecher während der **Karwoche** lohnt. Bekannt sind die Prozessionen am Palmsonntag *(Procesión del Prendimiento de Jesús)* und am Karfreitag *(Procesión del Santo Entierro)*.
– Nordöstlich von Tudela breitet sich die halbwüstenartige Landschaft der **Bardenas Reales** auf über 40 000 ha aus. Das Gebiet mit seinen felsigen Weiten, Schluchten und Gesteinsformationen ist von unmarkierten Wegen und Pisten durchzogen, die zwar den örtlichen Schafhirten bestens bekannt sind, aber die man als Ortsfremder ohne Kompaß, detaillierte Gebietskarten und geländegängiges Fahrzeug in keinem Fall angehen sollte. Einstiegsorte in die Bardenas Reales sind Buñuel, Valtierra, Carcastillo und Arguedas. Es gibt mehrere Schutzgebiete um winzige Seen, Burgruinen wie **Peñaflor** (Zone El Vedado de Eguaras, nordöstlich von Valtierra) und verlassene Einsiedeleien wie **Nuestra Señora del Yugo** (östlich von Valtierra).

– Von Tudela aus kann man einen zeitintensiven Abstecher gen Südosten ins knapp 80 km entfernte **Zaragoza** einplanen. Mit ihren über 600 000 Einwohnern gehört die am Ebro gelegene aragonesische Kapitale zu den größten Städten Spaniens. Ihre Geschichte reicht bis in römische Zeiten zurück und ist geprägt von einer langen Herrschaftszeit der Mauren.

Höhepunkt beim Zaragoza-Besuch sind die gewaltige **Basilika Nuestra Señora del Pilar** (Gemälde von Goya und Velázquez, Museum), die **Altstadt** mit ihrem Kneipenviertel El Tubo, die **Kathedrale La Seo** (Fassade mit maurischen Einflüssen), der maurische **Aljafería-Palast**, der **Lonja-Palast**, der **Foro Romano** (Eintritt in die »Unterwelt« aus Römerzeiten) und die **Museen** (Museum Camón Aznar und Museum der Schönen Künste, beide mit Werken von Goya, und das Volkskundemuseum). Auskunft erhält man in den **Touristenbüros** im alten Zuda-Turm (Glorieta Pío XII, s/n; ✆ und Fax 976 39 35 37) und am Vorplatz der Basilika (Plaza de Nuestra Señora del Pilar, s/n; ✆ 976 20 12 00, Fax 976 20 06 35).

Südlich von Pamplona erstrecken sich die Hügel bis zum Río Ebro und zu den Nachbarregionen La Rioja und Aragón. Gleißende Ebenen und die felsig-zerschrundeten Bardenas Reales, ein über 40 000 Hektar großes Halbwüstengebiet, in dem sich Fuchs und Eidechsennatter gute Nacht sagen, sorgen für Abwechslung. In den Randgebieten breiten sich Gerstenfelder aus, die weiter im Süden in die Ribera, Navarras Obst- und Gemüsegarten am Uferland des Ebrostroms, übergehen. Hier gedeihen Paprika, Spargel, Melonen, Äpfel, Spinat, Artischocken und *cogollos*, die feinen Salatherzen.

Ortshügel von Ujué

Ujué, ein Hügelort (oder Ortshügel) östlich von Tafalla, verbindet die klassischen Gegensätze Mittel- und Südnavarras. Kahle Kuppen rundherum, angereichert mit oasengleichen Mikrogebieten voller Mandelbäume und Weinstöcke. Und der Urgrund für schauerliche Legenden wie jene, die sich um unheimliche nächtliche Stimmen und ein heute verschwundenes Kastell rankt. Wie ein Gemälde hängt Ujué in der Landschaft. Häuserkuben umkränzen den Kegel, den die romanisch-gotische Festungskirche Santa María krönt. In alle Richtungen fallen steile, schmale Gassen ab, die die ältesten der 240 Dörfler nur mit Mühe bewältigen.

Legende: Das Kastell von Ujué und die Stimmen der Nacht

Einst erhob sich in Sichtweite von Ujué ein gewaltiges Kastell, das die Könige Navarras im Zuge der Reconquista hatten errichten lassen. Je weiter sich die Kämpfe zwischen Christen und Muselmanen jedoch nach Süden verlagerten, desto mehr geriet die Burg in Vergessenheit – aber nicht für die Leute des Dorfes. Auch wenn mittlerweile Pflanzenwerk die Mauern bedeckte und die Steine dem Verfall preisgegeben waren, flößte sie den Bewohnern große Angst ein. Man munkelte, die Feste sei von bösen Kräften verwunschen ...

Jedermann in Ujué machte einen großen Bogen um die Burg. In stürmischen Nächten vermeinte man, im fernen Zischen und Pfeifen der Böen geheimnisvolle fremde Stimmen zu hören. Und war da nicht ein tiefes Stöhnen, das sich mit dem Rasseln schwerer Ketten vermischte? Wenn die Stimmen der Nacht erklangen, wagte sich niemand mehr vor die Tür. Eng zusammen kauerten die Dörfler in ihren Häusern und sehnten das erste Licht des Tages herbei. Erst dann kehrte die Ruhe zurück.

Eines Nachts geriet ein ortsfremder Hirtenjunge auf den falschen Pfad – und an das geheimnisvolle Kastell. Als er mit starrem Blick und weit aufgerissenen Augen ins Dorf kam, berichtete er von schwarzen Gesichtern und leeren Mündern, aus denen fremdartige Laute drangen. Dann verlor er die Sprache. Ob es sich bei den schwarzen Gesichtern um verhexte Gefangene handelte? Und die fremden Laute? Die Bewohner von Ujué erschauderten. Manche zogen fort nach Aragón und in die Rioja.

An einem kühlen Herbsttag trieb ein Schäfer seine Herde von den Pyrenäenhöhen um Roncal hinab und suchte in der Sierra um Ujué neue Weidegründe. Er stieß auf die von Pflanzen überwucherte Feste, hielt inne, bekreuzigte sich und sprach ein Gebet. Da die Weiden gute Nahrung für seine Tiere abgaben, zog er vorerst nicht weiter. Von den Geheimnissen der Burg wußte er nichts. Nachts schlief er – nach einem frommen Dankgebet – ruhig und still, ohne daß unheimliche Stimmen zu hören waren. Einige Tage darauf ging er ins Dorf. Die Bewohner hatten den Fremden längst entdeckt, doch niemand getraute sich, ihn vor dem Mysterium zu warnen, das das Kastell umgab.

Als der Hirte an einem friedlichen Morgen in der Nähe der Burg im Gras saß, erblickte er plötzlich eine Taube, die auf das Gemäuer zuflog und in einer breiten Öffnung verschwand. Kurz darauf kam sie zurück, schwirrte fort und flog erneut auf die Spalte zu. Dies kleine Schauspiel wiederholte sich so lange, bis sich der Schäfer erhob, um der Sache nachzugehen. Er wartete, bis die Taube neuerlich in der Öffnung verschwand und ging dann, gestützt auf seinen Hirtenstab, hinüber. Als er das Gemäuer erreichte, sah er hinter einem Geflecht aus Grün einen mannshohen Spalt. Vorsichtig schob er die Ranken beiseite und beugte sich vor. Erst verschwommen, dann immer klarer sah er inmitten einer Höhle das Bildnis der Heiligen Jungfrau mit dem Kinde. Sogleich überkamen ihn tiefe Demut und große Freude.

Es drängte ihn, seine Glücksgefühle zu teilen. Er eilte ins Dorf, doch schenkte dem Fremden zunächst niemand Glauben. Schließlich gingen einige Männer – die einen getrieben von Neugier, andere aus Frömmigkeit – mit dem Schäfer zum Kastell. In der Grotte blickten sie alle auf das Bildnis Mariens mit dem Kinde. Fortan verstummten die Stimmen der Nacht.

Bald suchten zahlreiche Gläubige aus der Gegend die Stätte auf – bis ein Bergrutsch die Mauern des Kastells und die Höhle mit dem Bildnis unter sich begrub. Seitdem sind sie wieder zu hören in Ujué, diese unheimlichen Stimmen der Nacht ...

Ebenen, Getreidefelder, Weinreben, die Silhouetten der Sierras San Pedro und Peña in der Ferne – so sieht's rund um das Örtchen **Olite** aus, in dem Navarras Könige ein Kastell wie aus dem Bilderbuch oder der Spielzeugkiste unterhielten: mit verwinkelten Wehrgängen und lauschigen Höfen, Wendeltreppen hinauf auf die Türme. Ein Traum für große und kleine Schloßentdecker der Neuzeit, der um so schöner ist, wenn sich rund um den Prachtbau altritterliches Ambiente

Echte Dinos lebten vor 100 Millionen Jahren in der Gegend von Enciso

rankt, so wie bei dem großen Mittelalterfest Ende August.

Große Straßen gibt es vorerst nicht mehr, die Regionalroute 115 windet sich kurvenreich durch die Landschaft und über den Río Arga. Über den historischen Wehrort **Peralta** und den Río Ebro führt sie geradewegs in die **Rioja** hinein. Statt würziger Rotweinblume, die man hier überall vermutet, weht dem Besucher im bizarren Tal des Río Cidacos ein Hauch Wildwest entgegen. Steilwände und Felsgebilde, Marke John-Wayne-Film-Kulissen erinnern, sind Wegbegleiter rund um **Autol**, **Quel** und **Arnedo**.

Etwas weiter westlich schnürt die Rioja ein neues Überraschungspaket: mit dem Thermalbadeörtchen **Arnedillo** und den ersten versteinerten Dinosaurierspuren bei **Enciso**, allen voran der Fundstätte **Valdecevillo**.

Tief haben sich die Hufnägel der Tiere unter ihrem tonnenschweren Gewicht ins Gestein gegraben, deutlich krallen sich die Zehen ins Grau. Dinosaurierspuren, Relikte aus Jura- und Kreidezeit, mindestens 100 Millionen Jahre alt. Beflügeln Sie Ihre Fantasie (oder rufen Sie sich Hollywoods Jurassic-Park-Streifen ins Gedächtnis) und malen sich das Damals aus, als an Menschen noch nicht zu denken war und überall Drachenechsen über lehmigen Grund stapften und rannten. Ihre Abdrücke trockneten, wurden hart und härter, dann überdeckt und Zeitalter später ans Licht gefaltet. Mit Tausenden von Spuren sind Felsplatten und -abfälle in der Rioja übersät. Sie bieten Besuchern prickelnde Begegnungen mit Fleisch- und Pflanzenfressern der Urzeit.

Nur wenige der bis zu 45 Zentimeter langen Spuren sind umzäunt oder anderweitig geschützt, längst nicht alle von den Paläontologen erforscht. Für die Bauern und Hirten der Zone war die Sache früher einfach: Entweder das Pferd des Apostels Jakobus hatte die Spuren hinterlassen oder die Heilige Jungfrau, die auf einem Maultier vom fernen Meer in die Berge unterwegs war. Heute fragt man sich, welches Tohuwabohu dem Vorzeiterbe in **Los Cayos**, einer einsamen Fundstätte bei Cornago, vorangegangen sein mag. Dort zieht sich ein sagenhaftes Gewirr an Spuren über den Fels. Kämpfe, Befruchtung, beliebte Wanderungsstrecke, Futterquellen? Apropos Futterquellen: Die findet man in kleinen Bars in **Cornago**. Als Ziel des Verdauungsspaziergangs bietet sich die Burgruine auf dem höchsten Punkt des Ortes an.

Fitero sehen Sie gleich doppelt. Zunächst Baños de Fitero (auch: Ventas del Baño), den kleinen Thermalbezirk direkt an der riojanisch-navarresischen Grenzlinie und in rauher Landschaft. Hier tanken nicht nur Rheuma- und Atemwegskranke, sondern auch Normalsterbliche Gesundheit. Dann folgt Fitero selbst, das sich rund um das **Zisterzienserkloster Santa María la Real** entwickelt hat.

In **Tudela** beteten die Gläubigen Allah länger an als es den Christen lieb war. Erst 1119 bereitete König Alfons der Kämpfer dem heidnischen Treiben ein Ende. Seitdem steht die 30 000-Einwohner-Stadt am Río Ebro mit aller Macht im Zeichen des Kreuzes. Nicht weniger als acht Gotteshäuser verteilen sich über den Stadtkern, angeführt von der über der Hauptmoschee erbauten Kathedrale Santa María. Dort für alle Bösen dieser Erde von abschreckend-dämonischer Drastik: das Portal des Jüngsten Gerichts. Da wünscht man sich rasch nach Pamplona zurück.

Dinosaurierspuren bei Enciso

Restaurante Mesón Las Torres
Calle Santa María, s/n
Ujué
✆ 948 73 90 52
Navarresische Hausmannskost, besonders typisch für die Gegend sind die *migas* (in Fett geröstete Brotwürfel). P–PP

In vielen kleinen Geschäften **Ujués** sind *almendras garrapiñadas* erhältlich, gebrannte Mandeln.

Oficina de Turismo
Galerías de la Plaza Carlos III el Noble
Olite
✆ und Fax 948 74 17 03
oit.olite@cfnavarra.es

Hotel Parador Príncipe de Viana
Plaza de los Teobaldos, 2
Olite
✆ 948 74 00 00, Fax 948 74 02 01
Uriger geht's kaum, als sich hinter den Mauern dieses mittelalterlichen Königsschlosses zu betten. Komfortable drei Sterne. Mit gutem Restaurant. PP–PPP

Hotel Merindad de Olite
Rúa de la Judería, 11
Olite
✆ 948 74 07 35, Fax 948 74 07 31
Zwei-Sterne-Haus mit 10 Zimmern und geschmackvollen Dekorationen im mediävalen Stil. Im Restaurant Tagesmenü werktags und an Wochenenden. P–PP

Camping Ciudad de Olite
Carretera Nacional 115, Tafalla–Peralta, km 2,3
Olite
✆ 948 74 10 14
2. Kategorie, ganzjährig (bis auf Ende Dez./Anfang Jan.).

Schloßpalast von Olite
April–Juni sowie Sept. tägl. 10–14 und 16–19; Juli und Aug. tägl. 10–14 und 16–20 Uhr; Okt.–März Mo–Fr 10–14 und 15.30–17.30, Sa und So 10–14 und 15.30–18.30 Uhr
Im 13. Jh. begründet und 200 Jahre später unter Carlos III el Noble ausgebaut. An das Schloß grenzen der langgestreckte örtliche Hauptplatz, die Plaza Carlos III el Noble, und die Kirche Santa María la Real mit ihrem gotischen Portal.

In mehreren *bodegas* von **Olite** Direktverkauf von Wein.

Restaurante Venta de Arlas
Carretera Nacional 115, Tafalla–Peralta, km 18
Peralta
✆ 948 75 01 27
Günstige Tagesmenüs und Gemüse- und Lammgerichte. P–PP

Oficina de Turismo
Calle Carrera, 9, planta baja
Arnedo
✆ 941 38 39 88, Fax 941 38 31 64
ayto.arnedo@lgr.servicom.es

Oficina de Turismo
Avenida del Cidacos, s/n
Arnedillo
✆ 941 39 42 26, Fax 941 39 42 26
oficina@valcidacos.es

Hotel Spa Arnedillo
Balneario de Arnedillo
✆ 941 39 40 00, Fax 941 39 40 75
jvispa@mudiavia.es
Komfortables Thermalhotel mit 136 Zimmern, vier Sterne, ganzjährig geöffnet. Arnedillos Wasser sollen Rheuma- und Ischiasleiden lindern. PPP

Hotel El Molino del Cidacos
Carretera de Arnedo, km 63,5
Arnedillo
✆ 941 39 40 63, Fax 941 39 42 00
Umgebaute Mühle, besonders urig, aber lediglich 8 Zimmer, Frühstück gegen Aufpreis. Im benachbarten Santuario Vinícola Riojano kann man Riojaweine kosten. PP

Casa Tahona
Carretera de Soria, 4
Enciso
✆ 941 39 60 66
Gemütlich, preiswert, 6 Zimmer. P

Hostal Casona del Dinosaurio
Enciso
✆ 941 39 60 80
Ähnlich preiswert wie die Casa Tahona. P

Posada Santa Rita
Enciso
✆ 941 39 60 71
Selbe Preiskategorie wie die beiden andern Unterkünfte in Enciso. P

Zu den Fundbereichen *(yacimientos)* von Dinosaurierspuren rund um Enciso zählen außer **Valdecevillo** (mit lebensechter grüner Saurierskulptur) auch **El Villar, Virgen del Campo, La Senoba** und **La Cuesta.** In Enciso: **Paläontologisches Zentrum** (Mo–Sa 11–14 und 15–18, So 11–14 Uhr; Sommermonate tägl. 11–14 und 17–20 Uhr).

Hotel Balneario Gustavo Adolfo Bécquer
Baños de Fitero/Ventas del Baño
✆ 948 77 61 00, Fax 948 77 62 25
bfitero@intermail.es
Komfortables Thermalhotel mit 190 Zimmern und drei Sternen, Außenpool auf der anderen Seite der Durchgangsstraße. Der Hotelname rührt von Meisterlyriker Gustavo Adolfo Bécquer (1836–70) her, der sich in Fitero mit Vorliebe aalte. PP

Hotel Balneario Virrey Palafox
Baños de Fitero/Ventas del Baño
✆ 948 76 72 75, Fax 948 77 62 25
Thermalhotel das Zweite, etwas abseits der Hauptstraße. Netter Freiluftpool. PP

Oficina de Turismo
Plaza Vieja, 1
Tudela
✆ und Fax 948 84 80 58
oit.tudela@cfnavarra.es

Hotel Tudela
Avenida de Zaragoza, 60
Tudela
✆ 948 41 08 02, Fax 948 41 09 72
Zweckmäßiges 51-Zimmer-Haus, zentral, drei Sterne. Mit Restaurant. PP

Restaurante Iruña
Calle Muro, 11
Tudela
✆ 948 82 10 00
Günstige Mittagsmenüs. Artischocken und Bohnen frisch aus der Ribera. P–PP

Zu den Sehenswürdigkeiten in **Tudela** zählen neben der **Kathedrale Santa María** (12./13. Jh.) mit Kreuzgang, barocker Kapelle Santa Ana und dem Hochaltaraufsatz des Pedro Díaz de Oviedo die spätromanische **Magdalena-Kirche**, die vielbogige **Brücke** über den Ebro, die von gekachelten Stiermotiven und Wappen geprägte **Plaza de los Fueros** (einst Schauplatz von Stierkämpfen), der muselmanische **Verteidigungsturm Monreal** sowie der kleine **Aussichtshügel Santa Bárbara**.

Wichtigste Feste

In **Ujué Büßerprozession** am auf den San-Marcos-Tag (25. April) folgenden Sonntag; **Marienwallfahrt** am 8. September. In **Olite** meist am vorletzten August-Wochende **Mittelalter-Fest**; Mitte September rund einwöchige **Patronatsfeierlichkeiten** (u.a. Stiertreiben, Feuerwerk). Um den 6. August in **Quel Brot- und Käsefest:** die *Fiesta del Pan y Queso* bietet neben Kulinaria auch tägliches Stiertreiben. In **Arnedo Patronatsfeierlichkeiten** zu Ehren von San Cosme und San Damián Ende September (Stierhatz, Umzüge mit Großkopfpuppen).

Am letzten Novembersonntag in **Arnedillo Rauchprozession**, die von Kräuterdämpfen begleitete *Procesión del Humo*. Ende Juli **Patronatsfest** zu Ehren der heiligen Anna in **Tudela** (Musik, Wein, Großkopfpuppen, Stiertreiben).

2 Auf dem Jakobsweg von Pamplona nach Burgos

2. Route: Pamplona – Puente la Reina/Gares – Estella/Lizarra – Logroño – Nájera – Santo Domingo de la Calzada – Burgos (204 km, 436 km mit Abstechern)

km	**Route**
0	Ab **Pamplona** auf der N-111 nach
24	**Puenta la Reina/Gares** (Unterkünfte); Abstecher nach **Santa María de Eunate** (6 km hin und zurück). Ab Puente la Reina auf der N-111 nach

50	**Estella/Lizarra**, weiter auf der N-111 nach
90	**Logroño** (Unterkünfte); Abstecher nach **San Vicente de la Sonsierra**, **Haro** und **Vitoria/Gasteiz** (194 km hin und zurück, Hauptachse: N-232, bei Briones Abzweig nach San Vicente de la Sonsierra). Ab
284	Logroño auf der kombinierten N-120/N-232 bis kurz vor Navarrete, Abzweig auf die N-120 und über **Nájera** nach
328	**Santo Domingo de la Calzada** (Unterkunft); Abstecher nach **San Millán de la Cogolla** mit Klöstern **Suso** und **Yuso** (40 km hin und zurück). Ab
368	Santo Domingo de la Calzada auf der N-120 weiter nach
436	**Burgos** (Unterkünfte).
	Dauer mit allen Abstechern: 2 bis 3 Tage.

Alternativen & Extras: Wer den Abstecher **San Vicente de la Sonsierra**, **Haro** und **Vitoria/Gasteiz** einschiebt, braucht nicht zwingend nach Logroño zurück; Anbindung an die Hauptroute 20 km südwestlich von Haro in Santo Domingo de la Calzada (dann verpaßt man zwischen Logroño und Santo Domingo allerdings das Felsenkloster von Nájera).

An der Hauptstrecke gibt es eine Reihe weiterer kleinerer **Abstecher**, jeder mit seinem eigenen Reiz:

– Zwischen Cirauqui und Lorca Rechts-Abzweig an den wenige Kilometer nördlich beginnenden **Alloz-Stausee**, der in den Sommermonaten von Ausflüglern und Badefreudigen frequentiert wird. Schön im Sonnenlicht: die Türkisfärbungen des Gewässers, das sich in zahlreiche Buchten verästelt.

– Ab Estella/Lizarra Abstecher zum etwa 10 km nördlich gelegenen **Kloster Santa María de Iranzu**; Fahrt Richtung Echarri-Aranaz, Links-Abzweig zum Kloster im Örtchen Abárzuza. Die geschichtlichen Wurzeln der ursprünglichen Benediktiner- und späteren Zisterzienserabtei reichen ins 11. Jh. zurück. Sehr schön: Kirche und gotischer Kreuzgang. Öffnungszeiten des in ein malerisches enges Tal eingefaßten Klosters: Anfang Mai bis Ende Sept. tägl. 10–14 und 16–20 Uhr, ansonsten nur Sa und So sowie an Feiertagen 10–14 und 16–18 Uhr.

– Knapp 15 km nordwestlich von Logroño und zu Füßen der Sierra de Cantabria liegt das mittelalterlich anmutende Städtchen **Laguardia/Biasteri**, das bereits zur baskischen Provinz Álava gehört. Besonders interessant: **Stadtmauern**, **Plaza Mayor** mit Arkaden und die **Kirche Santa María de los Reyes** mit ihrem figurenreichen gotischen Portal. Weniger spektakulär, dafür historisch bedeutsam: **Pablado-Museo de la Hoya**, eine bei Laguardia gelegene Ausgrabungsstätte mit

3400jähriger Geschichte (Anfang Mai bis Mitte Okt. Di–Fr 11–14 und 16–20, Sa 11–15, So 10–14 Uhr, sonst Di–Sa 11–15 und So 10–14 Uhr). Touristeninformation in Laguardia: Sancho Abarca, s/n (✆ und Fax 945 60 08 45). An der Straße Laguardia–Vitoria: zwei **Dolmen** (ausgeschildert).
– Rund 15 km südlich von Logroño trotzt die Felsenburg von **Clavijo** allen Winden. Clavijo hat seinen Platz im Buch der Geschichte und Legenden: Bei einer großen Schlacht zwischen Christen und Muselmanen 844 soll Jakobus persönlich als *matamoros*, als Maurentöter, eingegriffen und die »christlichen« Streiter motiviert haben.
– Die alte **Zisterzienserinnenabtei von Cañas** erreicht man knapp 15 km südwestlich von Nájera. Sie geht auf das 13. Jh. zurück und wurde unter Urraca López de Haro erbaut. (April–Okt. Di–Sa 10–13.30 und 16–19, So 11–13.30 und 16–19 Uhr; sonst Di–Sa 10.30–13.30 und 16–18, So 11–13.30 und 16–18 Uhr.)
– Ein Ausflug in den 20 km südlich von Nájera gelegenen 800-Einwohner-Ort **Anguiano** lohnt sich eigentlich nur am 22. Juli während der **lokalen Fiesta de la Magdalena** sowie am letzten Samstag im September. Genauer: wegen der *danza de los zancos*, einem schier unglaublichen Gassenwirbel der Stelzenläufer durch die Gassen. 11 kurvige Kilometer südwestlich von Anguiano liegt das **Bergkloster Valvanera**, in dem die Gläubigen ein Bildnis der riojanischen Schutzheiligen verehren. Sehr schöne Umgebung mit Bergriesen der Sierra de la Demanda; im Kloster kann man Kräuterlikör erstehen.
– In **Valdezcaray**, knapp 25 km südlich von Santo Domingo de la Calzada und mitten in der **Sierra de la Demanda**, liegt das einzige **Wintersportgebiet** weit und breit.
– Knapp 20 km vor Burgos und wenige Kilometer abseits der N-120 (ausgeschilderter Rechts-Abzweig, wenn Sie aus Richtung Logroño kommen) liegt **San Juan de Ortega**. Der Name rührt von dem gleichnamigen, regional bedeutsamen Heiligen her, der 1080–1163 lebte, die Infrastruktur des Jakobsweges verbesserte und hier ein Kloster gründete. Die romanisch-gotische **Klosterkirche** birgt das Mausoleum des San Juan de Ortega. Jakobswanderer kommen hier, nach einer schönen Strecke durch Waldgebiet, automatisch vorbei.
– Knapp 15 km vor Burgos passiert die N-120 das Örtchen **Ibeas de Juarros**. Etwas nördlich davon – zwischen Ibeas de Juarros und dem Ort Atapuerca – liegen die **Yacimientos de la Sierra de Atapuerca**. In diesem archäologischen Ausgrabungsareal in der von Höhlen durchlöcherten Sierra de Atapuerca wurden Reste des Homo antecessor, eines rund 800000 Jahre alten Altmenschen, gefunden. Im Sommer Führungen durch das Areal um 11, 13, 16.30 und 18.30 Uhr, während des restlichen Jahres nur Sa und So 10.30, 12.30 und 16.30 Uhr.

Hinter **Pamplona** führt die Route West-Südwest Richtung Jakobsweg zunächst durch das weitgezogene vorpyrenäische Becken, in dem Navarras Hauptstadt immer weiter ausufert. Dann taucht die Paßhöhe des Perdón auf, und abwärts folgt der fruchtbare Landstrich Valdizarbe. Die Strecke auf den Perdón werden Sie nicht verfehlen. Riesige Rotorblätter wandeln die Winde über Navarra in kostbare Energie um.

In langem Auslauf schneidet die N-111 durch die ersten Weingärten auf **Puente la Reina** (baskisch: Gares) zu, das sich aus Brücke *(puente)* und Königin *(reina)* zusammensetzt. Letztere, namentlich Doña Mayor und Gemahlin von Navarras Monarchen Sancho Garcés III el Mayor, stiftete die malerische romanische Brücke.

Welche Wallfahrerströme mögen im letzten Jahrtausend über den Río Arga geflossen sein! Schließlich trafen sie in Puente la Reina alle zusammen: die einen waren Pilger vom Ibañeta-Paß, die anderen vom aragonesischen Pyrenäenübergang Somport, dann passierten alle zusammen die Ortsschneise auf die Brücke zu.

Keine Frage, Puente la Reina brauchte besonderen Schutz. Die Templer, ein geistlicher Ritterorden, waren bereit,den *Camino* zu sichern. Sie erbauten den Crucifijo-Konvent und – so vermuten manche – auch das nahe romanische Kirchlein **Santa María de Eunate**. Andere halten das einsam gelegene Eunate für eine Grabkapelle zu Ehren verstorbener Pilger. Wie dem auch sei, das Wallfahrerwesen ist bis in unsere Tage lebendig geblieben. Damals wie heute ziehen alle über die »Brücke der Königin« und kurz darauf über die verkehrsreiche N-120 – ein Tribut an die Moderne.

Kloster San Pedro, Estella

Störche kommen zur wärmeren Jahreszeit in die Gegend zwischen Estella und Logroño

Überhaupt zeigt sich Puente la Reina ganz auf der Höhe der Zeit. In einer Gesellschaft, die sich landesweit erst langsam aus den Machismo-Mühlen windet, haben sich die *puentesinas*, die Damen des Ortes, seit 1999 beim Patronatsfest Ende Juli ihren eigenen Tag erkämpft, den *Día de la Mujer*. Da dürfen sie in der Arena sogar mit roten Tüchern gegen *vaquillas*, Jungrinder mit gestutzten Hörnern, antreten.

Keine Sorge, denn alles nimmt ein unblutiges Ende, jede Partei darf sich nur mal kurz austoben. Die richtigen Kampfstiere, *toros de lidia*, nun ja, die sind doch wieder Männersache. Für solche eben, die, wie der Spanier gerne bildlich den maskulinen Mut unterstreicht, *un par de huevos*, »ein Paar Hoden«, haben.

Vielfach bereiteten die Römer den Ur- und Untergrund des späteren Jakobsweges. So wie kurz hinter **Cirauqui**, wo sich die alte Römertrasse *(calzada romana)* mit einem Stück *Camino* deckt. Die Geburtsstunde von **Estella** lag zwar in vorrömischen Zeiten als baskische Siedlung, doch erst der mittelalterliche Pilgerweg zog Siedler in die gottverlassene Gegend.

Basierend auf dem Lockruf, der damals wie heute in allen Gegenden der Welt zieht: Estella als Steueroase. König Sancho V Ramírez bestimmte, daß Neulinge ein Jahr und einen Tag lang keine Steuern, *franquicias*, zu bezahlen brauchten.

Bald füllte sich Estella mit Franzosen und Juden, die hier ein gutes Geschäft mit den Pilgern witterten. Die wiederum bereicherten das ganze Leben und Kirchenleben, was zum Bau von über 20 Tempeln des Herrn führte. Manche sind wieder verschwunden – genau wie das Judenviertel und drei Festungsbollwerke –, doch ein gutes Dutzend sind erhalten und machen Estella zur Stadt der Kirchen und zur Schönheit, weshalb sie auch heute noch die Bezeichnung *Estella la bella* trägt.

Dionysos, der Gott des Weins, hätte seine höllische Freude am Weg nach Logroño. Zunächst würde er – wie alle strammen Pilger – in **Ayegui** die leibhaftige Gratis-Weinquelle an den Bodegas Irache anzapfen und sich dann an den Reben entlang durch Navarras hügeligen Westen hangeln. Bodegastopp inklusive.

So wie in **Villamayor de Monjardín**, wo Merlots und Chardonnays zu Füßen der mittelalterlichen Burgruinen im örtlichen Weingut in 1 800 Eichenfässern ihrem gaumenfreudigen Schicksal entgegenreifen. Reichern Sie Ihre Fahrt nach Logroño nach Zeit und Geschmack weiter an: mit einem Dorfkneipen-Halt oder der Besichtigung der Kirche Santa María mit spätgotischem Kreuzgang in **Los Arcos**, dem Besuch der romanischen Grabes- oder Templerkirche Santo Sepulcro in **Torres del Río** und einem Bummel durch die kleine Altstadt von **Viana**, der letzten Station in Navarra.

Die Nachbarregion La Rioja begrüßt Sie gleich mit der 130 000 Einwohner starken Hauptstadt **Logroño**, die sich in einem weiten Becken des Río Ebro breitmacht. Im auslaufenden Mittelalter müssen hier, an diesem so wichtigen Brückenkopf am Jakobsweg, harsche Gesetze geherrscht haben. Es waren Ärgernisse wie so häufig: das liebe Geld und die Zwänge staatlicher Bürokratie. Arnold von Harff, ein rheinischer Lebemann, von 1496 bis 1498 auf Achse, berichtet: »In dieser Stadt ... untersucht man dich, ob du Handelsware mit dir führst, wovon du Zoll zahlen mußt, und du mußt für dein Pferd zwei *reales* Zoll bezahlen ... Und da mußt du dir eine Bestätigung geben lassen, daß du die Pferde in dieser Gestalt und Größe eingeführt hast. Sonst könnte es geschehen, daß, wenn du aus dem Land über gleich welchen Übergang ausreisen willst, sie das für ein gestohlenes oder gekauftes Pferd halten würden. Dafür muß man dann viel Zoll bezahlen.«

Logroño selbst stößt heute mehr ab als daß es anzieht. Die Riegel aus Wohnblockringen versperren zunächst den Blick auf das Wesentliche, doch unter der Außenhaut aus Beton steckt eine verlorene Schöne im Binnenland. Unverhofft flanieren Sie über die Platanenalleen der Vorzeigepromenade **Paseo del Espolón**, auf der eine monumentales Reiterstandbild des 1879 in Logroño verstorbenen Generals Joaquín Baldomero Espartero steht. Oder Sie finden sich in den Bogengängen der Shoppingmeile **Calle de Portales** wieder und in den sommerlichen Freiluftcafés an der **Plaza del Mercado**, dem Kathedralvorplatz.

Dort, in der stimmungsvoll-geschäftigen Altstadt von Logroño, trifft man auf Sehenswürdigkeiten wie die »Nadel« (*aguja* im Volksmund), den 45 Meter hohen Turm der **Kirche Santa María del Palacio**, oder die barocken Doppeltürme der **Concatedral Santa María la Redonda**. Die zwischen dem 15. und 18. Jahrhundert erbaute Kathedrale teilt sich den Bischof mit Calahorra und den Ruf des mit den meisten Störchen besetzten riojanischen Gotteshauses mit Alfaro.

In der **alten Tabakfabrik** hat heute das riojanische Parlament seinen Sitz.

Weinlesefest in Logroño

Wer zuerst reift, stirbt zuerst, sprich: wird mit Füßen gnadenlos zermalmt. So meint es das Schicksal mit den erstgeernteten Trauben des Jahres in der Rioja. Die Füße gehören zu den Gebrüdern Urdiales, Francisco und Antonio, die, aus nächster Nähe betrachtet, vor mehr als 25 Jahren sicher nicht wegen der ästhetischen Wohlform ihrer Gehwerkzeuge ausgewählt worden sind. Sie, die Urdiales-Brüder, wandeln in den Fußstapfen einer jahrhundertelangen Tradition, die den Höhepunkt der mehrtägigen Fiestas de San Mateo und den Beginn der Weinlese, der *vendimia*, markiert: das öffentliche Traubenstampfen, der *pisado de la uva*, auf Logroños Prachtpromenade.

Alljährlich am 21. September, gegen Mittag, betreten Francisco und Antonio die Bühne auf dem Paseo del Espolón, entledigen sich ihrer weißroten Hanfschuhe, krempeln die Hosenbeine hoch, steigen in den großen, hölzernen Bottich und stehen im Blickpunkt der logroñesischen Weinöffentlichkeit. Unter des Brüderpaars kräftigen rhythmischen Tritten – zu den Klängen der Stadtkapelle – verwandeln sich die Trauben einer neuen Rebensaftgeneration in eine weiche, flüssige Masse.

Auf den *pisado* folgt der Auftritt der Autoritäten. Der riojanische Regierungspräsident kommt und zapft den ersten Most des Jahres in zwei bauchige Keramikkrüge ab, worauf der Bischof seinen Segen gibt. Beide zusammen bringen den Rebensaft der Jungfrau von Valvanera dar, der Schutzpatronin der Rioja, die als kleines Bildnis inmitten von Blumengebinden auf der Bühne präsent ist. Und dann: Viva-la-Rioja-Rufe, Tanzwirbel in traditionellen Trachten, Abmarsch aller mit Pauken und Trompeten und Einmarsch in die umliegenden Weinbars.

Nicht zu verachten ist auch das Innere der zwei Marías: Während die kleinere der beiden, die vom Palast, mit einem gotischen Bildnis von Nuestra Señora de la Antigua aufwartet, beherbergt la Redonda ein kleines Kreuzigungsbild aus der Schule Michelangelos und das Grabmal des Generals Espartero.

Die gotische **Iglesia San Bartolomé** mit ihrem prachtvollen skulpturenreichen Portal und die **Iglesia de Santiago**, in deren Relief über dem Südportal Jakobus zu Pferde als Maurentöter dargestellt ist, tragen zu der dichten Ansammlung von Kirchenbauten bei, die sich im Zentrum konzentrieren.

In dem von zahlreichen Gassen aufgespaltenen Altstadtkern Logroños sollten Sie eine auf jeden Fall nicht versäumen: die **Calle del Laurel**, die Kneipengasse *número uno*. Haben Sie sich – wie die Einheimischen – einmal durch die Weinbars der Laurel bis zum Ende getrunken und die jeweiligen Häppchen-Spezialitäten gekostet, kehren Sie zum Abschluß traditionsgemäß in **La Casita** ein: zum *sorbete de champán*, dem Champagnersorbet.

Abstecher nach San Vicente de la Sonsierra, Haro und Vitoria

Lust auf Panoramablicke, Wein und Bummeln nach Herzenslust? Dann auf in den Nordwesten Logroños: an den Windungen des Río Ebro entlang in den Hügelort San Vicente de la Sonsierra und die Rebensaft-Metropole Haro, schließlich weiter in die baskische Hauptstadt Vitoria. Kalkulieren Sie knapp 200 Kilometer und ein bis zwei Tage ein.

Vollmundig behaupten die Riojaner: Hier, im fruchtbaren Schwemmland des Río Ebro und auf den eisen-, kalk- und lehmhaltigen Böden, gedeihen Spaniens beste Tropfen. Kenner geraten bei solcherlei Aussprüchen ins Schwärmen, selbst Amateurtrinker berauschen sich nach kurzer Testphase am typisch fruchtigen Geschmack der Riojas, denen zudem durch die Lagerzeiten in Eichenholzfässern Vanillearoma anhaftet.

In **San Vicente de la Sonsierra** – mit dem Rücken zur Sierra de Cantabria und dem Gesicht zur fernen Sierra de la Demanda – liegen Ihnen die Weiten des Weins und das fruchtbare Becken des Ebro zu Füßen. Ein kleines Opfer muß man dafür bringen und den Anstieg auf den Kirch- und Festungshügel mit einem kleinen Steinhaus, dem Sitz der örtlichen Laienbruderschaft, bewältigen. Von hier aus starten die berühmten Osterprozessionen der Selbstgeißler.

In und um San Vicente de la Sonsierra oder in und um **Haro** – überall erstrecken sich Weingärten ohne Ende und *Vino*-Schilder weisen auf den Direktverkauf von Wein. Wobei Haro, ein nettes 9 000-Einwohner-Städtchen in der Oberen Rioja, die größte Zahl an Bodegas weit und breit aufweist und seit 1924 den Sitz der *Estación Enológica*, der Weinbaukundestation, beherbergt. Im angeschlossenen Weinmuseum rankt sich alles um die guten Tropfen, die auf dem Etikett stets die *Denominación de Origen*, die Herkunftsbezeichnung der zuständigen Kontrollbehörde, tragen.

Die geschmackliche Palette reicht vom einfachen *vino de la casa*, dem soliden Hauswein, über die *crianza* (mindestens ein Jahr im Eichenfaß), die *reserva* (mindestens drei Jahre in Eichen-

Wie zu guten alten Zeiten: Traubenstampfen beim Weinlesefest in Logroño

faß und Flasche gealtert) und die *gran reserva* (Spitzenwein, mindestens zwei Jahre im Faß und drei Jahre in der Flasche gereift). Zu den bedeutendsten Erzeugern in Haro zählen die Bodegas Muga (mit eigener Faßmacherei), die Bodegas Berceo (1872 gegründeter Familienbetrieb), die Bodegas Bilbaínas (Gründung zu Beginn des 20. Jahrhunderts, auch Sektproduktion), die Bodegas Martínez Lacuesta (mit über 7 000 Eichenfässern), die Bodegas López de Heredia – Viña Tondonia (mit schnuckeligem Art-nouveau-Haus) und die Bodegas Federico Paternina (Lager mit rund 35 000 Eichenfässern). Die Vielzahl der wappenverzierten Herrenhäuser im Stadtbild unterstreicht, wie flüssig die Weingutsbesitzer waren.

Nördlich der Weinstadt Haro wird die Gebietsgrenze passiert in Richtung auf die 50 Kilometer entfernte baskische Hauptstadt **Vitoria**. Ähnlich wie Logroño empfängt die über 200 000 Einwohner starke Metropole ihre Besucher nicht gerade mit offenen Armen, sprich: Wohnblockkränze, wohin das Auge schaut. Doch dann die Liebe auf den zweiten Blick, die sich rasch auf Altstadtgassen, Einkaufspromenaden und die besonders geschäftige Zone um die von Glasgalerien umfaßte **Plaza de la Virgen Blanca** verteilt.

Apropos *Virgen Blanca*: Vitorias gotische »Weiße Jungfrau« und Schutzpatronin wird in einem barocken Außentempelchen vor der Kirche San Miguel hinter Glas aufgewahrt. Ansonsten verbergen die *Vitorianos* nicht gerade das, was sie haben. Ob Lebensfreude, den typisch baskischen Stolz oder Geld. Daß die Stadt zu den wohlhabendsten in ganz Spanien zählt, mögen nicht zuletzt eine Vielzahl feudaler Geschäfte und pompöser alter Herrenhäuser widerspiegeln. Und viele, ob Männlein oder Weiblein, kleiden sich hier besonders chic und sie umgibt der Duft teuren, edlen Parfums.

Fußerprobte Stadtentdecker werden am laufenden Band ihre Freude an Vitoria haben. Lassen Sie sich durch das Gassengeflecht zwischen den Plätzen Virgen Blanca und Santa María treiben, schlendern Sie über die **Plaza de España**, bummeln Sie nach Herzenslust durch die am Virgen-Blanca-Platz beginnende Fußgängerzone. An der Plaza Santa María können Sie dabei zum 60 Meter hoch aufragenden Turm der gotischen **Kathedrale** emporblicken, an der Plaza del Machete in der **Kirche San Vicente** vorbeischauen oder an der **Plaza de los Fueros** die moderne Gestaltung

Selbstgeißler, San Vicente de la Sonsierra

Die Selbstgeißler von San Vicente de la Sonsierra

Es ist still. In der klaren Luft des Morgens hängt die Ruhe vor dem Sturm an diesem Karfreitag auf dem Kalvarienberg, hoch über San Vicente de la Sonsierra. Unsere Blicke wandern über die Täler, Hügeln, die Weingärten und den weiten Einschnitt des Río Ebro bis zu den schneebetupften Flanken der Sierra de la Demanda. Um die Mittagszeit heißt es: Sie kommen!

Ein halbes Dutzend vermummter Gestalten zieht uns vom Ort her barfuß entgegen, begleitet von einigen schwarz verschleierten Frauen, den »Marien«, einem Pfarrer mit Megaphon, Meßdienern, Trägern von Kreuzen und Heiligenbildern. In ihrem Sog wälzt sich eine Flut aus Menschen den Berg hinauf. An den Kreuzwegstationen halten sie kurze Zeit inne, der Pfarrer spricht, dann ist es wieder da, dieses unheimliche Rasseln, wenn die Knöchelketten der Vermummten und der »Marien« über den steinigen Boden schleifen. Allesamt ziehen sie weiter über das Hügelplateau bis zu einem Altar aus Stein, machen dann kehrt. Plötzlich kommt Leben in jene, die hinter weißen Kapuzen mit Augenschlitzen und langen, braunen Gewändern ihre Identität verhüllen. Sie, die Büßer, die *disciplinantes*, streifen die Umhänge ab, legen die Rückenpartie der knielangen, weißen Tunika frei und nehmen aus der Hand eines Laienbruders die für sie bestimmte Rute entgegen. Bald mischen sich in den inbrünstigen, sanften Mariengesang die Luftzüge zischender Baumwollpeitschen. Die kräftigen, gleichmäßigen Schläge gehen auf die blanke Rückenhaut nieder, die zusammenzuckt und sich zu einer feinen Gänsehaut kräuselt.

Zwischen den Schaulustigen halten Polizisten mit langen Eisenstangen eine Schneise frei, im Licht der Mittagssonne ziehen die *disciplinantes* unter unablässigen Hieben wieder dem Ort entgegen – eine gespenstische Prozession. Schwer geht der Atem der Geißler, die schmerzvolles Stöhnen mühevoll unterdrücken. Mit jedem Schlag und Schritt potenziert sich die Pein, denn der perlende Schweiß tränkt die Baumwollenden der Peitsche, die sich vollsaugt und bald laut hörbar auf die Lenden knallt.

Ein Laienbruder hebt den Arm. Es ist soweit, der ins dunkle Rot verdickte Rücken »seines« Geißlers ist bereit. Bereit, um aufgestochen zu werden. Nun wankt der uralte Dorfarzt heran, glatzköpfig, in dunklem Anzug und mit einer Art Brillenetui, aus dem er sein Handwerkszeug hervorholt: ein auf einen Schwamm gebettetes Kissen mit Glasnadeln. Der *disciplinante* beugt sich vor, legt den Kopf zwischen die Beine seines Begleiters. Der Doktor sticht zu, in die Schwellungen hinein, einmal, zweimal, dreimal, viermal, fünfmal, sechsmal. Blut spritzt hervor. Noch ein paar kurze Hiebe des Büßers auf die Hämatome, damit sie ausbluten, dann tupft der Arzt die Wunden ab, der Begleiter bedeckt sie mit dem Umhang.

Einige Geißler schaffen es bis in den Ort hinab, wo jetzt Volksauflauf herrscht und die Massen sie zum weiteren Durchhalten animieren. Die Ketten rasseln über den Asphalt, die Schläge hallen unter Mariengebeten durch die engen Gassen, bis der Dorfarzt auch auf den letzten einsticht und die *disciplinantes* zum Sitz der Laienbruderschaft auf den Kirchberg hinaufgehen. Dort werden sich die anonymen *picaos* – wortgemäß: die »Angestochenen« – mit heilenden Rosmarinessenzen weiter versorgen lassen, ihre Alltagskleidung anziehen, unerkannt ins Leben zurückkehren und einige Tage später nichts mehr von ihren Wunden spüren. Derweil haben die Menschenmassen in den Straßen von San Vicente de la Sonsierra ein ganz anderes hieb- und stichfestes Ziel vor Augen: nach Ende des Schauspiels geht es in die nächste Kneipe!

Die Geschichte der *picaos*, der österlichen Selbstgeißler des riojanischen Örtchens San Vicente de la Sonsierra, reicht bis ins späte Mittelalter zurück. Damals wie heute besteht der Sinn ihrer Übungen in der aus tiefem Glauben heraus selbst auferlegten Buße oder einem gottesfürchtigen Beweis für die Ehrerbietung ihrem höchsten Herrn gegenüber. In San Vicente gibt es zwei Prozessionen, eine am Abend des Gründonnerstags, eine zweite am Karfreitag zur Mittagszeit. Seit eh und je betreut die heute rund 20 Mitglieder starke Laienbruderschaft *(cofradía)* Santa Vera Cruz die Büßer, nur sie kennt die Identität der *disciplinantes*. Aber: Keine Buße ohne Spielregeln! Ein Geißler wird nur dann akzeptiert, wenn er volljährig ist und – sollte er nicht Mitglied der Bruderschaft sein – ein vom Pfarrer unterzeichnetes Schriftstück vorlegt, das die Frömmigkeit des Antragstellers beglaubigt ...

dieses »Platzes der Sonderrechte« bestaunen.

Über das gesamte Stadtbild verteilen zahlreiche moderne, von zeitgenössischen Künstlern entworfene Skulpturen.

Und für zwischendurch: Stöbern in den Antiquitätenshops der **Altstadt**, ein Kneipen-Gläschen in der **Calle de la Herrería**, ein Hauch von Grün im **Florida-Park** in der Nachbarschaft der modernen **Kathedrale María Inmaculada** und **Museumsbesuche** wie der des kuriosen Spielkartenmuseums.

Auf dem Weg nach Burgos

Rauhe Bilder sind uns von Spaniens Altvordern überliefert. Mal sichtbar, mal unsichtbar. Sichtbar am Südportal der Santiago-Kirche von **Logroño**: Jakobus, der Apostel, als Maurentöter, hoch zu Pferde, mit wehender Fahne, das Schwert in der Rechten und unter den Hufen die abgetrennten Köpfe der Bösen. Unsichtbar, da in den Jahrhunderten der Geschichte aufgelöst, im Bericht unseres altbekannten Pilgers Arnold von Harff. Schenkt man ihm Glauben, muß es am riojanischen Pilgerweg – über den Weinort **Navarrete** und das Klosterstädtchen **Nájera** nach Santo Domingo de la Calzada – Ende des 15. Jahrhunderts gnadenlos zugegangen sein.

»Item richtet man in Spanien sehr streng. Der Übeltäter wird gefesselt an eine hohe Säule gebunden, er sitzt auf einem Holzpfahl, die Augen sind nicht verbunden. Dort, wo sein Herz ist, bringen sie ein weißes Papierzeichen an. Darauf müssen die dem Übeltäter am nächsten stehenden Verwandten schießen und danach die weiteren Angehörigen mit Armbrüsten, bis er tot ist. Die weiblichen Übeltäter hängt man an einen Galgen oder an einem Baum an ihren Hälsen auf, und die Kleider sind unter den Knien zugebunden. So sahen wir viele längs der Straße hängen in folgender Weise.«

Zwar ist uns von Armbrüsten nichts überliefert, doch ereilte einst in **Santo Domingo de la Calzada** einen arglosen jungen Pilger ein sonderbar-tödliches Schicksal. Man knüpfte ihn wegen eines Diebstahls auf, den er nicht begangen hatte. Dank der unsichtbaren Schulterstütze des heiligen Domingo de la Calzada, eines lokalen Heiligen und frühen Verbesserers der Jakobsweg Infrastruktur (1019–1109), überlebte er. Die Kunde trug man dem Landrichter zu, der den Burschen verurteilt hatte und in dem Moment dabei war, ein Huhn und einen Hahn in gebratenem Zustand zu verspeisen. Ha, spottete er, die Geschichte sei so wahr wie das Federvieh vor ihm lebendig. Da wuchsen den Tieren Flügel, und sie flatterten davon.

Der kurze Ausflug ins Reich der Legenden ist nötig, um zu verstehen, daß in Santo Domingos **Kathedrale** ein weißer Hahn und eine weiße Henne hinter Glas gehalten werden.

Von Santo Domingo de la Calzada in der Senke des Río Oja geht es ein 20-Kilometer-Stück in Richtung Sierra de la Demanda bergab. In die frische Gebirgswelt eingebettet, wartet das bescheidene Örtchen **San Millán de la Cogolla** mit Kulturerbe der Menschheit auf: dem kleinen Bergkloster **Suso** und dem großen Talkloster **Yuso**. Und wieder gibt ein Heiliger Weg und Ortsnamen vor, San Millán de la Cogolla eben, ein wundertätiger Einsiedler (473–574), Begründer des Suso- und heute begraben im Yuso-Kloster. Letzteres gilt als Wiege der spanischen Sprache von heute, als *cuna del castellano*. Warum das? Nun, nach lange andauernden vulgärlateinischen Zeiten hielt hier ein

Kloster Yuso, San Millán de la Cogolla

Mönch gegen Ende des 10. Jahrhunderts erstmals mehrere Zeilen der neuen Sprache schriftlich fest. Was wir nicht sicher wissen ist, ob nicht an anderer Stelle die Wiege gestanden hat. Bis heute jedoch gilt: Hier schrieben die klösterlichen Väter des *castellano*.

Rasch ist der Weg von Santo Domingo de la Calzada bis Burgos beschrieben. Raus aus der Rioja und rein nach Kastilien-León. Endlose Kartoffel- und Getreideweiten, **Felshöhlen bei Tosantos**, Erinnerungen an einen westgotischen Bischofssitz in **Villafranca Montes de Oca**. Dann bergauf durch die waldreichen Montes de Oca auf 1 150 Meter und bergab an den Nordostrand der Meseta, des bekannten spanischen Hochplateaus. Danach immer geradeaus. Bis **Burgos**.

❷ **Infos:** Puente la Reina/Gares – Estella/Lizarra

Hotel Jakué
Calle Irunbidea, s/n
Puente la Reina/Gares
✆ 948 34 10 17, Fax 948 34 11 20
Schönes Drei-Sterne-Haus an der Ortseinfahrt nahe dem kleinen Pilgerdenkmal, mit Pool. PP–PPP

Hostal Puente
Plaza de los Fueros, s/n
Puente la Reina/Gares
✆ 948 34 01 46
13-Zimmer-Pension mit recht breitem Preisspektrum. Außerhalb von Juli und August billiger. P–PP

Camping El Molino
An der NA-6030 Mendigorría–Larraga, wenige km südl. von Puente la Reina/Gares
✆ 948 34 06 04
1. Kategorie, ganzjährig.

Sowohl in der Fußgängerzone als auch an der Platanenallee von **Puente la Reina** parallel zur Durchgangsstraße N-111 gibt es mehrere kleine Bars, Cafeterias und kleine Restaurants.

Außer der berühmten **Brücke** gibt es in dem 2000-Einwohner-Städtchen **Puente la Reina** mehrere Gotteshäuser: die **Crucifijo-Kirche** (am Ortsrand bei der Pilgerherberge; mit romanischer Marienskulptur der Santa María de las Huertas und einem legendenumrankten Christuskreuz, das Pilger aus dem Rheinland im 14. Jh. auf Schultern hierhin getragen haben sollen), in der Fußgängerzone die **Santiago-Kirche** (romanische Fassade, im Innern überbordender Barock) und – nahe der Brücke – die **Kirche San Pedro Apóstol** (erbaut um 1400; mit Marienbildnis der Virgen del Txori). An der N-111, direkt am östlichen Ortsrand, zeigt eine kleine **Pilgerfigur** die Vereinigung der beiden Haupt-Jakobswege durch Nordspanien an.

Kirche Santa María de Eunate
Di–Fr 10–14 und 17–19, Sa und So 9–14 sowie 16–18 Uhr (Öffnungszeiten werden allerdings etwas unorthodox gehandhabt)
Romanisches Juwel aus der zweiten Hälfte des 12. Jhs., umzogen von einem kreisförmig angelegten Arkadenvorhof. Beachtenswert: die mit vielfältigen Pflanzenmotiven dekorierten Kapitelle an den Arkaden, am oktogonalen Hauptbau die fünfeckige Apsis, die Sparrenköpfe sowie viele Steinmetzzeichen, im Innern die himmelwärts strebenden Bögen, die Alabasterfenster und die Reproduktion eines romanischen Marienbildnisses. Das Heiligtum ist vor kurzem umfangreich restauriert worden. Bei dem steinernen Flachbau daneben soll es sich um ein einstiges Sterbehaus handeln, dessen Betreuung dem Johanniterorden oblag.

Oficina de Turismo
Calle San Nicolás, 1
Estella/Lizarra
✆ und Fax 948 55 63 01
oit.estella@cfnavarra.es

Fonda Izarra
Calle Calderería, 19
Estella/Lizarra
✆ 948 55 06 78, Fax 948 55 00 24
Schlicht und preiswert, aber nur fünf Zimmer. P

Camping Lizarra
Camino Ordoiz, s/n
Estella/Lizarra
✆ 948 55 17 33, Fax 948 55 47 55
1. Kategorie, ganzjährig. Mit großem Restaurant.

Restaurante Richard
Avenida Yerri, 10, bajo
Estella/Lizarra
✆ 948 55 13 16
Stilvoll und gemütlich, Aperitif in der Bar. P–PP

2 **Infos:** Estella/Lizarra – Viana

Die wichtigsten Sehenswürdigkeiten in der 13 000-Einwohner-Stadt **Estella** am Río Ega liegen im Bereich der Plaza San Martín: die **Wehrkirche San Pedro de la Rúa** (12./13. Jh.; maurische Dekorationsmotive am Portal; zum Teil erhaltener romanischer Kreuzgang mit interessanten Kapitellen, die u. a. die Geschichte Mariens und das Martyrium des San Andrés zeigen) und der kleine romanische **Palacio de los Reyes de Navarra** direkt an der Plaza San Martín (mit Säulenfenstern und einem Kapitell, das Ritter Roland im Kampf mit dem Riesen Ferragut zeigt). In dem Palast der Könige von Navarra ist auch das **Museum Gustavo de Maeztu** untergebracht. Es zeigt Werke dieses baskischen Malers, der zwischen 1887 und 1947 gelebt hat (Di–Sa 11–13 und 17–19, So 11–13 Uhr). Ebenfalls interessant: am östlichen Stadteingang (Jakobsweg aus Richtung Pamplona) die gotische **Kirche Santo Sepulcro** (skulpturenreiches Portal) und die **Cárcel-Brücke** über den Ega, im Stadtzentrum an der Plaza de los Fueros die romanisch-gotische **Kirche San Juan**, an der Plaza de San Miguel die romanische **Kirche San Miguel** sowie – auf einem Hügel oberhalb Estellas – der **Santuario de Nuestra Señora del Puy** mit einem Bildnis der Schutzpatronin Estellas, der heiligen Jungfrau von Puy.

Pastelerías La Mallorquina
Calle Mayor, 63
Calle San Andrés, 10
Estella/Lizarra
Zwei Sündenbabel der Kalorien, eigene Herstellung von Pralinés, den *sanchicos*.

Hotel Irache
Carretera Pamplona–Logroño, km 43
Ayegui
✆ 948 55 11 50, Fax 948 55 47 54
Drei-Sterne-Haus 3 km südwestl. von Estella/Lizarra und etwas zurückgesetzt von der Nationalstraße. Restaurant, Pools, Cafeteria. PP

Kloster von Irache
Ayegui
Di 10–14, Mi–Fr 10–14 und 17–19, Sa und So 9–14 und 16–19 Uhr
Im Schatten des Montejurra-Bergs und gegenüber den Bodegas Irache liegt das vormalige Benediktinerkloster, dessen Geschichte nach vorliegenden Quellen mindestens bis ins 10. Jh. zurückreicht. Sehenswert: romanische Kirche (der Turm datiert allerdings aus dem 17. Jh.) und der im plateresken Stil erbaute Kreuzgang.

Bodegas Irache
Ayegui
✆ 948 55 19 32 und 948 55 32 95
Die kostenlose Quelle des Weines *(Fuente del Vino)* soll natürlich zum Kaufen der edlen roten Tropfen animieren: entweder im Verwaltungstrakt oder im kleinen **Wein-Museum** mit Eingang in Sichtweite des Irache-Klosters. Im Angebot steht auch der typisch navarresische Schlehenlikör *(pacharán)*. Im Weinmuseum sind Fässer und altes Handwerksgerät zu sehen (unregelmäßige Öffnungszeiten). Nach eigenen Angaben zählt der Wein »Real Irache Gran Reserva 1973« zu den 20 besten der Welt.

Bodega Castillo de Monjardín
Villamayor de Monjardín
✆ 948 53 74 12
Führungen nach Absprache.

Hotel Mónaco
Plaza del Coso, s/n
Los Arcos
✆ 948 64 00 00, Fax 948 64 00 25
Recht gesichtsloser Block, allenfalls gut für eine preiswerte Zwischenübernachtung. Mit Restaurant. P

Oficina de Turismo
Plaza de los Fueros, s/n
Viana
✆ 948 44 63 02

2 Infos: Viana – Logroño

Pensión Casa Armendáriz
Calle Navarro Villoslada, s/n
Viana
✆ 948 64 50 78, Fax 948 44 63 45
Schlicht, zentral und preiswert. P

Restaurante Pitu
Calle Medio San Pedro, 9
Viana
✆ 948 64 59 27
Navarresische Traditionsküche, günstige Mittagsmenüs, Gemüsegerichte nach Saison. P

An der zentralen **Plaza de los Fueros** von **Viana:** barockes **Rathaus** mit Galerie und großem Wappen sowie die **Kirche Santa María de la Asunción** mit großem Renaissanceportal, vor dem eine Grabplatte an den hier zu Tode gekommenenen Fürsten Cesare Borgia (1475–1507) erinnert.

Schmalzgebäck in Konditoreien in der Calle Navarro Villoslada von **Viana**.

Oficina de Turismo
Paseo del Espolón, s/n
Logroño
✆ 941 26 06 65, Fax 941 25 6045

Hotel Meliá Confort Los Bracos
Calle Bretón de los Herreros, 29
Logroño
✆ 941 22 66 08, Fax 941 22 67 54
melia.confort.bracos@solmelia.es
Solides Vier-Sterne-Haus, zentral. Mit Restaurant. PP–PPP

Hotel Carlton Rioja
Gran Vía Juan Carlos I, 5
Logroño
✆ 941 24 21 00, Fax 941 24 35 02
hotels@pretur.es
Gut geführtes Vier-Sterne-Hotel an der belebten Gran Vía. Nur ein Katzensprung hinüber zum Paseo del Espolón und ins historische Zentrum der Stadt. PP–PPP

Hostal Sebastián
Calle de San Juan, 21
Logroño
✆ 941 24 28 00
Preiswert, zentral, ungünstig für Autofahrer mit Gepäck. P

Camping La Playa
Avenida La Playa, s/n
Logroño
✆ 941 25 22 53
2. Kategorie, nur in den Sommermonaten.

Restaurante Cecilio
Calle del Peso, 5
Logroño
✆ 941 22 10 29
Als Vorspeise empfiehlt sich Rührei mit Pilzen und Garnelen *(revuelto de setas y gambas)*, als Hauptspeise Seehecht *(merluza)*. P–PP

Restaurante La Unión
Calle San Agustín, 15
Logroño
✆ 941 22 00 70
Einfacher Speiseraum. Salatherzen *(cogollos)* als Vorspeise, Thunfisch *(bonito)* als Hauptgericht, Schafsmilchjoghurt *(cuajada)* als Nachtisch. P–PP

Concatedral Santa María la Redonda
Plaza del Mercado
Logroño
Mo–Sa 7.45–13.15 und 18.30–21, So 8.15–13.15 und 18.30–21 Uhr

Kirche Santa María del Palacio
Calle Marqués de San Nicolás
Logroño

Kirche San Bartolomé
Calle de San Bartolomé
Logroño

Santiago-Kirche
Calle de Barriocepo
Logroño

❷ Infos: Logroño – Haro

Museo de la Rioja
Plaza San Agustín, 23
Logroño
Di–Sa 10–14 und 16–20, So 11.30–14 Uhr
Regionalmuseum der Rioja u. a. mit sakraler Kunst aus mehreren Jahrhunderten, untergebracht im barocken Palacio de Espartero. Auch Wechselausstellungen.

Teatro Bretón de los Herreros
Calle Bretón de los Herreros, s/n
Logroño
✆ 941 29 72 31
Theater- und Konzertveranstaltungen jedweder Art.

Vinos de Rioja
Plaza San Agustín, s/n
Logroño
Wein in Hülle und Fülle.

Traubenernte für den Rioja-Wein

Estación de Autobuses
Avenida de España, 1
Logroño
✆ 941 23 59 83
Busse u. a. nach Barcelona, Bilbao, Burgos, Calahorra, Nájera, Pamplona, San Sebastián, Santo Domingo de la Calzada, Vitoria und Zaragoza.

Estación de Ferrocarriles
Plaza de Europa, s/n
Logroño
✆ 941 24 02 02
Züge u. a. nach Barcelona, Bilbao, Madrid, Gijón, Vigo und Zaragoza.

Oficina de Turismo
Plaza Monseñor Florentino Rodríguez, s/n
Haro
✆ und Fax 941 30 33 66
riojalta@arrakis.es
Hier erhält man Information über Bodegabesuche in Haro; auf die in Logroño herausgegebene Weinbroschüre *Rutas del Vino de La Rioja* mit besuchbaren Bodegas kann man sich nicht immer verlassen. Weitere **Bodegas** auf dem Weg zwischen Logroño und Haro finden Sie in Fuenmayor und Cenicero, in der Nähe von Haro in Ábalos, Briñas, Ollauri, Tirgo, Sajazarra und Cuzcurrita de Río Tirón.

Hotel Los Agustinos
Calle San Agustín, 2
Haro
✆ 941 31 13 08, Fax 941 30 31 48
Paradorwürdige Unterkunft in einem einstigen Augustinerkloster, unseligerweise mißmutiges Management. Vier Sterne, vorzügliches Restaurant. PP–PPP

Camping Haro
Avenida de Miranda, s/n
Haro
✆ 941 31 27 37

Museo del Vino
Avenida Bretón de los Herreros, s/n

2 **Infos:** Haro – Vitoria/Gasteiz

Haro
Mo–Sa 10–14 und 16–20, So 10–14 Uhr
Weinmuseum.

Oficina de Turismo
Calle Eduardo Dato, 11
Vitoria/Gasteiz
✆ 945 16 15 98, Fax 945 16 11 05
turismo@vitoria-gasteiz.org

Parador de Argómaniz
Carretera Nacional 1, km 363
Argómaniz
✆ 945 29 32 00, Fax 945 29 32 87
Ein prächtiger Steinpalast bildet den rustikalen Rahmen für das etwa 12 km östl. von Vitoria gelegene Drei-Sterne-Haus. Mit Speisesaal. PP–PPP

Restaurante Arkupe
Mateo Moraza, 13
Vitoria/Gasteiz
✆ 945 23 00 80
Stilvoller Gourmettempel, besonders pfiffig zubereitet die Tintenfische *(chipirones)*. PP–PPP

Restaurante Poliki
Fueros, 29
Vitoria/Gasteiz
✆ 945 25 04 58
Bekannt für seine günstigen Menüs. P

Kirche San Miguel
Plaza de la Virgen Blanca
Vitoria/Gasteiz
Sehenswert die Figur der »Weißen Jungfrau«. Auf dem Platz **Schlachtendenkmal** in Erinnerung an den Sieg über napoleonische Invasoren 1813.

Kathedrale Santa María
Plaza de Santa María
Vitoria/Gasteiz

Licht- und Schattenspiele: Landschaft in der Rioja

❷ **Infos:** Vitoria/Gasteiz – Nájera

Kirche San Vicente
Plaza del Machete
Vitoria/Gasteiz

Kathedrale María Inmaculada
In der Nähe des Florida-Parks
Vitoria/Gasteiz
Moderne, erst 1973 fertiggestellte Kathedrale (mit Diözesanmuseum).

Plaza de España
Vitoria/Gasteiz
Pompöser zentraler Platz von Vitoria (mit Rathaus, 18. Jh.).

Plaza de los Fueros
Vitoria/Gasteiz
Moderner, von den Künstlern Eduardo Chillida und Luis Peña Ganchegui gestalteter »Platz der Sonderrechte«.

Museo de Naipes
Calle Cuchillería, 54
Vitoria/Gasteiz
Di–Fr 10–14 und 16–18.30, Sa 10–14, So 11–14 Uhr
Kurioses Spielkartenmuseum des Hauses Fournier, u. a. mit der wohl ältesten Spielkarte Europas (14. Jh., gotisches Design).

Museo de Bellas Artes
Paseo de Fray Francisco, 8
Vitoria/Gasteiz
Di–Fr 10–14 und 16–18.30, Sa 10–14, So 11–14 Uhr
Museum der Schönen Künste u. a. mit Werken von Miró, Picasso und Antoni Tàpies.

Museo de Armería
Paseo de Fray Francisco, 3
Vitoria/Gasteiz
Di–Fr 10–14 und 16–18.30, Sa 10–14, So 11–14 Uhr
Waffen aller Art.

Museo de Ciencias Naturales
Calle Siervas de Jesús, 24
Vitoria/Gasteiz
Di–Fr 10–14 und 16–18.30, Sa 10–14, So 11–14 Uhr
Naturwissenschaftliches Museum in einem aus dem 15./16. Jh. datierenden Turmhaus.

Museo de Arqueología
Calle Correría, 116
Vitoria/Gasteiz
Di–Fr 10–14 und 16–18.30, Sa 10–14, So 11–14 Uhr
Regionalmuseum der Archäologie, untergebracht in einem pompösen Herrenhaus aus dem 16. Jh.

Teatro Principal
Calle San Prudencio, 29
Vitoria/Gasteiz
✆ 945 16 10 45

Aeropuerto
Vitoria/Gasteiz
✆ 945 16 35 91
Vom 9 km nordwestl. der Stadt bei Foronda gelegenen Flughafen Verbindungen u. a. nach Barcelona und Madrid.

Estación de Autobuses
Calle Los Herrán/José Mardones
Vitoria/Gasteiz
✆ 945 25 84 00
Busse u. a. nach Bilbao, Burgos, Estella, León, Logroño, Madrid, Pamplona, San Sebastián und Santander.

Estación de Ferrocarriles
Plaza de la Estación, s/n
Vitoria/Gasteiz
✆ 945 23 02 02
Züge u. a. nach Burgos, Gijón, Irún, La Coruña, León, Lugo, Madrid, Pamplona sowie nach San Sebastián.

Oficina de Turismo
Calle Constantino Garrán, 8
Nájera
✆ und Fax 941 36 00 41

2 **Infos:** Nájera – San Millán de la Cogolla

Camping El Ruedo
Paseo de San Julián, s/n
Nájera
✆ 941 36 01 02
April–Sept.

Besuchshöhepunkt im 7 000-Einwohner-Städtchen **Nájera** am Río Najerilla ist das unmittelbar ans rostrote Felsmassiv angebaute **Kloster Santa María la Real**, das Navarras Monarch García Sánchez III el de Nájera um 1050 begründete und das im Laufe der Jahrhunderte zahlreiche Veränderungen erfuhr. Besonders interessant: die **Klosterkirche Santa María** mit barockem Retabel und Grabmälern von Herzögen und Angehörigen des navarresischen Königshauses (u. a romanischer Sarkophag von Blanca de Navarra), Felsengrotte mit Marienbildnis (der Legende zufolge ward dies von König García hier gefunden), das Chorgestühl (15. Jh.) und der gotisch-platereske »Kreuzgang der Ritter« (Di–Sa 9.30–13 und 16–19, So 10–12.30 und 16–18.30 Uhr).

Oficina de Turismo
Calle Mayor, 70
Santo Domingo de la Calzada
✆ und Fax 941 34 12 30
santodomingo@riooja.org

Parador de Santo Domingo de la Calzada
Plaza del Santo, 3
Santo Domingo de la Calzada
✆ 941 34 03 00, Fax 941 34 03 25
Stilvoll in jeder Beziehung. Den Pilgern, die hier im Mittelalter versorgt wurden, ging's mit Sicherheit nicht so gut. Mit vier Sternen und vorzüglichem Restaurant. PPP

In der **Kathedrale** (Mo–Sa 10–18.30 Uhr, So unregelmäßig) des 6 000-Einwohner-Städtchens **Santo Domingo de la Calzada** gilt die Aufmerksamkeit – außer dem Hühnerstall *(gallinero)* mit seinen gefiederten Bewohnern zu Ehren einer Jakobsweg-Legende (s. S. 78) – dem Mausoleum des Santo Domingo de la Calzada, dem romanischen Altteil rund um den Altar, dem Kreuzgang (14. Jh.; Wechselausstellungen) sowie dem plateresken, von Damián Forment gestalteten Hauptaltar.

Um den kleinen Kathedralvorplatz gruppieren sich der etwa 70 m hohe **Turm** (18. Jh.), der **Parador** (früher Pilgerhospiz; Ursprung aus dem 12. Jh.) und die spätgotische **Kapelle Nuestra Señora de la Virgen de la Plaza**. Ebenfalls interessant: der **Rathausvorplatz** (Plaza de España mit Arkaden) und die Reste der alten **Stadtmauer**.

Oficina de Turismo
Edificio Aula de la Lengua, Plaza del Convento
Yuso-Kloster
San Millán de la Cogolla
✆ und Fax 941 37 32 59

Hotel del Monasterio de San Millán
Yuso-Kloster
San Millán de la Cogolla
✆ 941 37 32 77, Fax 941 37 32 66
In der Klosterherberge bettet man sich unter vier Sternen. Angesichts von lediglich 25 Zimmern empfehlen sich Reservierungen.

Oberhalb von **San Millán de la Cogolla golla** liegt das im 6. Jh. vom heiligen Millán de la Cogolla begründete **Suso-Kloster** (hinauf führt ein Fußweg oder eine kleine Fahrstraße; bei Drucklegung wegen Renovierung auf unbestimmte Zeit geschlossen). Am Ortsrand das von einigen wenigen Augustinern genutzte **Kloster von Yuso** (11.–18 Jh.; Führungen finden tägl. 10.30–13.30 und 16–18.30 Uhr statt) mit Kreuzgang, Museumsvitrinen, Klosterkirche (Gemälde von Juan de Ricci), Sakristei und San-Millán-Kapelle (kostbare Reliquien, Elfenbeinschnitzereien).

2 Infos: Burgos

Hotel Puerta de Burgos
Calle Vitoria, 69
Burgos
✆ 947 24 10 00, Fax 947 24 07 07
Nicht zu verfehlender, hoch aufragender Block etwa 1,5 km östl. der City (Stadtbusse). Vier Sterne, Sporteinrichtungen mit begrenzten Öffnungszeiten. Autofahrer finden in der Zone problemlos einen Parkplatz. PP–PPP

Hotel Corona de Castilla
Calle Madrid, 15
Burgos
✆ 947 26 21 42, Fax 947 20 80 42
Drei-Sterne-Haus, unspektakulär, zweckmäßig, Busbahnhof in der Nähe, City und Kathedrale problemlos zu Fuß erreichbar. PP

Hotel Norte y Londres
Plaza Alonso Martínez, 10
Burgos
✆ 947 26 41 25, Fax 947 27 73 75
Am Altstadtrand, direkter Einstieg in die gemütliche Fußgänger- und Kneipenzone. Stattlicher Komplex mit zwei Sternen und 50 Zimmern. PP

Camping Fuentes Blancas
Carretera Burgos–Cartuja de Miraflores, km 3,5
Burgos
✆ 947 22 10 16
Nur April–Sept. 1. Kategorie. Außerhalb der Stadt.

Wichtigste Feste

Rund um den als Heiligen verehrten **Santo Domingo de la Calzada** dreht sich das mehrtägige **Patronatsfest** um den 12. Mai in der gleichnamigen riojanischen Stadt (Trachtenumzüge, viel Musik). Nicht jedermanns Geschmack dürfte die **Batalla del Vino** am 29. Juni im riojanischen **Haro** sein; angesichts von 70 000 Litern flüssiger Munition hält diese »Weinschlacht«, was sie verspricht. Ende Juli, rund um den Jakobstag (25. Juli) **Patronatsfeierlichkeiten in Puente la Reina** mit Tanz, Musik und Trommelparade *(tamborrada)* am Vorabend des 25. Juli. Anfang August bunte **Patronatsfeste** in **Estella** (inklusive Stiertreiben und Umzügen von Großkopfpuppen) und **Vitoria** (zu Ehren der »Weißen Jungfrau«, Virgen Blanca).

In **Logroño** rund um den 20. September **Fiestas de San Mateo**, das große Weinlesefest mit Stiertreiben, Konzerten, Umzügen, Viehmarkt, Pelota-Matches, Feuerwerk, Stierkämpfen und – am 21. September mittags – dem bekannten Traubenstampfen *(pisado de la uva)* auf dem Paseo del Espolón.

Beim Weinlesefest in Logroño

3.1 Glaubensburg in gotischer Pracht

3.1 Programm: Burgos

Vormittag	Besuch der **Kathedrale** mit angeschlossenem Museum sowie der **Kirche San Nicolás**, **Altstadtbummel** mit Arco de Santa María, Paseo del Espolón und Gassengeflecht um die Plaza Mayor. Kurz vor Ihrer Mittagsrast Fahrt zur **Cartuja de Miraflores** und Besuch dieses etwa 4 km östlich der City gelegenen Kartäuserklosters.
Nachmittag	Fahrt an den westlichen Stadtrand und Besuch des **Klosters Las Huelgas**. Am frühen
Abend	Aufstieg zur **Burg**, danach wieder Eintauchen in die Altstadt und Spaziergang in die Zone um die **Casa del Cordón** und das **Reiterdenkmal des Cid**.

Alternativen & Extras: Für den Nachmittag und frühen Abend bietet sich statt des Klosterbesuchs und des Aufstiegs zur Burg ein Rundgang durch die diversen **Museen** der Stadt an.

Rund 10 km südöstlich der Stadt liegt das ursprünglich romanische **Benediktinerkloster San Pedro de Cardeña** (April–Okt. Mo–Sa 10–13.30 und 16–18, So 12–13.30 und 16–18 Uhr; sonst Mo–Sa 10–13.30 und 15.30–17.30, So 12–13.30, 15.30–17.30 Uhr).

Warum stapeln sich zu Füßen des blutenden Christus von Burgos fünf Straußeneier? Warum nur schaut *Papamoscas*, der »Fliegenvater«, hämisch auf alle Besucher herab und läßt seine Zahnreihen blitzen? Und warum hängt gegenüber dem Eingang zum alten Kapitelsaal eine uralte Kiste an der Wand? Solcherlei Kuriositäten (und die Antwort auf unsere Fragen) offenbart die **Kathedrale Santa María** von Burgos, die einige Superlative aufweist: die monumentalste, die schönste, die ergreifendste, die gewaltigste unter den

Glaubensfestungen in Spaniens Norden. Ein 1221 unter Bischof Mauricio und König Fernando III el Santo begonnenes Meisterwerk der Gotik mit über 300 Jahren Baugeschichte, das von der UNESCO zum Kulturerbe der Menschheit erhoben wurde. Einige Kunsthistoriker meinen, daß man durchaus zwei Jahre und mehr benötigt, um alle Details der Kathedrale zu erkennen, aber mit einem Vormittag (oder einem halben) läßt es sich ebenfalls leben.

Nähern wir uns zunächst der monumentalen Außenhaut mit den Portalen Coronería zur Nord-, María zur West- und Sarmental zur Süd- beziehungsweise Flußseite hin. Voll von gotischen Türmchen, Skulpturen, Bögen und steinernen Rosetten steckt sie. Überragt vom Vierungsturm des Juan de Vallejo und den himmelsstürmenden Zwillingstürmen des Hans von Köln, die man in den letzten Jahren von ihrer häßlichen, bräunlichen Schmutzschicht befreit hat. In der Zwischengalerie thronen acht kastilisch-leonesische Monarchen, im Mittelpfeiler des Sarmental-Portals begegnen wir Kathedralbegründer Bischof Mauricio. Über dem Kirchenmann beginnt eine Bilderreise hinauf zu den in Gespräche vertieften Aposteln, zum gekrönten Christus, zu den vier eifrig an ihren Pulten schreibenden Evangelisten, zu apokalyptischen Greisen und Engelschören.

Die Puerta del Sarmental öffnet sich zu einer unvergleichlichen Schatztruhe hin. Auf ihren knapp 110 Metern Länge und rund 60 Metern Breite birgt die Kathedrale von Burgos Lebens- und Wunderwerke aus Gotik, Renaissance und Barock. Ihr Inneres bietet Zutritt zum Kreuzgang aus dem 13. Jahrhundert mit seinen eingesetzten Glasfenstern und zum Altarraum samt Chor, von dem aus man den besten Blick ins Kuppelgewölbe und auf das Renaissance-Hauptretabel mit der heiligen Jungfrau in der Mitte besitzt. Ähnlich goldenen Glanz wie der Altaraufsatz der Brüder Martín und Rodrigo de la Haya verströmt nur noch die von Diego de Siloé um 1520 gestaltete *Escalera Dorada*, die »Goldene Treppe«. Dunkel verschließt sich dagegen der 103stühlige Nuß- und Buchsbaumchor Felipe de Vigarnys, während sanftes Tageslicht durch das sterngerippte Gewölbe der Vierungskuppel flutet und das Grabmal des Ritters El Cid (erkennbar an der in den Boden eingelassenen Grabplatte) und seiner Gemahlin Doña Jimena erhellt.

Auch der Gewölbestern in der Grabkapelle des Konnetabels *(Capilla del Condestable)* aus dem 15. Jahrhundert wirft kleine Lichtdome ins Gotteshaus: auf die fein ornamentierten Marmorgewänder des Pedro Hernández de Velasco und seiner Frau Doña Mencía de Mendoza. Dann die Fülle der Details! In der Konnetabel-Kapelle verhüllt Maria

Kathedrale von Burgos

Magdalena – als Gemälde – ihren üppigen Busen mit wallenden Locken bis zur Hüfte, im Retabel ihrer Kapelle verglüht die heilige Thekla auf dem Scheiterhaufen, im Kreuzweg-Relief des Chorumgangs aus dem 15. bis 17. Jahrhundert zieht ein grimmiger Wächter Jesus Christus am Haar. Mit ausreichend Kleingeld für die vorhandenen Münzkästen setzen Sie Kapellen, Retabel und *Escalera Dorada* für kurze Zeit ins rechte Licht.

Zum Schluß der Rätselschlüssel zu 1. Straußeneiern, 2. »Fliegenvater« und 3. der Kiste an der Wand. Zu 1: Ein weitgereister Händler war es, der die Eier aus Afrika mitgebracht hatte und sie dem gekreuzigten Cristo de Burgos in der gleichnamigen Kapelle vermachte. Zu 2: *Papamoscas*, eine clowneske Figur über der Kathedraluhr im Innenraum, öffnet und schließt bei den Glokkenschlägen zu jeder vollen Stunde den breiten Mund. Zu 3: Die Kiste gehörte dem Ritter El Cid, der sie einst – mit Sand und Steinen gefüllt – zwei jüdischen Händlern als Kasten voller Schätze als Garantie für eine Finanzanleihe hinterlegte. Der Cid machte zunächst leere Versprechungen, aber er gab den Juden später das geliehene Geld zurück. Heute ist der *Cofre del Cid* Teil des auf mehrere Seitenkapellen und den Kapitelsaal verteilten Domschatzes.

Weit über 1 100 Jahre Geschichte hat die am Río Arlanzón gelegene 170 000-Einwohner-Stadt auf dem Buckel. Als Bollwerk gegen die Mauren 884 von Graf Diego Porcelos gegründet, war Burgos im Mittelalter in den kastilischen Wollhandel verwickelt, stieg für kurze Zeit zur Hauptstadt Kastiliens auf und brachte es als zentraler Halt am Jakobsweg auf über 30 Spitäler – ein einsamer Rekord. Die Wallfahrer, so darf man aus dem Bericht des rheinischen Reisenden Arnold von Harff vom Ende des 15. Jahrhunderts schlußfolgern, litten nicht nur unter den schmerzvollen Wander- und Reiterstrapazen, den scharfen Winden und den niedrigen Temperaturen in der Gegend. Böses berichtet er von dunklen Gesellen, die arglosen Pilgern wie ihm bei Burgos *(Burgis)* auflauerten: »Da wurde uns von den Hyspaniern ein großes Übel angetan. Sie schlugen zwei von unseren Pilgern tot. Mein Diener und etliche andere wurden unter Stößen und Schlägen gefangengenommen, so daß Gott mir und einem anderen zu Fuß weg (zur Flucht) verhalf, und wir liefen Tag und Nacht bis Burgis.«

Manche burgalesische Klöster haben die Jahrhunderte überdauert, so auch die am Stadtrand gelegene **Cartuja de Miraflores** und sogar fast unberührt von der Moderne. Noch immer wohnen hier Kartäusereremiten, die sich in der Einsamkeit ihrer Zellen vollkommen Gott widmen und strengen Schweigegesetzen unterliegen.

Während die Klosterkirche mit dem üppig dekorierten Doppelgrabmal aus Alabaster von König Juan II und seiner Frau Isabella von Portugal, den Eltern der »Katholischen Königin« Isabella, und dem Bildnis des Ordensgründers Bruno von Köln in einem Seitentrakt einigen Augenschmaus für die Besucher bereithält, bekommt man die Kartäuser selbst nicht zu Gesicht. Ihre Arbeit jedoch kann man spüren und über Jahre hinweg zu Hause riechen, wenn man im Souvenirshop einen Rosenkranz mit gerollten Blütenblättern kauft.

Weltoffener zeigen sich die Zisterziensierinnen am anderen Stadtrand. Im kleinen Laden des **Real Monasterio de Las Huelgas** aus dem 12. Jahrhundert wickeln sie ihr süßes Gebäck und bemaltes Porzellan noch selber ein. Respekt und Furcht flößen einem die hiesigen Ordensschwestern heute nicht mehr ein – im Gegensatz zu früher, als den Äbtissinnen große weltliche Macht zukam und sie sogar über Leben und Tod richteten. In jenen Zeiten stand einzig Damen mit blaublütigem Stammbaum der Eintritt in die Gemeinschaft offen. Geblieben ist eines der größten besuchbaren Klöster am Jakobsweg mit königlichen Grabstätten, einem romanischen und einem gotischen Kreuzgang sowie gut hinter Glas geschützten mittelalterlichen Kleidungsstücken und Grabbeigaben.

Wie häufig in spanischen Städten, so zeigt sich auch die **Altstadt** von Burgos als Ballungsraum der Monumente. Gut, die Kathedrale stellt ohnehin alles in den Schatten, aber Burgos bietet weit mehr. Zum Beispiel die **Kirche San Esteban** in der Calle San Esteban (13. bis 14. Jahrhundert), die **Kirche San Gil** in der Calle Trinidad (14. Jahrhundert) und – in der Calle de San Lorenzo – die barocke **Kirche San Lorenzo**.

Etwas höher liegen zunächst die **Kirche San Nicolás de Bari** (prächtiges Retabel des Simon und von Franz von Köln) und noch weiter oben die Ruinen der in den Parque del Castillo eingebetteten mittelalterlichen **Burg** *(castillo)*. Der Burghügel, von dem aus Sie einen sehr schönen Blick auf Altstadt, Kathedrale und das Umland genießen, trägt noch einige Reste der alten Stadtmauer. Nach der Anstrengung empfiehlt sich gegrilltes Lamm im Restaurantviertel, das sich um die **Plaza de Santa María** und den **Arco de Santa María**, den Carlos V gewidmeten Triumphbogen, erstreckt. Alternativ dazu eine Wein-und -Häppchen-Rast an der Platanenpromenade parallel zum Fluß, dem **Paseo del Espolón**, oder an der ausladenden **Plaza Mayor** mit ihren Arkaden und dem barocken Rathaus.

Die Markierungen am Rathaus-Unterbau zeigen an, wie oft und wie weit der nahe Río Arlanzón über seine Ufer getreten ist. An den Reconquista-Helden El Cid alias Rodrigo Díaz de Vivar (1043–99) erinnert das **Reiterdenkmal** an der Plaza del Cid. Italiens unfreiwilligen Amerika-Entdecker Christoph Kolumbus empfingen die Katholischen Könige in der palastgleichen **Casa del Cordón**, ehe er zu seiner zweiten Fahrt über den Atlantik aufbrach. Heute angelt sich in der Casa del Cordón eine Bank ihre Kunden.

Am Paseo del Espolón

Im Monasterio de las Huelgas

Infos zu den Unterkünften in Burgos finden Sie auf S. 87.

Oficina de Turismo
Plaza Alonso Martínez, 7
✆ 947 20 31 25, Fax 947 27 65 29
Das **städtische Auskunftsbüro** finden Sie direkt an der Plaza de San Fernando, ✆ 947 26 53 75.

Restaurante Mesón del Cid
Plaza de Santa María, s/n
✆ 947 20 59 71
Die hiesigen Lammspezialitäten *(cordero asado)* haben einen guten Ruf über die Provinzgrenzen hinaus. Zentral gelegen bei der Kathedrale. Qualität hat ihren Preis. PP–PPP

Restaurante Mesón Burgos
Calle de la Sombrerería, 8
✆ 947 20 61 50
Der in Holz und Keramik gehaltene urige Barbereich eignet sich hervorragend für einen Aperitif, dann hinauf in den Speiseraum oder – im Sommer – zu den Tischchen auf die Straße (Fußgängerzone). Spezialitäten: Lachs *(salmón)* und Lamm *(cordero)*, mehrere Salate zur Auswahl. P–PP

Restaurante Hermanos Alonso
Calle de la Llana de Afuera, 5
✆ 947 20 17 11
Etwas versteckt nahe der Kathedrale gelegen. Verschiedene Menüs zur Wahl, sehr gut das Hausmenü *(menú de la casa)*. Kleine Eierspeisen, Schafsrippchen, Lachs. P–PP

Restaurante Encarna
Calle de Huerto del Rey, 19
✆ 947 20 34 39
Gute Hausmannskost in diesem von vielen Einheimischen frequentierten Altstadtrestaurant. Verschiedene Menüs

zur Auswahl, das günstige Hausmenü *(menú de la casa)* gibt es auch abends. P–PP

Nett draußen sitzen Sie zur wärmeren Jahreszeit in Freiluftcafés und -bars am Paseo del Espolón und an der Plaza Mayor.

Kathedrale Santa María
Plaza Santa María/Plaza San Fernando
Tägl. 9.30–13 und 16–19 Uhr

Real Monasterio de las Huelgas
In der Weststadt, von der Ausfallstraße Richtung León nach links ausgeschildert
April–Sept. Di–Sa 10.30–13.15 und 16–17.45, So 10.30–14.15 Uhr; sonst Di–Fr 11–13.15 und 16–17.15, Sa 11–13.15 und 16–17.45, So 10.30–14.15 Uhr (recht hoher Eintritt)

Cartuja de Miraflores
Ca. 4 km östl. der Kernstadt
Mo–Sa 10.15–15 und 16–18, So 11.20–12.30, 13–15 und 16–18 Uhr

Kirche San Nicolás de Bari
Oberhalb der Plaza de Santa María
Sommer Mo–Sa 9–14 und 16–20, So 9–14 und 17–18 Uhr; sonst Mo 9–20, Di–Fr 18.30–19.30, Sa 9.30–14 und 17–19, So 9–14 und 17–18 Uhr

Museo de Farmacia
Plaza de San Fernando, s/n
Di–Sa 11–14 und 17–21, So 11–14 Uhr
Apothekenmuseum im Triumphbogen Arco de Santa María, u. a. mit alten Behältnissen der Apotheke des Hospitals San Juan.

Museo de Burgos
Calle Calera, 25
Di–Fr 9.45–14 und 16.15–19, Sa und So 10–14 Uhr
Provinzmuseum mit einer Spanne von der Archäologie bis zu den Schönen Künsten.

Museo del Retablo
Calle de San Esteban, s/n (Iglesia de San Esteban)
Mai–Nov. Di–Sa 10.30–14 und 16.30–19, So 10.30–14 Uhr; sonst nur Sa 10.30–14 und 16.30–19, So 10.30–14 Uhr
Altaraufsätze aus dem 16./17. Jh.

Museo de Pintura Marceliano Santa María
Plaza de San Juan, s/n
Di–Sa 10–14 und 17–20, So 10–14 Uhr
Museum mit einer Werkschau des Malers Marceliano Santa María (1866– 1953).

Teatro Principal
Plaza del Cid, s/n
✆ 947 25 81 85
Haus für Theater und Konzerte.

In der Fußgängerzone (nahe der Plaza Mayor bzw. in der Calle Paloma) mehrere **Feinkostläden,** die Schinken und Weine aus den Anbaugebieten am Río Duero (Ribera del Duero) im Angebot führen.

Estación de Autobuses
Calle Miranda, 4
✆ 947 28 88 55
Busse u. a. nach Bilbao, La Coruña, León, Logroño, Madrid, Palencia, Pamplona, San Sebastián, Santander, Santiago de Compostela, Valladolid und Vitoria.

Estación de Ferrocarriles
Avenida Conde Guadalorce, s/n
✆ 947 20 35 60
Züge u.a. nach Bilbao, Irún, Madrid, Pamplona und Vitoria.

Wichtigste Feste

Osterprozession am Karfreitag, große **Fronleichnamsprozession**, **Fiestas de San Pedro y San Pablo** rund um den 29. Juni (inklusive Umzügen und viel Straßenmusik der *peñas*, der Festgruppen).

Ausflüge ab Burgos

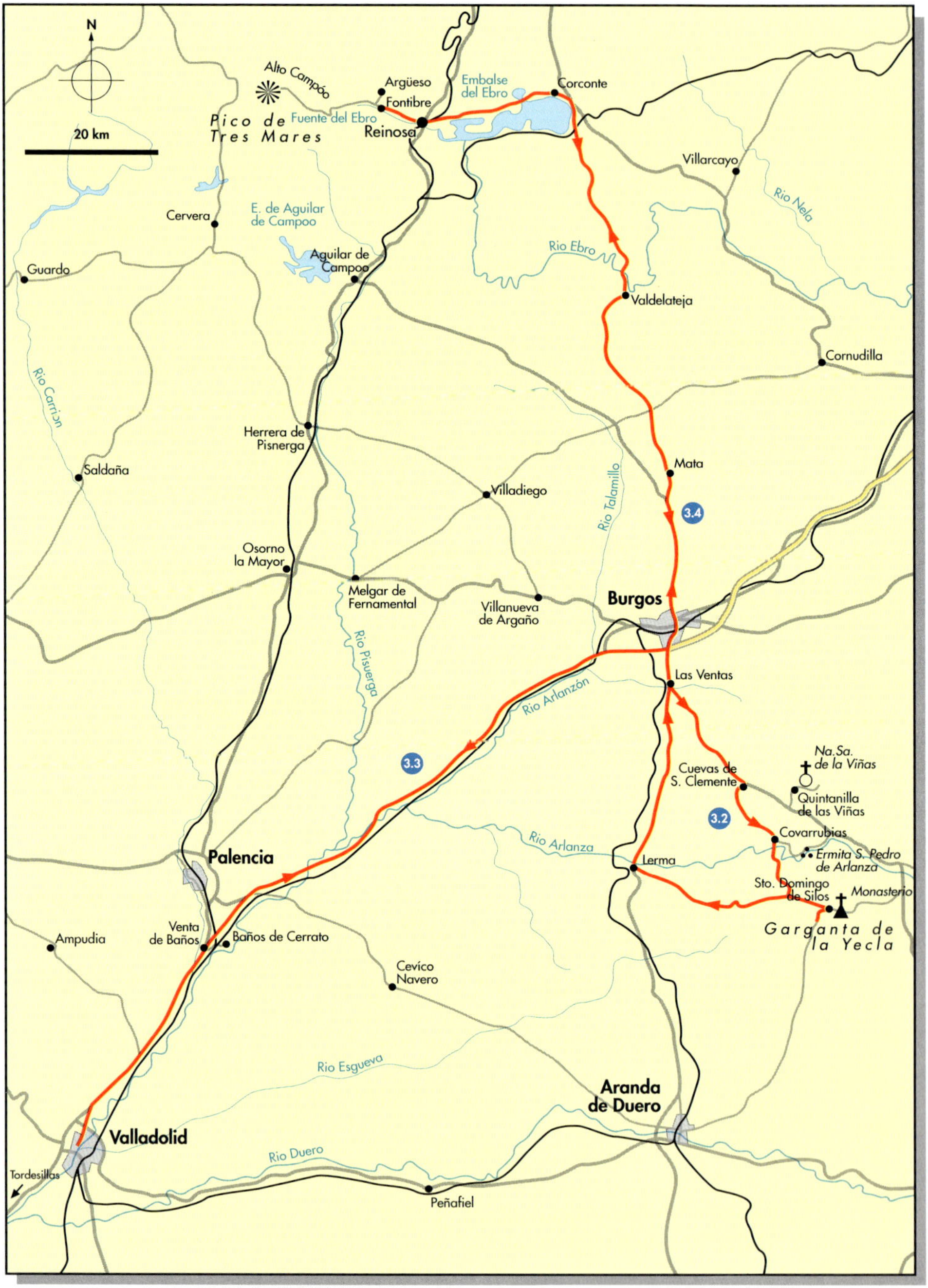

3.2 Museumsschätze und Mönchsgesänge

3.2 Route: Burgos – Cuevas de San Clemente – Covarrubias – Santo Domingo de Silos – Lerma – Burgos (136 km)

Vormittag

Südlich von **Burgos** auf der N-I bei Las Ventas Abzweig auf die N-234, in **Cuevas de San Clemente** ausgeschilderter Rechts-Abzweig nach **Covarrubias** (Bummel durch die mittelalterlich anmutende Altstadt, Besuch des Kirchenmuseums). Am späten Vormittag ab Covarrubias ins 17 km südöstlich gelegene **Santo Domingo de Silos**, dort Besuch des Klosterkreuzgangs.

Nachmittag

Ab Santo Domingo de Silos Kurzabstecher und Wanderung durch die etwa 3 km entfernte **La-Yecla-Klamm**. Weiter nach **Lerma**, Bummel durch die alte Herzogsstadt. Auf der N-I zurück nach **Burgos**.

Alternativen & Extras: Wer mag, läßt bei der Tour die Musik den Ton angeben, da es in der **Klosterkirche von Santo Domingo de Silos** möglich ist, den hervorragenden **gregorianischen Gesängen** der Benediktiner zu lauschen (werktags 9, So und feiertags 12, abends in der Regel um 19 Uhr, mit Ausnahme der Donnerstage im Sommer, dann 20 Uhr). Mit Blick auf diese Uhrzeiten kann man bei Interesse den Tag abstimmen, Lerma ggf. auch auslassen.

Auf der Strecke sind kleinere **Abstecher** möglich:
– Ab Cuevas de San Clemente noch einige Kilometer weiter südöstlich auf der N-234, dann ausgeschilderter Links-Abzweig nach **Quintanilla de las Viñas**. Dort etwas außerhalb des Ortes und zu Füßen des Gebirgsstocks Peña de Lara die aus dem 7. Jh. datierende westgotische **Kirche Santa María** mit Außenverzierungen aus Friesen und Monogrammen (Öffnungszeiten wenig verläßlich, offiziell: April–Sept. tägl. außer Mo 9.30–14 und 16–19, sonst tägl. außer Mo 9–16 Uhr).
– Etwa 6 km südöstlich von Covarrubias ragen aus dem Tal des Río Arlanza die Ruinen des einstigen, im 10. Jh. begründeten **Benediktinerklosters San Pedro de Arlanza** auf. Hier sind umfangreiche Restaurierungsmaßnahmen geplant.

Auf zu den versteckten Schätzen der burgalesischen Provinz! So wie das ins ländliche Abseits und das Tal des Arlanza gebettete **Covarrubias** mit Gäßchen, Plätzen und balkengestützten Fachwerkhäusern. Hier hält sich das Mittelalter frisch und die Erinnerung an den Grafen Fernán González wach. Der schwang sich im 10. Jahrhundert zum ersten unabhängigen Grafen Kastiliens auf und brachte seinen blaublütigen Sohn Garcí Fernández und sein *Castilla* auf die Siegesstrecke: als späteres Königreich, geographischen Kernraum der Reconquista und kulturellen Mittelpunkt der Halbinsel. Auch wenn sich letzterer im Fortlauf der Geschichte weiter gen Süden verschob.

Egal, die »Wiege Kastiliens« steht in Covarrubias. Und Fernán González ruht in der Kirche San Cosme y San Damián in einem ein halbes Jahrtausend zuvor gefertigten spätrömischen Sarkophag. Wer Glück hat (und Spanisch spricht), gerät an den Pfarrer, der manchen Besuchern selbst die Tore öffnet, die ins Allerheiligste führen: in den Kreuzgang und ins Museum mit Steigerung von Raum zu Raum. Auf Skulpturen und Gewänder folgt zum guten Schluß ein dem flämisch-spanischen Bildhauer Gil de Siloé zugeschriebenes Triptychon mit dem meisterhaften Motiv der Anbetung der Heiligen Drei Könige.

17 Kilometer südöstlich von Covarrubias hat sich der Ort **Santo Domingo de Silos** um das gleichnamige Benediktinerkloster entwickelt. Dessen Name geht auf einen Abt aus dem 11. Jahrhundert zurück, der die Gemeinschaft nach den unruhigen Zeiten maurischer Übergriffe wieder aufbaute und zu kultureller Blüte führte als weithin bekannte Schreibschule und Wirkungskreis von Kunsthandwerkern jedweder Art.

Ein bauliches Meisterwerk ist der doppelstöckige romanische Kreuzgang – und ein Hort der Stille und Anmut – so-

Kloster Santo Domingo de Silos

Meisterwerk der Steinmetzarbeit: der Kreuzgang des Klosters Santo Domingo de Silos

fern sich nicht Besuchergruppen durch die eingeschränkten Öffnungszeiten ballen. Im Kreuzgang erweist sich die mudejare Kassettendecke aus dem 14. Jahrhundert ebenso als Meisterwerk der Steinmetzkunst wie jeder Bogen, jede Doppelsäule, jedes Kapitell und jedes der acht Basisreliefs aus dem 11. und 12. Jahrhundert. In den Kapitellen finden sich kämpfende Löwen, Vögel, Jesus, der in Jerusalem einzieht, ebenso wie Kobolde, Geister und Monsterfiguren. Dann die Basisreliefs: Christi Himmelfahrt, der Heilige Geist kommt in steinernen Wolkenwellen über die Jünger, Kreuzabnahme und Auferstehung, der Zweifel des heiligen Thomas. Und bei Jesus und den Jüngern von Emmaus sieht man den Gottessohn als Pilger, um den Hals eine Tasche mit der aufgesetzten Jakobsmuschel.

Die geballte Klosterkultur von Silos verlangt danach, verarbeitet zu werden. Bei einem Spaziergang durch die nahe **La-Yecla-Klamm**, zum Beispiel, oder noch besser, durch die Teilnahme an der abendlichen Vesper mit den *cantos gregorianos*, den gregorianischen Gesängen der Silos-Mönche.

Wenig besiedelte und von der Landflucht ausgedünnte Gebiete prägen den Weg nach **Lerma**. Dort hatte sich der berühmt-berüchtigte Francisco Gómez de Sandoval y Rojas (1553–1623), der Herzog von Lerma, zu Zeiten seines Königs Felipe III vom Architekten Francisco de Mora ein von Größenwahn geprägtes, pompöses Herzogspalais bauen lassen. Überhaupt lagen die Geschicke Spaniens in jenen Jahren weniger in königlicher denn in herzoglicher Hand, inklusive der Vertreibung der letzten Mauren 1609.

Ab Lerma gelangt man am Abend ohne weitere Unterbrechungen auf der doppelspurigen N-I nach Burgos.

3.2 **Infos:** Covarrubias

Oficina de Turismo
Calle Monseñor Vargas, s/n
Covarrubias
✆ 947 40 64 61
Arrangements von Ortsführungen durch die kleine Altstadt. Außerdem Informationen über Unterkunftsmöglichkeiten in einigen jüngst eröffneten Landhäusern *(casas rurales)*.

Hotel Arlanza
Plaza Mayor, 11
Covarrubias
✆ 947 40 64 41, Fax 947 40 63 59
Zentrales, solides Drei-Sterne-Hotel. Mit Restaurant. PP

Im überschaubaren historischen Viertel von **Covarrubias** mehrere gemütliche Bars, in denen man auch etwas essen kann.

Als Sehenswürdigkeiten bietet **Covarrubias** die **Kirche San Cosme y San Damián** mit Adelsgräbern (u. a. Graf Fernán González), Kreuzgang (mit Grabmal der Prinzessin Kristina von Norwegen aus dem 13. Jh.) und dem hochinteressanten **Pfarrmuseum** mit Skulpturen aus mehreren Jahrhunderten und einem Flügelaltar vom Ende des 15. oder Beginn des 16. Jhs. (Museo Parroquial; Mo sowie Mi–Sa 10.30–14 und 16–19, So 10.30–12 und 16–19 Uhr). Ebenfalls sehenswert: die **Stadtmauerreste** zum Fluß hin, der **Torreón de Fernán González** (auch Torreón de Doña Urraca, Turm aus dem 10. Jh.), der **Arco del Archivo del Adelantamiento de Castilla** (Bogen aus dem 16. Jh.; mit Touristenbüro und Wappen Felipe II) sowie die **Plaza Doña Sancha** (mit Steinkreuz aus dem 16. Jh.) und die **Plaza Doña Urraca**.

Kein High-Tech, dafür aber viel Zeit: Bauer in der Provinz Burgos

3.2 **Infos:** Covarruhias – Lerma

Mehrere kleine **Trödelgeschäfte** im Ortskern von **Covarrubias**.

Hotel Tres Coronas
Plaza Mayor, 6
Santo Domingo de Silos
✆ 947 39 00 47, Fax 947 39 00 65
Kleines Drei-Sterne-Haus. Einen Stern weniger und etwas preiswerter das **Hotel Tres Coronas II**, das ebenfalls zentral an der Plaza Mayor gelegen ist.
PP

Mehrere **Bars** an der Ortsdurchgangsstraße und am zentralen Platz von **Santo Domingo de Silos**.

Kloster Santo Domingo de Silos
Mo 16.30–18, Di–Sa 10–13 und 16.30–18 Uhr
Führungen; Foto- und Filmerlaubnis kostet extra. Nachteil der sehr begrenzten Öffnungszeiten: in der Hauptsaison kann es zu langen Schlangen am Eingang kommen. Separater Eingang zur klassizistischen Kirche mit der Grabkapelle des Abtes Santo Domingo de Silos. Besuchenswert auch die alte Apotheke. Tonträger mit den gregorianischen Gesängen der Benediktinermönche im Souvenirshop des Klosters.

Keramikläden an der Ortsdurchfahrtsstraße von **Santo Domingo de Silos**.

La-Yecla-Klamm
Ca. 3 km südwestl. von Santo Domingo de Silos (ausgeschildert an der Straße nach Caleruega)
Spaziergang auf extrem engem Pfad. Dauer etwa 10 Minuten. Mit Glück kann man hier verschiedene Geierarten beobachten.

Centro de Iniciativas Turísticas
Calle Audiencia, 6, bajo
Lerma
✆ 947 17 01 43
Organisierte Führungen durch das Städtchen gegen relativ geringen Kostenbeitrag (Mo und Di geschl.).

Impression aus Santo Domingo de Silos

Hostal Ángeles
Plaza Primo de Rivera, 18
Lerma
✆ 947 17 09 62
Preisgünstige Sechs-Zimmer-Pension. P

Monumentales Stadtbild von **Lerma** auf dem Hügel über dem Río Arlanza mit der **Stiftskirche San Pedro** und dem **Herzogspalast** (Palacio Ducal; beide 17. Jh.) sowie den **Klöstern** Madre de Dios, San Blas und Ascensión de Nuestro Señor.

Wichtigste Feste

In Covarrubias Kirschenfest (*Fiesta de la Cereza*, da hier großes Kirschanbaugebiet) und **mittelalterlicher Markt** (*Mercado medieval*) am zweiten Sonntag im Jul; **Patronatsfest San Cosme y San Damián** am 26./27. September. **In Lerma Osterprozessionen** und **Patronatsfeierlichkeiten** am 8./9. September.

3.3 Monumentaler Reichtum
Valladolid

3.3 Route: Burgos – Valladolid – Burgos (242 km)

Vormittag — Von **Burgos** sehr früh auf der N-620 bis **Valladolid**. Bummel durch die **Altstadt**, **Kathedrale**, **Kirche San Pablo**, **Plaza Mayor** mit Rathaus, **Museen** (am schönsten: Skulpturenmuseum im Colegio de San Gregorio).

Nachmittag — Spaziergang durch den **Campo-Grande-Park**, **Kolumbus-Haus**, **Cervantes-Haus**, Rückfahrt auf derselben Strecke nach **Burgos**.

Den Routenverlauf finden Sie in der Karte auf S. 94.

Alternativen & Extras: Die Tour läßt sich um folgende Punkte erweitern:
– Auf der Hin- oder Rückfahrt Abstecher nach **Palencia**, das auf Höhe von Magaz (74 km südwestlich von Burgos) nur 10 km abseits der N-620 liegt. Sehenswert in der knapp 80 000 Einwohner starken Hauptstadt der gleichnamigen Provinz: die **Plaza Mayor** (Rathausplatz), die **Calle Mayor** mit ihren Laubengängen, die gotische **Kathedrale**, das **Kathedralmuseum** mit einem El-Greco-Bild des San Sebastián, das in der aus dem 16. Jh. datierenden Casa del Cordón untergebrachte **Archäologische Provinzmuseum**, die mittelalterlichen **Kirchen San Francisco** (mudejare Deckentäfelung in der Sakristei) und **San Miguel** sowie die moderne, riesige Christusstatue am nördlichen Rand der Stadt (der Cristo del Otero, ein Werk des Bildhauers Victorio Macho). Wichtig für die Geschichte Spaniens war die Gründung der **Universität** im 13. Jh. Palencias städtisches Informationsbüro (Oficina Municipal de Turismo) finden Sie in der Calle Mayor, 7 (✆ 979 71 81 34). Angesichts der ohnehin zeitintensiven Exkursion nach Valladolid sollte man bei einem umfangreicheren Besuch von Palencia eine **Zwischenübernachtung** einplanen.
– Bei Venta de Baños und rund 10 km südöstlich von Palencia liegt, etwas abseits der N-620, **Baños de Cerrato** mit der auf westgotische Zeiten zurückgehenden **Basílica de San Juan Bautista** (offiziell geöffnet, wenn auch nicht immer zuverlässig: Di–So 10.30–13.30 Uhr).

– 24 km südwestlich von Palencia erreichen Sie **Ampudia** mit seiner trutzigen, spätmittelalterlichen **Schloßanlage** und der **Stiftskirche** *(colegiata)* aus dem 13.–17. Jh.).
– Knapp 60 km östlich von Valladolid gelangt man in das 5 000-Einwohner-Städtchen **Peñafiel** mit seiner zum Nationalmonument erklärten mittelalterlichen **Trutzburg**.
– Das rund 30 km südwestlich von Valladolid gelegene Duero-Städtchen **Tordesillas** ist bekannt wegen des hier 1494 abgeschlossenenen Vertrags von Tordesillas, mit dem Spanien und Portugal offiziell ihre Entdeckungsgebiete abgrenzten. Außerdem war Tordesillas Witwenruhesitz von Johanna der Wahnsinnigen. Stadtbild mit Herrenhäusern, Plaza Mayor, gotischer Kirche San Antolín, Höhepunkt ist der Besuch des **Klosters Santa Clara** (ursprünglich Palast, Mudéjarkunst des 14. Jhs.). Gediegene Unterkunft in Tordesillas bietet der **Drei-Sterne-Parador** (Carretera de Salamanca, 5; ✆ 983 77 00 51, Fax 983 77 10 13).

Eine typisch kastilische Stadt ist sie, mit allem Für und Wider, mit Glanz und Abglanz. **Valladolid** bietet gesichtslose Wohnghettos und prächtige Kulturdenkmäler, die von Laubengängen umgebene **Plaza Mayor** mit dem Rathaus und ausgedehnte grüne Lungen (wie den **Parque del Campo Grande**), dröhnenden Verkehrslärm und Studentenkapellen, die in ihren wehenden Umhängen herrlich schmalzige Liebeslieder wie das von den »Clavelitos«, den »kleinen Nelken« fürs Herz, intonieren. Glück muß man haben, um eine solche *tuna* zu erleben (meist in einer Kneipe) – oder anbetungswürdig sein.

Die 335 000-Einwohner-Stadt am Río Pisuerga, im 15. und 16. Jahrhundert

Rathausfassade in Valladolid

An der Plaza Mayor

Cervantes-Denkmal

Residenz kastilischer Könige, ist heute Sitz einer Universität und Verwaltungsmetropole Kastilien-Leóns. In vielerlei Hinsicht nimmt sie einen wichtigen Platz in Spaniens Historie ein: Hier schlossen die katholischen Könige Isabella und Fernando 1469 im Viveros-Palast den Bund fürs Leben, **Christoph Kolumbus** starb 1506 hier vereinsamt in einem **Haus in der heutigen Calle Colón**, und seine sterblichen Überreste gingen auf Weltreise: von Sevilla über Santo Domingo nach Havanna und zurück nach Sevilla. Außerdem erblickte der spanischen König Felipe II 1527 im Pimentel-Palast das Licht der Welt. Er pflegte einen strengen Katholizismus, und unter seiner Regentschaft versanken (1588) die Schiffe der »Unbesiegbaren Armada«.

In Valladolid blättert sich außerdem die ein oder andere Seite spanischer Literaturgeschichte auf, verknüpft mit der Heimat des Romantik-Poeten und Dramatikers José Zorrilla (1817–93). Auch Vorzeige-Dichter **Miguel de Cervantes Saavedra** (1547–1616) war hier. Eingangs des 17. Jahrhunderts lebte er mehrere Jahre lang in einem **Haus in der Calle Rastro** – eine neue Etappe in seinem abenteuerlichen, von Gefängnisaufenthalten und der Verstümmelung der linken Hand geprägten Leben. Zu jener Zeit erschien der Teil I »Leben und Taten des scharfsinnigen Edlen Don Quijote von La Mancha«.

Bei einer Feuerkatastrophe im Jahre 1561 wurde Valladolid weitgehend seiner historischen Substanz beraubt. Gleichwohl trumpft es mit einer großen

Kirche San Pablo

Denkmal auf der Plaza Mayor

Zahl an historischen Monumenten (im engeren Stadtgebiet rund 60) auf, unter anderem mit der vom Escorial-Vollender Juan de Herrera mitgestalten **Kathedrale**. Typisch für eine spanische Stadt: Geldmangel führte ihren Bau zu einem natürlichen Abschluß.

Insofern glänzt Valladolid mit prächtigeren Gotteshäusern. Wie der **Kirche San Pablo** mit ihrer prachtvollen Fassade im Stil der isabellinischen Gotik oder dem **Colegio de San Gregorio**, an dem der überbordende Fassadenschmuck sofort ins Auge fällt. Hier verliert das Gestein an Schwere, geht leichtfüßig-elegant im Stile der Spätgotik auf. Ebenfalls sehenswert ist der filigrane Innenhof von San Gregorio.

Als weitere religiöse Baudenkmäler ragen die nahe der Kathedrale gelegene **Kirche Santa María la Antigua** mit ihrem romanischem Glockenturm, das im 14. Jahrhundert auf den Resten des Königlichen *Alcázar* erbaute **Kloster San Benito el Real** und die **Kirche Vera Cruz** hervor, deren reich dekorierte Fassade am Ende des 16. Jahrhunderts gestaltet wurde. Damit noch nicht genug: In der Calle Encarnación trägt **das Kloster Santa Isabel** zum monumentalen Reichtum der Stadt bei; der Konvent selbst stammt aus dem 15., sein Kreuzgang aus dem 16. Jahrhundert. An der Plaza Santa Ana schließlich kann man beim Besuch des **Klosters San Joaquín y Santa Ana** noch in dem angeschlossenen Museum religiöser Kunst und dem Convento de Santa Ana aus dem 18. Jahrhundert mit seinen drei Goya-Gemälden vorbeischauen.

3.3 **Infos:** Valladolid

Oficina de Turismo
Calle Santiago, 19, bajo
✆ 983 34 40 13, Fax 983 35 47 31
sotur@sotur.cict.jcyl.es

Hotel Meliá Olid
Plaza de San Miguel, 10
✆ 983 35 72 00, Fax 983 33 68 28
Gesichtslos, aber zentral. Vier Sterne, über 200 Zimmer. Mit Restaurant, Bar, *parking*. PPP

Hotel Imperial
Calle del Peso, 4
✆ 983 33 03 00, Fax 983 33 08 13
Zentrales Zwei Sterne Haus nahe der Plaza Mayor, Zimmer mit Bad und TV. Restaurant. PP

Restaurante Cervantes
Rastro, 6
✆ 983 30 61 38
Gourmettempel mit und dem gewissen Etwas, u. a. mit Pilzen gefüllte Paprika sowie Hirsch in schmackhafter Sauce. PPP

Restaurante Ángela
Doctor Cazalla, 1
✆ 983 35 06 23
Gepflegte kastilische Küche, in der weder Kartoffeln noch Rindfleisch fehlen dürfen. Mit dem Tagesmenü *(menú del día)* speist man preiswerter als à la carte. PP–PPP

Kathedrale mit Kathedralmuseum
Calle Arribas, 1
Di–Sa 10–13.30 und 16.30–19, So 10–14 Uhr

Kirche San Pablo
Plaza de San Pablo, s/n
Für Besucher in der Regel zugänglich kurz vor und nach den Gottesdienstzeiten (Gottesdienste Mo–Fr 8, 9 13.15, 20 und 21, Sa 20 und 21 Uhr, So stündlich von 8.30–13.30 Uhr, außerdem 18.30, 19.30 und 21 Uhr).

Kirche Santa María La Antigua
Plaza de la Antigua
Für Besucher in der Regel zugänglich kurz vor und nach den Gottesdienstzeiten (Gottesdienste Mo–Fr 9.30 und 19.30, Sa 19.15, So 10.15, 11.15, 12.15, 13.15 und 19.15 Uhr).

Kloster San Benito el Real
Calle San Benito, s/n
Für Besucher in der Regel zugänglich kurz vor und nach den Gottesdienstzeiten (Gottesdienste Mo–Fr 8, 10, 13, 20 und 21, Sa 20 und 21 Uhr, So stündlich 8–14 sowie 18.30, 20 und 21 Uhr).

Kirche Vera Cruz
Calle Platerías, s/n
Für Besucher in der Regel zugänglich kurz vor und nach den Gottesdienstzeiten (Gottesdienste Mo–Sa 20, So 12.30 Uhr).

Kloster Santa Isabel
Calle Encarnación, 6
✆ 983 35 21 39
Keine fest geregelten Öffnungszeiten. Besuche in der Regel nach telefonischer Voranmeldung.

Kloster San Joaquín y Santa Ana
Plaza Santa Ana, 4
Mo–Fr 10–13.30 und 17–20, Sa 10–14.30 Uhr, So geschl.

Museo Nacional de Escultura
Calle Cadenas de San Gregorio, 1
Di–Sa 10–14 und 16–18, So 10–14 Uhr
Skulpturensammlung mit Exponaten aus mehreren Jahrhunderten, untergebracht im spätmittelalterlichen Colegio de San Gregorio.

Casa-Museo Colón
Calle Colón, s/n
Di–Sa 10–14 und 17–19, So 10–14 Uhr
Im Kolumbus-Haus Dokumente aus der Kolonialgeschichte, Exponate der altamerikanischen Kulturen.

Absender:

Name/Firma

Straße

PLZ, Ort

E-Mail

Sie sollten einen Reiseführer zu

.... machen.

❑ Bitte informieren Sie mich laufend über Ihr Reiseführerprogramm.

Bitte freimachen

VISTA POINT VERLAG

Postfach 27 05 72

D-50511 Köln

Zum Titel: ....

Ja / Nein

❑ ❑ Ich habe den Reiseführer in einer Buchhandlung gekauft.

❑ ❑ Der Reiseführer wurde mir geschenkt.

Ja / Nein

❑ ❑ Der Reiseführer ist mir empfohlen worden.

Von ....

Mein Kommentar:..

....

....

....

....

....

3.3 **Infos:** Valladolid

Museo de Valladolid
Plaza de Fabio Nelli, s/n
Di–Fr 9.45–14 und 16–19.15, Sa und So 9.45–14.15 Uhr
Abteilungen zu Archäologie, Stadtgeschichte und Schönen Künsten, untergebracht im Palacio de Fabio Neli (16. Jh.).

Museo Diocesano y Catedralicio
Calle Arribas, 1
Di–Fr 10–13.30 und 16.30–19, Sa und So 10–14 Uhr
Diözesanmuseum mit Skulpturen und Gemälden.

Casa-Museo de Zorrilla
Calle Fray Luis de Granada, 2
Di–Sa 10–14 und 17–19, So 10–14 Uhr
Geburtshaus des Dichters José Zorrilla mit persönlichen Objekten und Mobiliar aus der Epoche.

Casa-Museo de Cervantes
Calle Rastro, s/n
Di–Sa 9.30–15.30, So 10–15 Uhr
Cervantes-Haus.

Aeropuerto
Carretera Nacional 601, s/n
Flughafen rund 10 km nordwestl. der Stadt bei Villanubla
✆ 983 41 54 00

Estación de Autobuses
Puente Colgante, 2
✆ 983 23 63 08

Estación de Ferrocarriles
Calle de la Estación, s/n
✆ 983 20 02 02
Züge u. a. nach Madrid, León, Irún und Zaragoza.

Wichtigste Feste

Karwoche *(Semana Santa)* mit bekannter **Karfreitagsprozession**; buntes **Stadtfest** Mitte September *(Fiestas de San Mateo)*; Ende Oktober **Internationale Filmwoche** *(Semana Internacional de Cine)* mit einem Programm aus Spiel-, Dokumentar- und Kurzfilmen.

Monumentales aus Valladolid: Akademie der Kavallerie

3.4 Wasserarme in saftigem Grün

3.4 Route: Burgos – Ebro-Stausee – Reinosa – Fontibre und Ebro-Quelle – Burgos (232 km)

Vormittag	Von **Burgos** auf der N-623 nordwärts Richtung Ebro-Stausee, wenige Kilometer hinter Cabañas de Virtus ausgeschilderter Links-Abzweig nach Reinosa und am Nordufer des Ebro-Stausees entlang bis **Reinosa** und weiter bis **Fontibre** (Ebro-Quelle).
Nachmittag	Je nach Interesse Vogelbeobachtungen am **Ebro-Stausee**, Rückfahrt nach **Burgos** auf derselben Strecke.

Den Routenverlauf finden Sie in der Karte auf S. 94.

Alternativen & Extras: Zu den Ausflugsmöglichkeiten ab Reinosa zählen das knapp 10 km entfernte **Argüeso** im Nordwesten (spätmittelalterliches Schloß) und das rund 25 km westlich gelegene Hochgebirgs- und Wintersportgebiet um **Brañavieja/Alto de Campoo**.

Der heutige Ausflug führt hoch in die grünen Berge und ins kantabrische Hinterland. Eine besondere Attraktion an der Strecke ist der hiesige **Ebro-Stausee** *(Embalse de Ebro)*. Auf annähernd 70 Quadratkilometern staut sich der junge Ebro, Spaniens längster Strom, seit Mitte der 1940er Jahre in den saftiggrünen Gebirgszonen auf und breitet seine wäßrigen Arme aus, unter anderem auch über die einst gefluteten Dörfer Medianedo, Quintanilla Valdearroyo und La Magdalena. Auf und an dem See geben sich Haubentaucher, Kolbenenten und andere Wasservögel ein munteres Stelldichein.

Das **Quellgebiet des Ebro** liegt westlich von **Reinosa** bei **Fontibre**, wo der Strom hochoffiziell hervortritt *(Nacimiento del Río Ebro)* – dort freilich hat er Geologen zufolge die ersten 20 und teils unterirdisch verlaufenden Kilometer bereits hinter sich (und noch über 900 Kilometer bis zum Mittelmeer vor sich). Egal, alleine die klare Höhenfrische und die unverbrauchte Gegend rechtfertigen den Ausflug. Für Bilderwechsel rund um den weitläufig von Hügeln umschlossenen Stausee sorgen Pferdekoppeln und Rinderställe, Kiefernwäldchen, Ginstersträucher, Straßenhunde, winzige Dörfer und kaltes Grasland hinter Mauern aus Bruchstein. Erinnert stark an Irland, könnte der Globetrotter-Schluß lauten, bevor ihn der Rückweg nach Burgos wieder in die spanische Realität zurückholt.

3.4 **Infos:** Reinosa

Oficina de Turismo
Avenida de Puente de Carlos III, s/n
Reinosa
✆ 942 75 52 15

Hotel Vejo
Avenida Cantabria, 83
Reinosa
✆ 942 75 15 00, Fax 942 75 47 63
Recht stattliches Hotel (mit drei Sternen und 70 Zimmern) für ein Städtchen dieser Größe (12 000 Einwohner). Durchschnitt. PP

Wichtigste Feste

In **Reinosa** um den 20. Januar **Patronatsfest** zu Ehren von San Sebastián, Ende September die aus den traditionellen Viehmärkten hervorgegangenen *Fiestas de San Mateo* (viel Folklore, Landsportwettkämpfe).

Ebro-Stausee bei Reinosa

4 Auf dem Jakobsweg von Burgos nach Santiago de Compostela

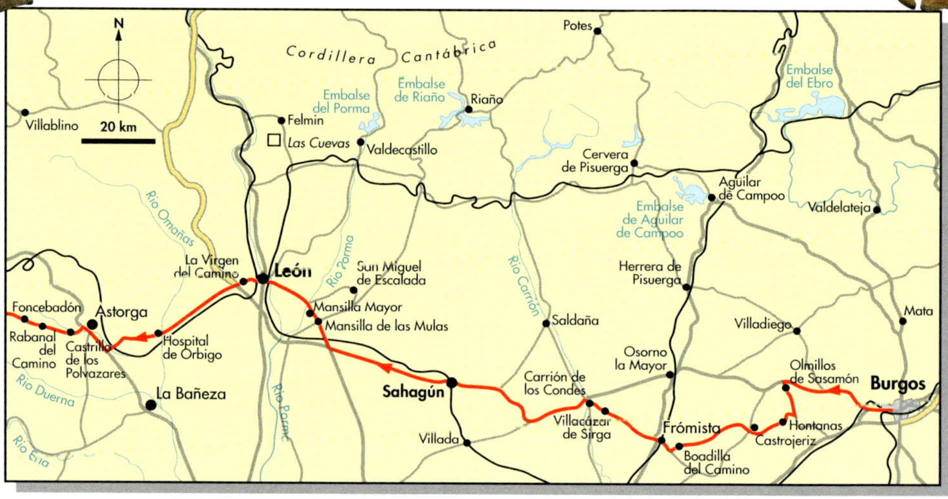

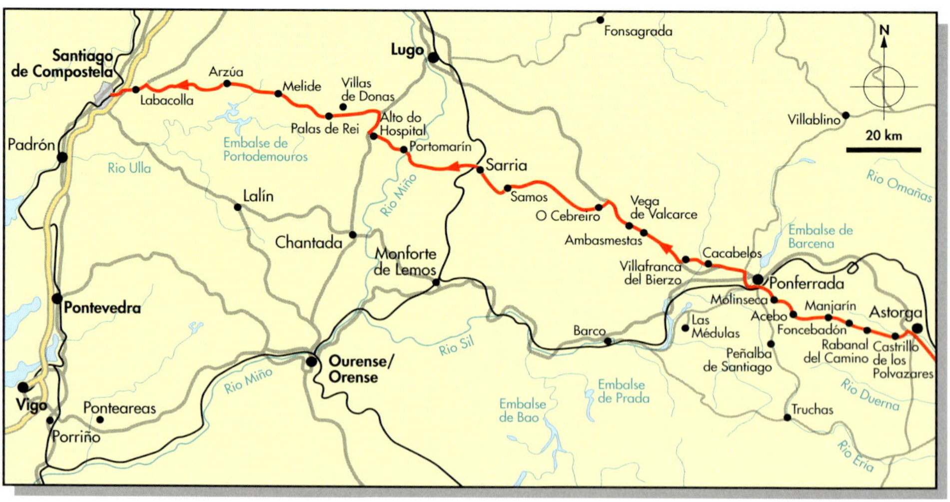

4. Route: Burgos – Castrojeriz – León – Astorga – Ponferrada – El Cebrero/O Cebreiro – Sarria – Arzúa – Santiago de Compostela (523 km)

km	Route
0	Ab **Burgos** auf der N-120 bis
31	**Olmillos de Sasamón**, Links-Abzweig auf den *Camino de Santiago* (Nebenstrecke) nach
52	**Castrojeriz**, ab hier auf dem ausgeschilderten **Camino de Santiago** nach
77	**Frómista**, weiter auf dem *Camino de Santiago* nach
96	**Carrión de los Condes** (Unterkunft), am Ortsende Rückkehr auf die N-120 und über
137	**Sahagún** nach
201	**León** (Unterkunft); ab León auf der N-120 nach
248	**Astorga** (Unterkunft); weiter auf dem *Camino de Santiago* (Nebenstrecke) über
253	**Castrillo de los Polvazares** und **Cruz de Ferro** (Kreuz am höchsten Punkt des Jakobsweges) nach
300	**Ponferrada** (Unterkunft); weiter auf dem *Camino de Santiago* nach
317	**Villafranca del Bierzo** (Unterkunft), ab dort durch das **Tal des Río Valcarce** zum Höhenort
336	**Piedrafita del Cebrero/Pedrafita do Cebreiro**, hier Links-Abzweig auf den ausgeschilderten *Camino de Santiago* nach
340	**El Cebrero/O Cebreiro** (Unterkunft); weiter auf der LU-634 über die Jakobsweghöhen, dann abwärts und über **Samos** nach
386	**Sarria**; weiter auf der C-535 nach
410	**Puertomarín/Portomarín** (Unterkunft), von dort weiter bis zur Straßenkreuzung bei
423	**Alto del Hospital/Alto do Hospital**, dort rechts und ein Stück auf der N-540 Richtung Lugo bis zum
430	Links-Abzweig Richtung Santiago de Compostela auf der N-547. Über **Palas de Rey/Palas de Rei** und **Arzúa** weiter nach
523	**Santiago de Compostela** (Unterkünfte).
	Dauer je nach Lust auf Abstecher: 3 bis 4 Tage.

Alternativen & Extras: Einige Tips für mögliche **Abstecher:**
– Nördlich von Frómista über Osorno und Herrera de Pisuerga weit in Richtung Kantabrische Kordillere zu den »Binnenlandmeeren«: der **Stauseenkette um Aguilar de Campoo** (romanisches Kloster Santa María la Real) **und Cervera de Pisuerga** (Kirche Santa María del Castillo, Parador nahe dem Ruesga-Stausee); zu den Seen zählen u. a. der Embalse de Aguilar de Campoo, der Embalse de Ruesga und der Embalse de Requejada.
– Ab Mansilla de las Mulas geht es rund 20 km nordöstlich zur kleinen, einsam gelegenen mozarabischen **Kirche San Miguel de Escalada** (Öffnungszeiten recht unzuverlässig, offiziell: Di–Sa 10.30–13.30 und 16–19, So 10.30–13.30 Uhr). Das Besondere dieses auf das 10. Jh. zurückgehenden Kirchleins sind der Portikus mit seinen hufeisenförmigen Arkaden, die Steingitternfenster und das einer Moschee gleichende Innere (auch hier sieht man einige schöne Hufeisenbögen). Einst stand hier eine wesentlich größere Klosteranlage; die verbliebenen Gebäudeteile sind stark restauriert.
– Rund 45 km nördlich von León erreichen Sie – wenige Kilometer südwestlich des Örtchens Felmín – den Zugang zur **Cueva de Valporquero**, einer in die Gebirgswelt der Kantabrischen Kordillere gebetteten und von unterirdischen Wassern durchzogenen Tropfsteinhöhle (April–Mai und Okt. tägl. 10–17, Juni–Sept. tägl. 10–14 und 16–19 Uhr, in den Wintermonaten geschlossen; angesichts stets wechselnder Zugangszeiten erfragen Sie aktuelle Vorab-Informationen am besten über das Touristenbüro in León; Führungen).
– Pittoreske Berglandschaft mit Seezusatz erwartet Sie etwa 55 km nordöstlich von León rund um den **Embalse del Porma**, der seit den 1960er Jahren mehrere Fluß- und Bachläufe aufstaut und ein maximales Fassungsvermögen von 317 Millionen Kubikmetern erreicht.
– Von Ponferrada aus zwei lohnende Ziele: knapp 20 km südlich in den Bergort **Peñalba de Santiago** mit mozarabischer Kirche, rund 25 km südwestlich in das über 200 Jahre lang von den Römern ausgebeutete Goldminengebiet **Las Médulas**, eine bizarre Felslandschaft mit Schachteingängen (Kulturerbe der Menschheit, schöner Ausblick ab dem Orellán-Aussichtspunkt; organisierte Touren ab der Hospedería de Las Médulas, Pueblo de Médulas, ✆ 987 42 28 11).
– Auf der Strecke zwischen Puertomarín/Portomarín und Palas de Rey/Palas de Rei ein 20-Kilometer-Abstecher (einfache Strecke) ins weiter nordöstlich gelegene **Lugo**, die rund 90 000 Einwohner starke Hauptstadt der gleichnamigen Provinz. Besuchshöhepunkte: Spaziergang über die wuchtige und auf die Römer zurückgehende **Stadtmauer**, die die Altstadt auf 2,1 km Länge komplett einfaßt, die **Porta de Santiago** (Stadtmauertor nahe der Kathedrale mit Bildnis des reitenden Jakobus), die ursprünglich romanische **Kathedrale Santa María** mit Fassade aus dem 18. Jh. und dem Marienbildnis der Nuestra Señora de los Ojos Grandes (Madonna mit den großen Augen), die verwinkelte **Altstadt** mit netten Cafés und Kneipen rund um den **Rathausplatz** (Praza de España oder Praza Maior; außerdem besonders schön: die **Praza do Campo** mit ihrem Barockbrunnen) sowie das **Museo Provincial** (sehr gut ausgestattetes Provinzmuseum im einstigen Konvent San Francisco, inklusive zeitgenössischer galicischer Malerei, einer nachgebauten ty-

pischen Bauernküche sowie Sonnenuhrenkollektion im Innenhof). Lugos Informationsbüro finden Sie an der Praza de España (✆ 982 23 13 61).
– Zwischen dem Kreuzungspunkt der N-540 mit der N-547 (hier: Richtung Santiago de Compostela) und Palas de Rey/Palas de Rei ausgeschilderter Rechts-Abzweig ins wenige Kilometer entfernte **Vilar de Donas**. Ziel ist die romanische Salvador-Kirche mit schmuckreichem Portal, Wandmalereien und Gräbern der Sankt-Jakobs-Ritter.

Stadtgrenze **Burgos**. Dahinter: Kastilien aus dem Bilderbuch, über 200 Kilometer Meseta, bis weit hinter León. Steinige Ebenen, Getreidefelder, zerfurchte Senken, Ödland, monoton, aber nicht ohne Reiz. Im Sommer steht hier die Hitze, bei 40 Grad im Schatten, den es aber häufig gar nicht gibt. Vieles liegt baumlos und strauchlos da, die Farbtöne wechseln von Braun über Ocker bis Gelb.

Seit Jahrhunderten gilt dieses Wegstück als besonders schwierig für alle Jakobspilger. Doch gerade die, die auf der Suche nach sich selbst unterwegs sind, werden hier, abseits der großen Städte und im Kampf gegen Hitze und Durst, ihrem Ziel näher kommen.

Nur langsam nähert sich die Straße dem Jakobsweg der Marschierer und Radler und erreicht sie erst beim steinernen Streckendorf **Hontanas**. Eine herrlichen Allee führt mitten durch einen gottverlassenen gotischen Kirchbogen des einstigen Klosters San Antón nach **Castrojeriz**. An einen stumpfen Burghügel schmiegt sich der langgestreckte Ort, Festungsruinen und ein halbes Dutzend Kirchen künden von einer bedeutsamen Vergangenheit als Reconquista-Bollwerk und Wegestation.

Der Servitenmönch Hermann Künig van Vach, Ende des 15. Jahrhunderts auf dem *Camino de Santiago* unterwegs, berichtet von nicht weniger als vier Spitälern für Pilger. Die kommen heute immer noch (oder schon wieder)

Rast am Jakobsweg

Osterprozession in der Provinz Burgos

und tanken Kraft für den Aufstieg über den Mostelares, den an einen Tafelberg erinnernden Hügel in Sichtweite von Castrojeriz. Die Straße führt in weitem Bogen um den Ort herum.

Auf einer mittelalterlichen Brücke gelangt man über den Río Pisuerga und durch **Boadilla del Camino**, vor dessen Asunción-Kirche ein kurioses, schlankes Nationalmonument hoch aufragt: der *rollo de justicia*, ein spätgotischer Pfeiler, vor dem einst Gericht gehalten wurde. Typisch für Boadilla del Camino und die überalterten Dörfer der Gegend sind die ärmlichen, lehmverkleideten Häuser und die von der Landflucht gebeutelten Ortskerne.

Wen hält es noch hier in der Gegend? Von Feldarbeit und Schafzucht kann man nicht mehr leben. Früher, so scheint's, war der Geschäftssinn am Jakobsweg besser ausgeprägt, legt man den Pilgerbericht des Arnold von Harff vom Ende des 15. Jahrhunderts zugrunde: »Was du zu essen und zu trinken haben willst, mußt du alles auf der Straße einkaufen. Dazu mußt du auch Bänke, Stühle und Tischlaken, die man dir vorlegt, einzeln bezahlen.« Einzige regionale Zuzügler von heute sind die Störche, die sich zur wärmeren Jahreszeit überall auf den Kirchtürmen in ausladenden Nestern niederlassen. Alles andere sind Durchzügler.

Die Zeit der Schmuckkästchen ist gekommen. Da ist zunächst das rund 1 000 Einwohner starke, in einer weitläufigen, vom Canal de Castilla bewässerten Getreide- und Maisanbauzone gelegene **Frómista** mit seiner romanischen Kirche San Martín. Die auf das 11. Jahrhundert und eine Stiftung der navarresischen Königswitwe Doña Mayor zurückgehende Klosterkirche gilt als eine der schönsten ihrer Art in Spaniens Norden. Um ihr Äußeres ziehen sich Rollenfriese und über 300 Konsolfiguren.

Einige Kilometer weiter im Nordwesten liegt dann der einst befestigte Templerort **Villalcázar de Sirga** mit dem skulpturüberladenen Südportal der Iglesia de Santa María la Blanca, benannt nach der bereits vom Dichter-König Alfonso X el Sabio in seinen »Cántigas« besungenen »Weißen Jungfrau«. Diese *Virgen Blanca* soll kranke Pilger geheilt und verirrte Jakobswanderer auf den rechten Weg zurückgebracht haben.

Kurz hinter Villalcázar schließlich trifft man auf den traditionsreichen Pilgerrastplatz **Carrión de los Condes** mit geballter Kirchen- und Klosterkultur: einem prächtigen Pantokrator über dem Portal der Santiago-Kirche, Renaissance-Medaillons im Kreuzgang des Klosters San Zoilo, Wandkacheln in schmuckvollem Blaugelb im alten Klarissinenkonvent Santa Clara. In der kleinen Herberge neben der Santa-María-Kirche können heute ermattete Wallfahrer übernachten.

Danach: Weite, Weite, Weite, ein leichter Hauch von Tristesse und Sommertage ohne Windhauch im Hitzeflimmer, runde Taubentürme und ein Mauerblümchen am Wege: **Sahagún**, einst prächtige Landstadt, in der Kastiliens späterer König Alfonso VI el Bravo eine strenge Erziehung genoß. Allenfalls Kunstbeflissene wird Sahagún zu einem Halt an den romanisch-mudejaren Backsteinkirchen San Tirso und San Lorenzo animieren, ehe sie – über den stillen, alten Viehmarktort **Mansilla de las Mulas** – geradewegs Kurs auf León nehmen.

Kulturschock **León**. Ein angenehmer für alle, die seit Burgos Stadtkultur vermißt haben. Ein wirklicher für jene, die nach so viel Dorf und Land den Anblicken ausufernder Wohnblockschneisen (in denen die Landflüchtigen ihre neue Heimat gefunden haben) entwöhnt sind. Im Innern der Provinzmetropole mit ihren knapp 150 000 Einwohnern erreicht man zunächst die goldgelbe **Kathedrale** Santa María de Regla, die wie ein steinernes Schiff zwischen den ziegelgedeckten Häusern der Altstadt liegt. Mit dem Glocken- und Uhrturm als Masten und den mächtigen Rosettenkörpern als Segeln.

In der klimatisch unwirtlichen Mesetastadt peitschen die Winde ohne Unterlaß gegen die Kathedrale, deren Bau Ende des 12. Jahrhunderts an der Stelle des vormaligen Königspalastes von Ordoño II begonnen wurde. Sie haben der filigranen Gotik zugesetzt und die Fenster mit dem Schmutz der Jahrhunderte überzogen. Das kann aber den herrlichen Gesamteindruck, den die Kathedrale von außen bietet, keineswegs schmälern. Dazu trägt vor allem die **Hauptfassade** im Westen bei, samt ihren Türmen und den drei reich dekorierten Portalen: das Mittelportal mit der Skulptur der *Virgen Blanca* (eine Nachbildung, das Original steht im Innern in der Kapelle der »Weißen Jungfrau«), die Puerta de San Francisco (rechts) und die Puerta de San Juan (links). Besonders wenn das Abendlicht auf die Fensterrose über dem Portikus, den Christus im Tympanon, die Apostelskulpturen und das furchterregende Jüngste

Kostbares Innenleben: Kathedrale von León

Gericht mit seinen gräßlichen großen Fratzen und den lodernden Kesseln der Hölle fällt, kann dieses prächtige Ensemble seine ganze Wirkung entfalten.

An der **Südfassade** fallen vor allem der prächtige Pantokrator in dem zum Hauptportal gehörigen Tympanon und die Bischofssäule von San Froilán an der Mittelsäule darunter ins Auge. Sehenswert auch das farbige **Nordportal** – es bildet heute den Eingang zu dem im 16. Jahrhundert umgestalteten **Kreuzgang** mit den teils verblaßten Fresken des Nicolás Francés aus dem 15. Jahrhundert.

Wer Leóns prächtigstem Tempel des Herrn in seiner Außenansicht Reinigungsmittel und Sandstrahlkräfte und noch mehr Pesetas für die arbeits- und kostenintensive Reinigung à la Sisyphus herbeiwünscht, möge sich ein Weilchen gedulden. Beim Eintritt wird er an sonnigen Tagen sein buntes Wunder erleben, das Fensterwunder! In Rot und Gelb, Blau und Grün flutet das Licht selbst durch die getrübten Schichten hindurch. Eine Symphonie aus Glas, ein Zauberwerk aus sage und schreibe 1 800 Quadratmeter Fensterfläche, ein erhebendes Spiel der Farben, in dem Alt- und Neutestamentler, Könige, Märtyrer, Propheten und Pflanzen je nach Stand der Sonne in immer neuen Nuancen erstrahlen und sich dem Auge des Betrachters einbrennen.

Kein Zufall: Jesus Christus erwacht mit dem ersten Licht des Tages, das ihn samt dem Bildnis der Wurzel Jesse in der östlichen Apsis durchfließt – die westliche Rosette zwischen den Türmen erhascht die letzten Strahlen der untergehenden Sonne.

Neben der faszinierenden Vielfalt von Rosetten und Buntglasfenstern aus dem 13. bis 20. Jahrhundert kann Santa María im Innern mit einer Reihe weiterer Kostbarkeiten aufwarten: zum Beispiel mit dem prächtigen, aus Nußbaum geschnitzten **Chorgestühl** aus dem 15. Jahrhundert, den Teilen eines gotischen **Flügelaltars** mit Gemälden von Nicolás Francés, dem silbernen **San-Froilán-Reliquienschrein** vor dem Altar oder den **Wandmalereien** im hinteren Altarumlauf. Die **Kapellen** bieten Platz für verschiedene Bischofsgräber und die letzte Ruhestätte von König Ordoño II. Das an den Kreuzgang angrenzende **Kathedralmuseum** schließlich bietet bedeutende archäologische Fundstücke, kostbare Handschriften und Skulpturen.

Im **Panteón de los Reyes**, dem »Pantheon der Könige«, folgt das zweite leonesische Aha-Erlebnis. Diesmal im Kunst- und Dämmerlicht, das Spaniens »Sixtinische Kapelle der romanischen Malerei« so gut es geht erhellt. Unscheinbar wirkt zunächst der schmale Bogeneingang ins Allerheiligste, den westlichen Vorbau zur Stiftskirche San Isidoro, dann jedoch stockt dem Betrachter der Atem. Über Säulen und Kapitellen gedrungene Gewölbedecken mit romanischen Fresken in den zartesten Gelb-, Rostrot- und Blautönen. Die Blicke wandern von Tieren aus Wald und Flur zur Verkündigung an die Hirten, vom Kindermord zu Bethlehem über die Flucht nach Ägypten bis zum letzten Abendmahl, bei dem der Künstler die Judas-Figur, die einzige der zwölf Aposteldarstellungen ohne Heiligenschein, ans untere Tischende gesetzt hat.

Unübertroffen in der Mitte des Pantheons, in der Mandorla und auf dem Regenbogen sitzend, umgeben von den Evangelisten: der Pantokrator, der segnende Allherrscher, der die gesamte Schöpfung erhellt. Im Bogen darunter die zyklische Wiederkehr des Immergleichen aus dem Leben der Bauern und Hirten des leonesischen Landes: ein

Buntes Fensterwunder in der Kathedrale von León

agrarischer Kalender, zwölf Monatsszenen mit Baumpflanzungen im April, Getreideernte im Juni und Juli oder den Schlachtungen im November.

Im Pantheon breitet sich ein plastischer, meisterlich ausgestalteter Brückenschlag vom Irdischen zur Ewigkeit über die Dekken. So durften sich die leonesischen Könige in ihrer letzten Ruhestätte wohlbehütet fühlen – bis die napoleonischen Truppen zu Anfang des 19. Jahrhunderts kamen. Ohne Rücksicht auf Verluste brachen sie die Sarkophage auf, plünderten sie und brachten sämtliche sterblichen Überreste durcheinander. Vor wenigen Jahren haben Wissenschaftler mit einem Knochen- und Staubpuzzle begonnen, um das Rätsel des *Who is who* der mehr als 20 Monarchen und Königinnen zu entschlüsseln.

Dagegen scheinen die Reliquien des heiligen Isidor (um 560–636) die Zeiten unbeschadet überdauert zu haben. Unter König Fernando I el Grande (um 1016–65) gelangte der Schrein des Bischofs und Kirchenlehrers aus dem muslimisch beherrschten Süden nach León, wo ihm die **Colegiata de San Isidoro** geweiht wurde. Unvermindert lockt die Stiftskirche an der Plaza de San Isidoro Gläubige und Pilger aus aller Welt an – auch wenn in heutiger Zeit die Puerta del Perdón nicht mehr genutzt wird. Nur zwei dieser »Portale der Vergebung« gab es an der hiesigen Jakobswegachse (ein weiteres in Villafranca del Bierzo), wo kranke, gebrechliche und des Weiterzugs nach Santiago nicht mehr fähige Pilger ihren Ablaß erhielten.

Die Schatztruhe León öffnet sich weiter mit der steinernen Wendeltreppe vom »Pantheon der Könige« hinauf in den Hauptraum des **Museo de San Isidoro** und in die **Bibliothek**. Vor kleinen

Hostal San Marcos (León)

Glasvitrinen steht man Aug' in Aug' mit bedeutenden Werten: einem Elfenbeinkästchen, San Isidoros ursprünglichem Reliquienschrein aus dem 11. Jahrhundert und dem Kelch Doña Urracas, der Gemahlin König Fernandos II. In der Bibliothek wird eine mozarabische Bibel mit farbigen Bildern aufbewahrt, die in mehr als einem Jahrtausend nichts von ihrer sagenhaften Leuchtkraft verloren haben.

Noch eine majestätische Trumpfkarte spielt León aus: das beim Río Bernesga gelegene, aus dem 16. Jahrhundert stammende **Hostal San Marcos** mit angeschlossener Kirche und seiner über 100 Meter breiten, in platereskem Stil reich ausgestalteten Fassadenfront zum Freiplatz hin. Inklusive dem unvermeidlich blutrünstigen Motiv von Jakobus als Maurentöter. Exklusivität hat in San Marcos seit ehedem geherrscht (bis auf eine Etappe als Gefängnis). Hier – an der Stelle eines alten Pilgerhospitals – hatte die zum Schutz des Jakobsweges gegründete Santiago-Ritterschaft ihr Stammhaus, heute betten sich Gutbetuchte unter fünf Sternen im Luxus-**Parador**. Außen vor bleiben die ausgelaugten Pilger – wie der in Bronze mitten auf dem Platz.

León bietet noch mehr als die Höhen der Kultur, beispielsweise Ausgehspaß im berühmten **Barrio Húmedo**. Dort, im verwinkelten »Feuchten Viertel« rund um die Plaza de San Martín, reiht sich eine urige Kneipe an die andere. Das Aroma von Käse und Rauchfleisch garantiert der Freiluftmarkt mittwochs und samstags vormittags auf der altehrwürdigen und von Arkaden umgebenen **Plaza Mayor** mit dem Rathausbalkon für städtische Autoritäten (gedacht für Wink- und Kopfnickbewegungen bei festlichen Anlässen). Wer's gemütlich-geschäftiger liebt, nimmt die Fußgängerzone der **Calle Ancha** samt abzweigenden Gassen in Angriff. Und einige Happen (Kunst-)Geschichte gibt es im Bereich der **Plaza de San Marcelo** noch obendrauf: das prächtige Adelshaus derer von Guzmán, den **Palacio de los Guzmanes** (heute Sitz der Provinzverwaltung), Antoni Gaudís neogotisch-verspielte **Casa de Botines** mit der Bronzeskulptur des Jugendstilarchitekten davor, das alte Renaissance-Rathaus (vormals Theater) und eine dem römischen Märtyrer und Leóns Schutzpatron Marcelo gewidmete Backsteinkirche. Für weitere Spaziergänge im Grünen bieten sich die Promenade am Río Bernesga (inklusive Parque de Quevedo) oder die zentralen Parkanlagen El Cid nahe der Stiftskirche San Isidoro und San Francisco an.

León, das heißt zwar Löwe, der auch im Regionalwappen Stärke zeigt, doch rührt der Name von Legion her. Genauer: von der VII. Römischen Legion, die ab 68 nach Christus hier ihren Standort hatte. Nächstwichtige Römerstadt im Westen war *Asturica Augusta*, das heutige Astorga. Auf dem 47 Kilometer langen Wegstück von León dorthin breitet sich ein Ödlandgürtel mit Mais- und Getreidezusatz aus, mehrheitlich flach und angereichert mit dem modernen Marienheiligtum der **Virgen del Camino** (monumentale Kirchenskulpturen der heiligen Jungfrau und der Apostel in Bronze) und der vielbogigen mittelalterlichen Brücke **Puente de Órbigo** in der Nähe von Hospital de Órbigo. Ebendort soll sich ein furchtloser Ritter namens Suero de Quiñones im Jahre 1434 mit zahlreichen seiner Standesgenossen duelliert haben – die Liebe zu einer schönen Frau hatte seinen Geist ein wenig umnachtet und zum ehrgeizig-persönlichen Ziel geführt, 300 Lanzen zu brechen. Was, wie man sich denken kann, einige Wochen in Anspruch nahm.

Dreh- und Angelpunkt **Astorga:** Hier, inmitten des Landstrichs der Maragatería, liefen die Straßen der Asturer und – später – der Römer zusammen, hier vereinten sich zwei große Jakobswegachsen, der Hauptweg durch Spaniens Norden und die von Süden her kommende *Vía de la Plata*, hier tankten die Pilgermassen in einst mehr als 20 Hospizen Kraft für den langen Weg über die Berge nach Ponferrada. An die Römer erinnern der mächtige Stadtwall, die Kloaken, die freigelegten Hausfundamente und Mosaike bei der Kirche San Bartolomé sowie die *ergástula*, das aufwendig restaurierte röhrenförmige Sklavengefängnis nahe dem barocken Rathaus. Auf letzterem wiederum zeigen zwei *maragatos*, Uhrenfiguren in ländlicher Tracht der Maragatería, seit 1748 an, was die Stunde schlägt. Ebenfalls typisch für die Region: der deftig-heftige Eintopf *(cocido maragato)*, das Dörrfleisch *(cecina)* und die zuckersüßen Spezialitäten in den *confiterías*, wahren Sündenbabeln der Kalorien, mit *hojaldres* (Blätterteiggebäck), *mantecadas* (Schmalzplätzchen) und *bollos de canela* (Zimtgebäck).

In der 13 000-Einwohner-Stadt, die im Vergleich zu früher an Bedeutung eingebüßt hat, bleibt ansonsten alles im überschaubaren Rahmen: von der Plaza Mayor über den Jardín de la Sinagoga, einen schönen Aussichtspark im einstigen Judenviertel, bis hin zu den beiden Prachtbauten Astorgas, die sich fast genau gegenüber liegen. Die Kathedrale Santa María – nach stolzen drei Jahrhunderten Baugeschichte (1471 begonnen und erst im 18. Jahrhundert beendet) und heutigem Ermessen in ihrer Stilmixtur aus Spätgotik, Renaissance

Höchster Punkt des Jakobswegs: das Cruz de Hierro

und Barock eine ehrgeizige Nummer zu groß geraten – und eine architektonische Tollheit in Granit: der Bischofspalast des katalanischen Baugenies Antoni Gaudí. Wer glaubt, schon das Äußere sei über alle Maßen verschnörkelt, sollte das Innenleben des Palacio Episcopal abwarten. Ein Springquell überdrehter Phantasien mit Eckchen und Winkeln, mit buntem Fensterglas und himmelwärts strebenden Räumen, inklusive dem Thronsaal des Bischofs. Einfach herrlich verrückt! Wen wundert' s, daß der Klerus hier nie eingezogen ist. Heute beherbergt Gaudís Werk das Jahrhunderte umspannende »Museum der Wege« mit Münzen, Jakobusskulpturen und moderner Kunst – ein wahres Erlebnis vom Keller bis zum Dach.

Go west ab Astorga, den Höhenlagen der Maragatería und dem höchsten Jakobsweg-Punkt außerhalb der Pyrenäen entgegen: dem Cruz de Ferro. Am Wege die geruhsam-idyllischen Steindörfer **Castrillo de los Polvazares** und **Rabanal del Camino**, der Wanderpfad direkt an der Straße, weißer Ginster, Heidekraut, Steineichenhaine. Nehmen Sie sich Zeit, halten Sie an, saugen Sie Stille und klare Gebirgsluft ein. Dann: der »Geisterort« **Foncebadón** mit seiner Vielzahl verfallener Häuser, und das letzte Stück aufwärts. Auf den 1 504 Meter hohen Monte Irago. Dort, wo das unverwechselbare Zwischenziel aller Pilger, das **Eiserne Kreuz**, aus einem langen, sich aus einem Hügel voller Steine erhebenden Holzstab ragt. Der Pilgerbrauch besagt, daß ein jeder ein Felsstück heraufträgt und hier ablegt – und damit symbolisch ein Stück seiner Nöte und Sorgen.

Mit den durch die Steine ins Rollen gebrachten Gedanken geht es bald abwärts. In prächtigen Berg-und-Tal-Kulissen, vorbei am Pilger-Rastplatz **Manjarín** und an Schneepfosten, die Licht auf die eisigen Winter des leonesischen Berglands werfen. Die Straße zieht lange Schleifen, schnürt sich im Schierferörtchen **El Acebo** bedrohlich eng zusammen, plustert sich wieder auf, stürzt in weiteren Kehren hinab nach **Molinaseca** und rollt bis **Ponferrada** aus. Und das liegt rund 1 000 Höhenmeter unter dem »Eisernen Kreuz«.

Doppelschneidiges aus **Ponferrada**, einer 60 000-Einwohner-Zuzugsstadt im Landstrich El Bierzo, mitten in weitläufigen Abbaugebieten von Eisenerz. Mit Industrien und Wohnsilos stößt sie ab und versöhnt mit ihrer kleinen Altstadt um den Rathausplatz und mit dem grandiosen Schloß der Tempelritter. Die Plaza del Ayuntamiento schmücken das zwischen 1692 und 1705 erbaute Barockrathaus und die mit dem königlichen Wappen von Carlos I verzierte Torre del Reloj (Uhrturm). Das Castillo de los Templarios breitet seine steinernen Arme und Hälse in Form eines ungleichen Fünfecks auf einem Plateau hoch über dem Tal des Río Sil aus.

Die steten Restaurierungskosten für die 8 000 Quadratmeter Burgfläche bereiten Lokalpolitikern schlaflose Nächte, brauchen die Reisenden bei einer erlebnisreichen Zwischenetappe auf ihrem Weg aber nicht weiter zu stören. Burgentdecker werden ihre helle Freude an Türmen, Zinnen, Wendeltreppen, Auf-, Ab- und Wehrgängen haben. An dieser Stelle, so mutmaßen Historiker, erhob sich einst ein befestigter Ort der Kelten, ein *castro*, das später von den Römern übernommen wurde.

Als Ponferrada 1178 dem Schutz der mysteriösen Templergemeinschaft unterstellt wurde, machte sie sich bald daran, die Feste um- und auszugestalten. Nach langer Bauzeit mit Abschluß im Jahre 1282 war den Templern nur kurze Zeit auf ihrem Schloß vergönnt – 1312 löste Papst Klemens V. den Orden unter Druck aus Frankreich auf. Das Schloß von Ponferrada wechselte in den Jahrhunderten ein ums andere Mal den Besitzer und verfiel dabei immmer mehr. Seit 1924 ist es Nationalmonument und – ein finanzielles Faß ohne Boden.

Auf die Templer soll auch der Fund der *Virgen de la Encina*, wörtlich: der Jungfrau der Steineiche, zurückgehen. Dies Marienbildnis sollen sie um das Jahr 1200 bei Rodungsarbeiten für ihre Feste im Stamm einer *encina* gefunden haben. Seitdem ist die heilige Jungfrau Schutzpatronin des Bierzo; nach ihr hat man die aus dem 16. Jahrhundert datierende Renaissancebasilika in der Altstadt benannt.

Hinter Ponferrada geht es durch die grünen Obst- und Gemüsegärten des fruchtbaren Bierzo, einer schon zu vorrömischen Zeiten besiedelten Region mit dem damaligen Hauptort Bergudium, Galicien entgegen. Weinstöcke, Kirsch-,

Landschaft an der Grenze zwischen Kastilien und Galicien

Pflaumen-, Kastanien- und Walnußbäume werfen dank eines milden, angenehm gemäßigten Klimas üppige Früchte ab. Rund um **Cacabelos** und Villafranca del Bierzo ziehen sich Reben über die sanften Hügel – deren Produkte schätzten schon die Pilger des Mittelalters. So wie Servitenmönch Hermann Künig van Vach, der sich, so steht zu mutmaßen, am ein oder anderen Tropfen der Gegend berauscht hat. Aus seinem Pilgerbericht von 1495 filtriert man autobiographisch Angehauchtes: »Da trink deinen Wein mit klugen Gedanken / denn er brennt manchem ab sein Herz / dass er ausgeht wie eine Kerze.«

Heutzutage nimmt die für die geschützte Herkunftsbezeichnung *(Denominación de Origen)* maßgebliche Rebfläche des Bierzo rund 6 000 Hektar ein. Die auf lehm- und eisenhaltigen Böden reifenden Mencía-Trauben sorgen für das unter Kennern geschätzte, frisch-fruchtig-mineralreiche Aroma von Rot- und Roséweinen.

Mit seiner Silhouette aus Kirchtürmen und der Burg der Markgrafen verlangt **Villafranca del Bierzo** nach einem Halt. Besonders schön: im Ortskern der gepflegte Alameda-Park sowie – in der Oberstadt – die einschiffige romanische Santiago-Kirche mit einem Jakobusbildnis und ihrer Puerta del Perdón, einem in früheren Zeiten genutzten Ablaßportal für Pilger, dem letzten vor Santiago. Der spanische Papst Calixtus III. (1378–1458) war es, der hier die Möglichkeit des Ablasses einführte.

Zu welcher »Landschaftsverunstaltung« unkoordinierte Straßenplanung im spanischen Stil führen kann, zeigt sich westlich von Villafranca del Bierzo, wo bis zu drei Parallelstraßen das schmale Tal des Río Valcarce durchschneiden: die brandneue Autobahn sowie die alte und neue Nationalstraße. Bringen Sie's angesichts von Verkehrsfluß und Lärm rasch hinter sich. Schade eigentlich, denn das üppige Bergesgrün stimmt bestens aufs gelobte Pilgerland Galicien ein. An der von Farnen und Brombeerranken flankierten alten Landstraße liegen durchaus nette Örtchen wie **Ambasmestas** und **Vega de Valcarce**. Erst hinter dem Pedrafita-Paß, auf dem Weg ins einsame Höhendorf **O Cebreiro**, wird es ruhiger. Das Tor nach Galicien wird schon im frühen Mittelalter als Stätte der organisierten Pilgerbetreuung ausgewiesen. Bereits 836 soll hier ein erstes Wallfahrerhospiz entstanden sein.

In O Cebreiro, auf 1 300 Metern über dem Meer, atmen Sie wunderbar klare Gebirgsluft ein – und einen Hauch Geschichte und Legende. Schließlich soll sich hier, an einem stürmischen Tag im Winter, ein eucharistisches Wunder ereignet haben. Ein gottergebener Bauer aus dem Taldorf Barxamaior habe eines Tages, so ist überliefert, nicht die Härte des langen Anstiegs gescheut, um am Gottesdienst in der Kirche von O Cebreiro teilzunehmen. Den zeleberiert ein französischer Mönch aus Aurillac, der seinen einzigen Meßbesucher verachtet. Ha, ein einfacher Ackersmann, der sich derart aufopfert!? Ein Vorbild der Frömmigkeit, gläubiger als er selbst!? Die göttliche Lektion folgt auf dem Fuße. Der Mönch erstarrt vor Schreck, als im Augenblick der Wandlung die Hostie zu rohem Fleisch und der Wein im Kelch zu Blut wird, das aufschäumt und die Corporale färbt.

Bei ihrer Wallfahrt nach Santiago stifteten die Katholischen Könige 1486 einen Reliquienschrein für Kelch und Patene, beides romanische Stücke, die man heute – unter einem Marienbildnis und in einer Glasvitrine – in der gedrungenen präromanischen Ortskirche

O Cebreiros verehrt. Sicher werden Sie dem kleinen Netzwerk der urigen Gassen nicht widerstehen, die sich um einige trutzige keltische Rundbauten ziehen; unter den strohgedeckten Dächern zweier dieser *pallozas* – schräg gegenüber der Kirche – hat ein kleines Volkskundemuseum seinen treffenden Platz.

Westlich von O Cebreiro sind noch unzählige Kurven und Senken und 160 Jakobsweg-Kilometer bis ans Ziel Santiago de Compostela zu überwinden. Zunächst die Panoramastraße über die Gebirgsbuckel und über den **Alto de San Roque** mit einem Bildnis des heiligen Rochus, des Pestpatrons, dann abwärts durch die Hügelwelt. Bis Santiago spielt Galicien unablässig seine Grünfacetten aus, die häufig genug aus den Himmelsschleusen natürlich bewässert werden: Rinderweiden und Wiesen ohne Ende, Kiefernhaine, Felder voller Kohl, Mais und Kartoffeln, Farne, Haselnußsträucher, sogar einzelne Palmen und rasch aufgeforstete Eukalyptuswälder, die in Windeseile wachsen und dem Boden Kraft entziehen. Dazwischen leise plätschernde Flüßchen, verstreute Gehöfte, Bauerndörfer, violettes Heidekraut, von gelbem Ginster überzogene Hänge und Farbtöne grau in grau. Kein tristes Mausgrau, nein, sondern Granit in allen Formen: auf steinernen Stelzen als *hórreos* (Vorratsspeicher), als *cruceiros* (Wegekreuze) und *pazos* (altadelige Landsitze), als einfache Häuser und Kirchen. Letztes christliches Großbauwerk vor Santiago de Compostela ist das Kloster San Julián y San Basilisa von **Samos** mit seiner Klosterkirche in überbordendem Barock, zwei Kreuzgängen und einer lebendigen Benediktinergemeinschaft.

Prädikat nett und freundlich – mehr hat das 13 000 Einwohner große **Sarria** mit kleinem Altstadthügel nicht zu bieten. Gleiches gilt für **Portomarín**, dessen Ortsbild das klobige Rathaus, die Laubengänge und die spätromanische Wehrkirche San Xoán dominieren. Stein für Stein, Zinne für Zinne und Bogen für Bogen hat man dies Gotteshaus um 1960 abgetragen und wiederaufgebaut, als das Ur-Portomarín noch eine Etage tiefer lag. Dann wurde das Gebiet planmäßig mit den Wassern des Miño geflutet, der Belesar-Stausee entstand, der Rest des alten Ortes versank. Bei niedrigem Wasserstand lugen noch heute steinerne Überbleibsel einzelner Häuser aus den Uferzonen hervor – gespenstische Bilder.

Hinter Portomarín findet sich nur noch fortlaufend unteres Mittelmaß. Warum mit protzigen Bauten vom Höhe-, End- und Umkehrpunkt Santiago ablenken und die Spannung der Pilger bremsen? Straße und Wanderpfad vereinen sich, trennen sich wieder und durchlaufen gemeinsam die wichtigsten Durchgangsorte: **Palas de Rei**, den mittelalterlichen Marktflecken **Melide** (hier stark ausgebesserte Apsismalereien in der romanischen Kirche Santa María) und **Arzúa**. Traditionsgemäß befreiten sich die Wallfahrer im Bachlauf von **Lavacolla** so gut wie möglich von ihrer Körperkruste aus Schmutz und Schweiß, bevor sie – pfleglich gesäubert für den Apostel – das Reststück gen Santiago de Compostela angingen. Dazwischen lag und liegt der **Monte do Gozo**, der heute mit Pilgerpavillons und modernem Monument besetzte »Berg der Wonne«. Hier genoß und genießt ein jeder das erhebende Gefühl, dem Grab des Jakobus zum Greifen nah zu sein. Nur noch wenige tausend Meter, die im Handumdrehen und mit reichlich Abgasschwaden in den Außenzonen **Santiago de Compostelas** verfliegen.

Im seit westgotischen Zeiten bekannten und zu Zeiten der Reconquista stark umkämpften **Castrojeriz** stehen die ursprünglich romanisch-gotische **Stiftskirche Virgen del Manzano** (Madonnenbildnis aus dem 13. Jh.), die im 16. Jh. erbaute **Kirche Santo Domingo** und die **Kirche San Juan** (im Inneren barocker Altaraufsatz) als Besuchsziele obenan; schöne Ausblicke bieten sich vom **Burghügel**.

Oficina de Turismo
Paseo Central, s/n (direkt an der Durchgangsstraße)
Frómista
✆ 979 81 01 80

In **Frómista** mehrere **Bars** und auch kleine **Restaurants** im zentralen Be reich der Kirchen San Martín und San Pedro.

Kirche San Martín
Frómista
Tägl. 10–14 und 16.30–20.30, in den Wintermonaten 10–14 und 15–18.30 Uhr
Besonders schön ist die Außenansicht: zylinderförmige Türme, achteckiger Hauptturm, Dreiapsidenabschluß, üppiger Fassadenschmuck (unter den 300 kleinen Figuren auch ein Phallusmann an der Nordseite); im stark restaurierten Innern Kapitelle mit Pflanzen- und alttestamentlichen Motiven, eine von der Decke hängende schmiedeeiserne Öllampe, ein großes Kruzifix sowie Skulpturen des Heiligen Martin (14. Jh.) und des Jakobus (16. Jh.).

Kirche San Pedro
Frómista
Zweitwichtigstes Gotteshaus am Ort (im 15./16. Jh.erbaut), in einem abgetrennten Seitentrakt ist ein Ein-Raum-**Museum** mit Skulpturen und Einzelstücken des spätgotischen Retabels der Kirche Santa María del Castillo untergebracht.

Rund um die Santa-María-Kirche von **Villalcázar de Sirga** kleine Bars und Restaurants (wer Glück hat, wird vom dorfbekannten *Pablo el Mesonero* in traditioneller Pilgertracht empfangen).

Kirche Santa María la Blanca
Villalcázar de Sirga
Romanisch-gotische Templerkirche mit dem von einem Vorbau geschützten Südportal (neben der Figur der wundertätigen »Weißen Jungfrau« u. a. Skulpturen des Pantokrators und der Apostel). Im Innern Madonnenbildnis der *Virgen Blanca* sowie üppig deko rierte Sarkophage des Infanten Don Felipe, seiner Frau Doña Leonor Ruiz de Castro und eines Tempelritters.

Oficina Municipal de Turismo
Calle Santa María, s/n
Carrión de los Condes
✆ 979 88 09 32
Nur in den Sommermonaten.

Hotel Real Monasterio San Zoilo
Calle Obispo Souto, s/n
Carrión de los Condes
✆ 979 88 00 50, Fax 979 88 10 90
Das 37-Zimmer-Haus (drei Sterne) gehört zu dem am westlichen Ortsrand gelegenen Kloster San Zoilo. Zentrum zu Fuß erreichbar. Mit angeschlossenem Restaurant. PP

Camping El Edén
Carretera Logroño–Vigo, km 200
Carrión de los Condes
✆ 979 88 11 52
2. Kategorie, etwas außerhalb.

Auswahl von mehreren Cafés, Bars und kleinen Restaurants genau am Jakobsweg, der **Carrión de los Condes** durchläuft.

Zu den Sehenswürdigkeiten von **Carrión de los Condes** zählen der **Convento de Santa Clara** (13. Jh.; Museum mit

Skulpturen aus dem 16./17. Jh.). Im Ortskern stehen die romanischen **Kirchen Santiago** und **Santa María**, an der Straße nach Sahagún liegt das **Monasterio de San Zoilo** (Benediktinerkloster, lichterfüllter Kreuzgang im Renaissancestil).

In **Sahagún** Besichtigung der **Klosterruinen San Facundo y San Primitivo**, des **Museo de las Benedictinas** (Benediktinerinnenmuseum mit religiösen Exponaten wie einer Monstranz von Enrique de Arfe), **Backsteinkirchen San Tirso** und **San Lorenzo** (12./13. Jh.), **Kirche La Peregrina** (13. Jh.).

Oficina de Turismo
Plaza de la Regla, 4
León
✆ 987 23 70 82, Fax 987 27 33 91

Hotel-Parador de San Marcos
Plaza de San Marcos, 7
León
✆ 987 23 73 00, Fax 987 23 34 58
Ein Klassiker unter Spaniens Paradores, Fünf-Sterne-Luxus nahe dem Río Bernesga, vorzügliches Restaurant, aufmerksamer Service. PPP

Hotel Alfonso V
Calle Padre Isla, 1
León
✆ 987 22 09 00, Fax 987 22 12 44
Zentraler, schmuckfreier Vier-Sterne-Bau an der großen Verkehrsdrehscheibe der Plaza de Santo Domingo. PPP

Hotel Quindos
Avenida de José Antonio, 24
León
✆ 987 23 62 00, Fax 987 24 22 01
quindos@esystem.es
Angenehme Mittelklasse zwischen dem Stadtkern und dem Kloster San Marcos. Stilvoll und etwas altmodisch dekoriert: die Zimmer in der 7. Etage. Gemütlicher Speiseraum im Keller. PP

Restaurante La Gitana
Calle Carnicerías, 5
León
✆ 987 25 60 35
Mit gut frequentiertem, urigem Barbereich, zum Speisesaal *(comedor)* hinauf in den ersten Stock. Mehrere Tagesmenüs stehen zur Wahl, u. a. auch Seehecht *(merluza)*, Meerbrasse *(besugo)*, oder Jungstier-Kotelett *(chuletón de novillo)*. P–PP

Restaurante Catedral
Calle Mariano Dominguez Berrueta, 17
León
✆ 987 21 59 18
Der Eingang liegt etwas versteckt in einer Passage nahe der Kathedrale. Tagesmenü und Wochenend-Spezialmenü *(menú especial fin de semana)*. Umfangreiche Weinauswahl und üppiges Nachtisch-Angebot. P

Restaurante El 2 de Mayo
Rúa, 5
León
✆ 987 25 71 86
Sehr einfach, blickt auf eine mehr als 100jährige Tradition zurück. Günstiges Tagesmenü, dazu Gemüsesuppe, Oktopus *(pulpo)* oder Seeaal *(congrio)*. Tip für den Aperitif: die Bar in der Rúa, 11 (fast direkt nebenan). P

Kathedrale Santa María de Regla
Plaza de Regla
León
Mo–Sa 8.30–13.30 und 16–19, So 8.30–13.30 Uhr
Vor der Südseite der Kathedrale sieht man – durch gläserne Bodenplatten – auf Reste von Thermen aus römischer Zeit hinab.

Kathedralmuseum
Neben dem Kreuzgang der Kathedrale
León
Mo–Fr 9.30–13.30 und 16–19, Sa 9.30–13.30 Uhr

4 Infos: León – Astorga

Colegiata de San Isidoro
Plaza de San Isidoro
León
Neben der Stiftskirche führt ein gesonderter Eingang zum Museum mit dem angeschlossenen »Pantheon der Könige« und dem aus mehreren Epochen datierenden Kreuzgang (Mo–Sa 9–13.30 und 16–19, So 9–14 Uhr; in den Sommermonaten Mo–Sa 9–20, So 9–14 Uhr; Fotografieren und Filmen untersagt). In der Nähe: Stadtmauerreste aus dem Mittelalter.

Hostal San Marcos
Plaza de San Marcos
León
Mit Parador, Kirche, Kapitelsaal mit mudejarer Deckentäfelung und dem Museo de León, dem Provinzmuseum (Di–Sa 10–14 und 16.30–20 Uhr, So nur vorm.); Exponate u. a. aus römischen Zeiten im Kreuzgang.

Casa de Botines
Plaza San Marcelo
León
Das von dem katalanischen Jugendstilarchitekten Antoni Gaudí gestaltete Gebäude ist heute Sitz einer Bank.

Don Queso
Calle Azabachería, 22
León
Riesige, schon von Ferne riechbare Käseauswahl.

Cestería Velasco
Calle Ramiro III, s/n
León
Korbwaren aller Art, kleines Geschäft nahe der Plaza Mayor.

Estación de Autobuses
Avenida Ingeniero Sáenz de Miera, s/n
León
✆ 987 21 10 00
Busse u. a. nach Astorga, Burgos, Gijón, Lugo, Madrid, Oviedo, Ponferrada und Valladolid.

Estación de Ferrocarriles
Avenida de Astorga, s/n
León
✆ 987 27 02 02
Züge u. a. nach Bilbao und Madrid.

Camping Don Suero de Quiñones
Terrenos de la Vega
Hospital de Órbigo
✆ 987 36 10 18, Fax 987 38 82 36
2. Kategorie, Mai–Sept.

Hotel Astur Plaza
Plaza de España, 2 y 3
Astorga
✆ 987 61 89 00, Fax 987 61 89 49
Drei-Sterne-Hotel mitten in der City, Parken gegen Aufpreis. Angegliedert ist das im Ziegelstil gehaltene Restaurant Los Hornos. PP–PPP

In **Astorga** zahlreiche Bars, Cafés und kleine Restaurants entlang der Avenida de las Murallas sowie im Bereich der Plätze Eduardo de Castro, Obispo Alcolea und Mayor. Den Maragatería-Eintopf *(cocido maragato)* bekommen Sie u. a. in der Casa Maragata (Calle Húsar Tiburcio, 2; ✆ 987 61 88 80), im rustikalen Speisesaal des Restaurants La Peseta (Plaza de San Bartolomé, 3; ✆ 987 61 72 75) und im Rincón Maragato (Avenida Ponferrada, 80; ✆ 987 61 54 50) serviert.

Kathedrale Santa María
Plaza de la Catedral, s/n
Astorga
Im Innern Hauptretabel von Gaspar Becerra aus dem 16. Jh. und der Renaissancechor aus Nußbaum.

Museo Catedralicio
Plaza de la Catedral, s/n
Astorga
Tägl. 11–14 und 15.30–18.30, Sommer tägl. 10–14 und 16–20 Uhr
Der Kathedrale angeschlossenes und erstaunlich umfangreiches Museum, u. a. mit kostbaren Gold-, Silber- und

Edelsteinarbeiten aus dem Mittelalter. Preisbewußte kaufen ein Kombiticket, gültig auch für Museo de los Caminos.

Museo de los Caminos
Plaza de Eduardo de Castro, s/n
Astorga
Mo–Sa 11–14 und 15.30–18.30, Sommer Mo–Sa 10–14 und 16–20 Uhr; So im Aug. geöffnet
»Wege-Museum« im von Antoni Gaudí konzipierten und durch Ricardo García Guereta vervollkommneten Bischofspalais (Bauzeit 1889–1913). Mit Skulpturen aus Romanik und Gotik, im Untergeschoß archäologische Abteilung, unter dem Dach zeitgenössische leonesische Kunst. Beim Eintritt Kombiticket kaufen, (auch gültig für Museo Catedralicio).

Museo del Chocolate
Calle José María Goy, 5
Astorga
Di–Sa 11–14 und 17–20, So 11–14 Uhr
Kleines, recht versteckt gelegenes Schokoladenmuseum.

Diverse *Confiterías* (Süßwarengeschäfte) in **Astorga**, wie die Confiterías La Mallorquina (Plaza Eduardo de Castro, 2 und Calle Lorenzo Segura, 5), bieten Gebäck aller Art, auch in kleinen Präsentkartons.

Stille »Attraktion« von **Rabanal del Camino** ist der steile *Camino de Santiago* – hier: Calle Real – mitten durch den Ort, vorbei an der **Casa de las Cuatro Esquinas** (Quartier von König Felipe II bei seiner Santiago-Reise im 16. Jh.) und der **Steinkirche Santa María**.

Taberna de Gaia
Foncebadón
Am Rand dieses »Geisterortes«, kaum zu verfehlen
✆ 987 63 60 05
Mittelalterlich-uriger als in diesem Steinhaus geht's kaum. Ein Erlebnis. P

Besonders nett sitzt man im Sommer in den Cafés und Bars von **Molinaseca** unter freiem Himmel in Flußnähe, weitere Bars an der Ortsdurchgangsstraße.

Oficina de Turismo
Calle Gil y Carrasco, 4
Ponferrada
✆ und Fax 987 42 42 36

Hotel del Temple
Avenida de Portugal, 2
Ponferrada
✆ 987 41 00 58, Fax 987 42 35 25
Auf rustikal gestimmtes »Templerhotel«, vier Sterne (für Service, Management und sanitäre Einrichtungen mindestens zwei weniger). Erhebliche Geräuschkulisse von der Durchgangsstraße und dem benachbarten Bahnhof. PP–PPP

Restaurante La Fonda
Plaza del Ayuntamiento, 10
Ponferrada
✆ 987 42 57 94
Am Rathausplatz, sehr unscheinbarer Eingang. Speiseräumchen im ersten Stock. Weit und breit die beste Mittagsküche, gut und günstig. P

Castillo de los Templarios
Ponferrada
Di–Sa 11–13 und 17.30–19.30, So 11–14 Uhr, häufig wechselnde Öffnungszeiten

Basílica de la Encina
Plaza Virgen de la Encina
Ponferrada
Unweit des Rathausplatzes.

Kirche Santo Tomás de las Ollas
Ponferrada
Nordöstl. der Stadt. Aus dem 10.–12. Jh., mit mozarabischer Hauptkapelle und romanischem Portal.

Museo del Bierzo
Calle del Reloj, s/n

Ponferrada
Di–Sa 10.30–14 und 17–20, So 11–14 Uhr
Geschichts- und Kulturmuseum des Bierzo in einem restaurierten Anwesen aus dem 16. Jh., das einst als Gefängnis gedient hat.

Museo del Ferrocarril
Calle Vía Nueva, s/n
Ponferrada
Eisenbahnmuseum in großer Bahnhofshalle; die Schienenausstellung von Dampfloks ist auch von außen leicht einzusehen.

Estación de Autobuses
Avenida del Bierzo, s/n
Ponferrada
✆ 987 40 10 65

Estación de Ferrocarriles
Avenida del Ferrocarril, s/n
Ponferrada
✆ 987 41 00 67

Im Ortszentrum von **Cacabelos** das **Traubenpflücker-Monument**, außerdem **Kirche Santa María** (12.–16. Jh.), **Museo del Vino** (Weinmuseum; Sa und So geschl.), **Museo Arqueológico** (Archäologisches Museum; nachm. sowie So geschl.) und **Santuario Quinta Angustia** (18. Jh.). Wenige km südl. des Ortes **Monasterio de Carracedo** (altes Zisterzienserkloster).

Hotel Parador Villafranca del Bierzo
Avenida Calvo Sotelo, s/n
Villafranca del Bierzo
✆ 987 54 01 75, Fax 987 54 00 10
Heimeliger Drei-Sterne-Parador, untergebracht in einem alten Herrenhaus. Mit vorzüglichem Restaurant und hilfsbereitem Personal. PP–PPP

In dem aus wenigen Straßenzügen bestehenden **El Cebrero/O Cebreiro** finden Sie mehrere einfache Unterkünfte sowie kleine Bars und Restaurants.

Mehrere Einkehrmöglichkeiten in den Cafés und Bars von **Samos** an der langgestreckten Ortsdurchgangsstraße.

In **Samos** das **Kloster San Julián y San Basilisa** mit Ursprüngen im 6. und späteren Bauteilen überwiegend aus dem 16. bis 18. Jh. (tägl. 10.30–13 und 16.30–19 Uhr), etwas abseits der Hauptstraße in einer Grünanlage die mozarabische **Salvador-Kapelle**.

Hotel Alfonso IX
Rúa do Peregrino, 29
Sarria
✆ 982 53 00 05, Fax 982 53 12 61
Erstaunlich großer und komfortabler Drei-Sterne-Block. Gehört zur Kette der stets für guten Standard bürgenden NH-Hotelkette. Gute Parkmöglichkeit. Ab hier kurzer Aufstieg in die Altstadt möglich. PP

Hotel Pousada de Portomarín
Avenida Sarria, s/n
Puertomarín/Portomarín
✆ 982 54 52 00, Fax 982 54 52 70
hpousada@lander.es
Eines der gefälligsten Hotels am Jakobsweg, eingebettet in eine kleine Grünanlage. Drei Sterne, komfortable Zimmer, Terrasse mit schönem Hügelblick, gutes Restaurant. Mit Sauna, im Hochsommer ist der Pool geöffnet. Im Zwischenstock: Bildnis von Jakobus als Pilger. PP

Hostal Vilariño
Avenida Compostela, 16
Palas de Rey/Palas de Rei
✆ 982 38 01 52
Allenfalls geeignet für eine einfache Etappen-Übernachtung. Mit 15 Zimmern und Cafeteria-Restaurant. P

Hostal Parador Reyes Católicos
Praza do Obradoiro, 1
Santiago de Compostela
✆ 981 58 22 00, Fax 981 56 30 94

Santiagos Pracht- und Vorzeigehaus direkt am Kathedralvorplatz (auf galicisch: Hostal dos Reis Católicos). Noch immer steigen die Mitglieder des spanischen Königshauses hier bei ihren Galicien-Besuchen ab. Allerdings ist nicht alles Gold, was glänzt – bei manchen Gästen versucht man, sie mit vergitterten Zimmerchen zur Seitenstraße hin abzuspeisen. Trotz hoher Geräuschkulisse dort, mitunter unpersönlichem Service und robustem Beamtencharme mit Abfertigung à la Bahnhofshalle: Ein Fünf-Sterne-Erlebnis mit adäquatem Preis und Ambiente. Vorzügliche Speisen. PPP

Hotel San Carlos
Rúa Hórreo, 106
Santiago de Compostela
✆ 981 56 05 05, Fax 981 56 05 06
hotelsancarlos@verial.es
Gepflegte Drei-Sterne-Qualität (und daher etwas teurer als ähnliche Häuser dieser Kategorie). Genau gegenüber dem galicischen Parlamentsgebäude, mit Cafeteria. PPP

Hotel Gelmírez
Rua Hórreo, 92
Santiago de Compostela
✆ 981 56 11 00, Fax 981 56 32 69
Zentrumsnahes Drei-Sterne-Haus, in dem die angenehmsten Zimmer in den oberen Stockwerken und nach hinten liegen. Bietet solide Qualität, stark frequentiert von Gruppenreisenden.
PP

Hostal Hogar San Francisco
Campillo de San Francisco, 3
Santiago de Compostela
✆ 981 57 24 63, Fax 981 57 19 16
Weitläufiges, dem Franziskanerkloster angeschlossenes Gästehaus, Zimmer von sehr unterschiedlicher Qualität und Größe. Am Altstadtrand gelegen, nur wenige Gehminuten bis zur Kathedrale. Empfehlenswert. PP

Hotel 25 de Julio
Avenida Rodrigo de Padrón, 4
Santiago de Compostela
✆ und Fax 981 58 22 95
Lediglich 6 Zimmer mit Bad und TV, Frühstück inklusive. 1999 eröffnet, zentral am Platz mit Gebäude der Policía Nacional. PP

Hostal Windsor
Rúa Repúbrica de El Salvador, 16
Santiago de Compostela
✆ 981 59 29 39
Gehobener Pensionsstil, gelegen in einer geschäftsreichen Zone der Stadt mit gebührenpflichtigen Parkplätzen (daher für Autofahrer weniger geeignet). P–PP

Habitaciones Cafetería Paris
Rúa Bautizados, 11
Santiago de Compostela
✆ 981 58 59 86
Nur 7 Zimmer (mehrheitlich ohne Bad), sehr einfach, preiswert, zentral. P

Camping Monte do Gozo
Am Monte do Gozo
Santiago de Compostela
✆ 981 55 89 42
Ganzjährig, knapp 500 Plätze.

Wichtigste Feste

In **León** bekannte **Osterprozession am Karfreitag** (mit vielen Standbildern), Ende Juni das bunte, mehr als eine Woche anhaltende **Stadtfest** *(Fiestas de San Juan y San Pedro)*. In **Astorga** mehrtägiges **Stadtfest** Ende August *(Fiestas Patronales de Santa María)*. In **Ponferrada Prozession am Karfreitag** *(Procesión del Encuentro)*; rund um den 8. September **Patronatsfest** von *Nuestra Señora de la Encina* (mit Konzerten und Dudelsackspiel). Am 8. September **Marienwallfahrt von El Cebrero/O Cebreiro** *(Fiestas de la Virgen y del Santo Milagro)*.

5.1 Im Pilgerstrom zum Apostelgrab

5.1 Programm: Santiago de Compostela

Vormittag

Kathedrale mit Krypta und traditioneller Umarmung der Jakobus-Figur, **Kathedralmuseum** und ggf. Teilnahme an der 12-Uhr-Pilgermesse; **Altstadtbummel** Teil I mit der **Praza do Obradoiro** (Besuch des **Pazo de Xelmírez** sowie des zum Luxus-Parador umgestalteten und für eine Kaffeerast geeigneten Hospital Real oder **Hostal dos**

Reis Católicos) sowie den weiteren **Kathedralvorplätzen**, der Praza das Praterías, der Praza Quintana und der Praza da Inmaculada. Ggf. noch Spaziergang zum **Wochenmarkt**. Mittagspause in einer der gemütlichen Altstadtbars und/oder -restaurants im Bereich von **Rúa do Franco**, **Rúa da Raíña**, **Rúa do Vilar** und **Rúa Nova**.

Nachmittag

Altstadtbummel Teil II mit Spaziergang zur **Porta do Camiño**, dem traditionellen Eintritt der Fußpilger in die Altstadt. Zur Wahl, aber am besten auf den nächsten Tag mitverteilen: Besuche des **Museo das Peregrinacións** (sehr gut aufbereitetes Jakobus-Pilgermuseum), **Museo do Pobo Galego** (galicisches Volkskundemuseum), des **Centro Galego de Arte Contemporánea** (galicisches Ausstellungszentrum Zeitgenössischer Kunst) und der am südlichen Stadtrand gelegenen **Colexiata do Sar** (Stiftskirche mit schiefem Säulenwald). Frühabendbummel durch die **Alameda-Parkanlage** mit dem Paseo dos Leóns (auch: Paseo de la Herradura) und Blick auf die Hauptfassade der Kathedrale.

Alternativen & Extras: Wenn Sie viel Zeit zur Verfügung haben, können Sie mit den oben vorgestellten Vorschlägen für Vormittag und Nachmittag durchaus zwei volle Tage und mehr in Santiago gestalten; eine Vielzahl weiterer Monumente und Museen steht zur Besuchswahl.

Über die in den folgenden Kapiteln beschriebenen »Ausflüge ab Santiago de Compostela« (s. S. 140 ff.) hinaus kann man z. B. einen kompletten Tagesausflug in die rund 110 km südöstlich gelegene Provinzmetropole **Orense/Ourense** (107 000 Einwohner) unternehmen (per Bus und Zug zu erreichen über Lalín). Sehenswert in der bereits von den Römern geschätzten Thermalstadt am Río Miño (schöne Flußbrücke) ist der Altstadtbezirk mit der **Praza Maior**, der romanisch-gotischen **Kathedrale San Martín de Tours** sowie dem **Archäologischen Provinzmuseum**. Das Touristenbüro in Ourense finden Sie in der Calle Curros Enríquez, 1 (✆ 988 37 20 20).

Sie kommen, sehen und umarmen. Nicht ohne zuvor die Hand in die Wurzel Jesse gelegt und dreimal den Kopf an den Pórtico de la Gloria gestoßen zu haben. Der Besuch der Gläubigen in der Pilgerkathedrale von Santiago de Compostela erfordert seit Jahr und Tag einen ganzen Reigen von Riten ... Aber langsam – und eins nach dem andern.

Hier, in der **Kathedrale**, dem Herzstück, dem Lebenselixier und der Daseinsberechtigung Santiagos, fühlt man sich – so man dran glaubt – dem Apostel Jakobus nah, ganz nah. Und weiß doch nicht, ob er überhaupt je zu seinen Lebzeiten oder später als Leichnam in Galicien gewesen ist, geschweige denn, ob sich seine letzte Ruhestätte wirklich unter dem Altarraum befindet. Trotz der

Figur des heiligen Jakobus

Krypta, in die man hinabsteigt, und dem Blick durch einen kleinen, schmalen Gang auf die silberverkleidete Truhe mit seinen Gebeinen und denen seiner beiden Jünger Athanasius und Theodorus. Besser gesagt: den vermeintlichen Gebeinen des Jakobus, auf geheimnisumrankte Weise entdeckt von einem Einsiedler namens Pelayo, den mysteriöse Lichterscheinungen irgendwann zwischen 813 und 830 und zu Zeiten des Bischofs von Iria Flavia, Teodomiro, den Weg zum Grab wiesen.

Zweifel an der Geschichte und der Echtheit des Grabs? Egal, der Glauben steht über allem, er hat seit Menschengedenken Berge versetzt und seit weit mehr als einem Jahrtausend Abermillionen von Pilgern in den äußersten Nordwesten der Iberischen Halbinsel gelockt. Auch so einen wie unseren altbekannten Lebemann Arnold von Harff, der 1499 in Santiago eintraf und den Besuch der Grabstätte lieber mit harten Fakten statt festem Glauben untermauert hätte. Harff, das rheinische Schlitzohr, schreibt: »Ich habe mit viel Trinkgeld zu erreichen versucht, daß man mir den heiligen Körper zeigen sollte. Mir wurde geantwortet, daß jeder, der nicht völlig überzeugt sei, daß sich der heilige Körper des Apostels St. Jakobus des Älteren im Hochaltar befindet, und daran zweifelt und dann den Körper zu sehen bekommt, augenblicklich wahnsinnig werden würde wie ein rasender Hund. Diese Äußerung war mir genug.«

In Santiagos Kathedrale kommt man im Regelfall nicht, um am Mythos zu rütteln und den Heiligen vom Sockel zu holen. *Abrazar*, umarmen, muß man Jakobus – und damit sind wir bei den Riten. Hinter dem Hauptaltar steigt man auf schmaler Treppe hinauf zu der um 1210 geschaffenen gold- und silberglänzenden **Apostelfigur**, um sie einen kurzen Augenblick lang von hinten zu herzen – für viele der zu-Fuß-und-zu-Pedale-Angekommenen ein ergreifendes Sekundenerlebnis. Ein ebensolches verspüren die Gläubigen, wenn sie hinabsteigen in die Krypta oder vor dem **Pórtico de la Gloria**, dem »Säulenhof der Glorie« oder »Pforte ins Himmelreich«, stehen. Unter dem gütig-wohltuenden Blick der Jakobusskulptur am Mittelpfeiler – so will es die Tradition – breiten sie ihre Finger in der marmornen Wurzel Jesse, dem Stammbaum Jesu, aus. Und stoßen anschließend dreimal mit dem Kopf gegen den Unterbau des romanischen Pórtico – auf daß die Schöpferkraft des Meisters Mateo in sie einströme.

Selbst wenn sie nur einen Bruchteil vom kreativen Geist des Künstlers abbekämen, müßte dies zum inflationären Aufkommen von Genies führen. Denn ein solches war Mateo zweifellos. Obgleich sich genaue Herkunft und Bildungsweg des Bildhauers im Dickicht der Geschichte verlieren, ist gewiß, daß er von 1168 bis 1188 an seinem Lebenswerk, dem zum vormaligen Hauptportal des Gotteshauses gehörigen Pórtico de la Gloria, arbeitete und dafür vom leonesischen König Fernando II fürstlich entlohnt wurde. Mateo war gewissermaßen ein Seiteneinsteiger beim Bau der romanischen Kathedrale. Als er seine Tätigkeit aufnahm, waren die Kirchenschiffe schon in Arbeit. Man ließ ihm vollen Entfaltungsspielraum.

Der Pórtico ist ein kunsthistorisches Ereignis: im Tympanon der thronende Christus und um ihn herum die Evangelisten, Engel mit Weihrauchkesseln und die 24 Ältesten der Apokalypse, in der Mitte der sitzende Jakobus mit Stab und bronzener Aureole, an den Seiten ins Gespräch vertiefte Apostel, dazu Propheten und Figuren aus dem Alten Testament, unter ihnen der lächelnde Daniel – quicklebendige Spätromanik. Sie alle sind seit Mitte des 18. Jahrhunderts bestens geschützt, als der galicische Baumeister Fernando de Casas dem Pórtico zur Praza do Obradoiro hin eine neue, himmelsstürmende Granitfassade vorsetzte.

Doch bleiben wir noch ein wenig im Kircheninnern mit seinen zahlreichen Kapellen und dem Kreuzgang aus dem 16. Jahrhundert. Andächtige Stille und Kleidung gehören hier eher zur Ausnahme als zur Regel. Seit alters her ist eine Pilgerkathedrale nun mal eine Art Gebrauchsgegenstand. Abgerissene Wallfahrer treten zum Na-endlich-Erlebnis ein, von der langen Reise geschafft, verschwitzt und mit Rucksäcken auf den Schultern. Es herrscht ein stetiges Hin und Her, ein Schlurfen und Murmeln und metallenes Klicken der Münzen in

Spektakulär: der Botafumeiro

den allgegenwärtigen und keineswegs knapp bemessenen Spendenkästchen. Vor Jahrhunderten muß es nicht anders gewesen sein, sieht man von den Myriaden geführter Gruppen, dem Blitzlichtzucken der Kameras und gelegentlichem Klingeln von Handys ab. Damals hielten sich die Pilger – ebenfalls nicht immer die gepflegtesten, versteht sich – tage- und wochenlang in der Kathedrale auf, aßen und tranken, kochten und schliefen hier.

Welch segensreiche Erfindungsgabe war da der **Botafumeiro**, der riesige Weihrauchwerfer, der sämtliche Gerüche und Ausdünstungen mit süßlichschwerem Duft übertünchte (und übertüncht). Noch heute kommt er bei den vielen Pilgermessen in Heiligen Jahren, bei festlichen Anlässen und – was gerne unter dem Deckmantel der sakralen Verschwiegenheit bleibt – jederzeit gegen ein stattliches Sümmchen zum Einsatz. Geschäft ist Geschäft. Wie auch immer, stets schreiten die *tiraboleiros* ein. Ihnen, einem eingespielten Team aus starken Männern, obliegt es, den silbernen *botafumeiro* per ausgeklügeltem Seilsystem durchs Querschiff und über die Köpfe der Kathedralenbesucher sausen zu lassen – mit einem spektakulären Tempo von bis zu 70 Stundenkilometern und unter langgezogenen »Ahs« und »Ohs«. Danach brandet häufig Applaus auf in den heiligen Hallen, als sei's ein bunter galicischer Zirkusakt gewesen.

Seit Bischof Teodomiros Zeiten haben sich die Gesichter des Gotteshauses über dem römischen Jakobusmausoleum stetig verändert. Auf den ersten, von König Alfonso II el Casto veranlaßten Kirchenbau aus Stein, Lehm und Holz folgte eine 899 unter Alfonso III geweihte marmorgeschmückte Basilika – bis 997 die Mauren kamen. Angeführt vom berüchtigten Almanzor, vernichteten sie alles, was im Zeichen des Kreuzes stand. Danach: Neubau, Neubau des Neubaus, ein Brand zwischendurch, dann das Wirken des Meisters Mateo und fortlaufende Bau- und Ausschmückaktionen ganz nach dem epochalen Zeitgeschmack von Gotik, Renaissance und vor allem Barock.

Eine interessante kunstgeschichtliche Entdeckungsreise quer durch die Jahrhunderte bieten die Fassadenansichten. Zur **Praza das Praterías**, dem Traditionsplatz der Silberschmiede, hin die romanische **Platerías-Fassade** mit Reliefs und Skulpturen wie der des musizierenden Königs David. An der weit ausladenden **Praza da Quintana** dann das wappengeschmückte **Königsportal** und die berühmte **Puerta Santa**, die von

Nächtliche Feierlichkeiten an der Kathedrale

Apostel- und Prophetenfiguren flankierte Heilige Pforte, die man ausschließlich während der *años santos*, der Heiligen Jahre, öffnet. Schließlich die im barock-neoklassizistischen Übergangsstil erbaute **Azabachería-Fassade** an der **Praza da Inmaculada**. Last but not least: die Türme. Der barock-verschnörkelte **Uhrturm**, der **Schatzturm** mit seinem pyramidenartigem Aufsatz und – über der Praza do Obradoiro – **Glockenturm** und **Ratschenturm**.

Hier, genauer: an der **Praza do Obradoiro**, bäumt sich die granitene Hauptfassade der Kathedrale mit aller Macht auf, hier schreitet man auf breiter Renaissancetreppe dem Pórtico de la Gloria entgegen, hier blickt man weit hinauf zur Skulptur des Jakobus als Pilger, zu Zebedäus und Salome und einem stilisierten Relief des Grabfunds, flankiert von Athanasius und Theodorus. Auf der gegenüberliegenden Seite des Platzes: der heilige Jakobus als reitender Maurentöter, als überdimensionale Dachfigur auf dem neoklassizistischen **Pazo de Raxoi**, dem Sitz von Rathaus- und Regierungslenkern. Und noch ein Stückchen gewichtige Platzkulisse obendrauf. Mit dem **Pazo de Xelmírez**, dem vormaligen romanischen Palais des Erzbischofs, und dem **Hostal dos Reis Católicos**, dem einst von den Katholischen Königen gestifteten Pilgerhospiz mit prächtigem plateresken Portal und Innenleben in Gestalt von vier Innenhöfen und 136 Hotelzimmern des heutigen Fünf-Sterne-Luxusparadors.

Trotz aller Monumentalität zeigt sich die Praza do Obradoiro alles andere als in Stein erstarrt. Hier schäumt die Freude der Pilger am Sehnsuchtsziel über, hier lüften Wanderer ihre von Blasen übersäten Füße und Radler ihre durchnäßten Shirts, hier beglückwünschen sich die Endlich-Angekommenen gegenseitig, hier werden selbst schenkelstramme Wallfahrerkerls von Tränen übermannt, hier buhlen Straßenkünstler und fliegende Nippes-Händler – Typ: Weihrauchfäßchen aus Silberimitat – um die Pesetas der Passanten. Kurzum: Hier blüht das pure Leben. Wie überhaupt in der knapp 100 000 Einwohner umfassenden Universitäts-, Erzbischofs- und galicischen Hauptstadt eine sprudelnde

Herzstück Santiagos: die Kathedrale

Das Auge Gottes schwebt über den Kathedral-Besuchern

Vitalität herrscht. Außerdem kommt man immer irgendwie irgendwann und auf dem Weg irgendwohin über die Praza do Obradoiro. Nach einem Gang über die Praza das Praterías, in deren Mitte der 1825 aufgestellte Pferdebrunnen prangt, die Praza da Quintana mit dem um 1700 erbauten **Kloster San Paio de Antealtares** und die Praza da Inmaculada zum Beispiel, an deren Nordseite sich das gewaltige ehemalige **Benediktinerkloster San Martiño Pinario** erhebt. Oder nach einem Bummel zwischen dem **Franziskanerkloster San Francisco** – mit **Museo de Terra Santa** – und dem herrlich engen Gassengeflecht um **Rúa do Franco** (Prädikat: »Freßmeile«), **Rúa da Raíña**, **Rúa do Vilar** und **Rúa Nova** mit Laubengängen und Souvenirshops. Oder zwischen einer Fotopause unter der Arkadenfront des Pazo de Raxoi und dem Gassenaufstieg bis zur **Porta do Camiño**, dem traditionellen Eintritt der Jakobspilger in den Altstadtring.

Porta do Camiño, was dann? Zwei Museen liegen einen Steinwurf entfernt: das **Centro Galego de Arte Contemporánea** mit wechselnden Kunstausstellungen wechselnder Qualität und das

Museo do Pobo Galego, das rund um den klösterlichen Kreuzgang von **San Domingos de Bonaval** angeordnete Museum galicischer Volkskunde. In letzterem macht man ausgiebig Bekanntschaft mit Galicien und den Galiciern, ihrem hartem See-, Bauern- und Handwerksleben, ihren Trachten, ihren Häusern, ihrer Musik und ihrem Geschick bei Klöppelarbeiten. Mit einer Region, die – sieht man vom internationalen Sammelbecken Santiago de Compostela ab – stets ein wenig im Abseits gestanden hat. Einer armen Region, in der Männer wie Frauen hart anpacken müssen und die viele immer wieder zum Auswandern gezwungen hat. Was sie dann mit *morriña* erfüllte, dem häufig in melancholische Lieder umgesetzten Heimweh.

Verzweigt wie die lebhaften Gassen sind die Ziele beim Gang zurück in die Altstadt. Wer einen kurzen Umweg nicht scheut, der trifft am südlichen Stadtrand auf die **Colexiata de Santa María do Sar**. Das Besondere an dieser romanischen und einst zu einem Augustinerkloster gehörigen Kirche sind ihre im Innern stark geneigten Säulen – ob architektonisch kühnes Schmankerl oder durch Absenkung auf lehmigem Untergrund bedingt, ist nicht abschließend geklärt. Ebenfalls interessant an der Sar-Kirche: die das Gesamtwerk an den Seiten stützenden und im 18. Jahrhundert hinzugefügten Strebepfeiler sowie die neun romanischen Bögen des Kreuzgangs. Nördlich des Zentrums am Campillo de San Francisco liegt die spätbarocke **Klosterkirche San Francisco** und – mitten im urbanen Strudel der Rúa Nova – die kleine romanische **Kirche Santa María Salomé** mit ihrem Barockturm, einem Arkadenvorbau und einer gotischen Verkündigung Mariens. An der Praza de Abastos schließlich erhebt sich die vom Apostelgrab-Entdecker Pelayo an der Stelle des Bethauses erbaute **Kirche San Fiz de Solovio**. Ihr romanisches Portal besitzt ein schönes Tympanon, das die Anbetung der Heiligen Drei Könige zeigt.

Wenn Sie schon einmal an der Praza de Abastos sind, schnüffeln Sie unbedingt hinein in den **Mercado de Abastos**, den Vormittags-Wochenmarkt. Dort, wo einst Einsiedler Pelayo die zum Apostelgrab weisenden Sternenlichter wahrgenommen haben soll, werden heute Wohlgerüche aus frischen Kräutern, Paprika, Fisch und Käse in ihre Nasenflügel strömen. Oder Sie wählen den Weg durch die Rúa de San Miguel mit dem lohnenden Pilgermuseum, dem **Museo das Peregrinacións**. Zeit, das Thema Jakobsweg zum Abschluß zu bringen und offene Fragen zu überdenken. Das Aussehen der Pilger von anno dazumal zum Beispiel, mit ihren Sandalen aus Holz und Leder, mit Hirtenstab und Hirtentasche, Hut, Umhang und Kürbisflasche. Oder den Jubiläumsablaß von heute in Heiligen Jahren, für den Gebet, Beichte und Empfang der Kommunion reichen.

Apropos Abschluß. Nach eines langen Tages Streifzug durch die Pilgerstadt Santiago empfiehlt sich ein letztes Auslaufen im Abendsonnenschein. Vorausgesetzt, das unbeständige Wetter spielt mit, wenn Sie durch die **Alameda-Parkanlage** bummeln, einen Blick in die mitten im Parkgelände gelegene, im 18. Jahrhundert wiederaufgebaute **Kirche Santa Susana** werfen und – im frischen Duft des Grüns – das herrliche Bild der Kathedralfront in sich aufnehmen. Sollten – wie so häufig im Regenbecken Santiago – Schauer die Blicke trüben, bleibt Ihnen wenigstens der Trost, daß in einer Stadt wie dieser selbst der Regen Kunst sei. Sagen zumindest die Einheimischen.

Warten auf den Gottesdienst im Freien

Infos zu den Unterkünften in Santiago de Compostela finden Sie auf S. 126 f.

Oficina de Turismo
Rúa do Vilar, 43
✆ 981 58 40 81, Fax 981 56 51 78
ot.santiago@xunta.es
Ein weiteres Informationsbüro der Stadt findet sich an der Praza de Galicia (✆ 981 58 44 00, Fax 981 58 48 55). Das **Pilgerbüro** *(Oficina de Acogida al Peregrino)* ist in der nahe der Praza das Praterías gelegenen Casa do Deán untergebracht (Rúa do Vilar, s/n; ✆ 981 56 24 19); hier werden auch die Pilgerurkunden ausgestellt.

Restaurante Arzuana
Rúa do Franco, 40
✆ 981 58 11 98
Rustikales Holzambiente, zur Auswahl stehen mehrere Menüs, Speisekarte auch auf deutsch. Spezialität: *parrillada de pescado* (Fischplatte) für zwei Esser. PP

Restaurante Carballeira
Rúa do Vilar, 41
✆ 981 56 23 80
Kleiner, recht gemütlicher Speiseraum; empfehlenswert für zwei Personen die Fisch- oder Meeresfrüchteplatte *(combinado de pescados* bzw. *combinado de mariscos)*; gute Weinauswahl. P–PP

Mesón Treixadura
Rúa Santa Cristina, 26
✆ 981 58 59 07
Klein, aber fein. In einer winzigen Gasse am Altstadtrand gelegen, zur wärmeren Jahreszeit einige wenige Tischchen draußen. Günstiges Tagesmenü, an verschiedenen Tagen schmackhafte Eintöpfe, Spezialität Venusmuscheln in Knoblauch *(almejas al ajilllo)*. P

Mesón El Hispano
Praza de Abastos, 7
✆ 981 56 18 50
Direkt an den kleinen Markthallen, rustikal-einfach, fast blickt man von den Holzstühlen direkt in die Küche. Im Freiluftbereich auch angenehm für die kleine Rast zwischendurch. Tagesmenü, Meeresfrüchte, Weinkarte. P

Mesón Algalia
Algalia de Arriba, 45
✆ 981 57 11 58
Kleiner Bar- und Speiseraum, stark von Einheimischen frequentiert. Rustikaler Holzrahmen, sehr günstige Mittagsmenüs, recht große Weinauswahl. Die Karte bietet außerdem Salate und Eierspeisen sowie mehrere Käsesorten. P

An gemütlichen Häppchen-Bars, Cafés und kleinen Restaurants herrscht kein Mangel. Dutzendweise verteilen sie sich über die Altstadt, so auch in der Zone von Rúa do Franco, Rúa do Vilar, Rúa da Raiña und Avenida Rodrigo de Padrón. Zur wärmeren Jahreszeit sitzt man draußen auf der Praza de Fonseca.

Kathedrale
Tägl. 7.30–20.30 Uhr
Im 11. Jh. begonnen und erst im 18. Jh. fertiggestellt. Sehens- und erlebenswert: der Pórtico de la Gloria aus dem 12. Jh., Krypta mit dem vermeintlichen Grab des Apostels Jakobus, sitzende Apostelfigur in der barocken Hauptkapelle und das spektakuläre Schwenken des *botafumeiro*, eines überdimensionalen Weihrauchfasses. Vorplätze der Kathedrale: Praza das Praterías, Praza da Quintana, Praza da Inmaculada sowie das riesige Geviert der Praza do Obradoiro (hier granitene Hauptfassade der Kathedrale).

Pazo de Xelmírez
Praza do Obradoiro, s/n
Di–So 10–13.30 und 16.30–19.30 Uhr
Restauriertes und extrem verwinkeltes Erzbischofspalais aus dem 12. Jh. (auch: Palacio de Gelmírez), bietet gelegentlich den Rahmen für Ausstellungen.

Hostal dos Reis Católicos
Praza do Obradoiro, 1
Ehemaliges Pilgerhospiz aus dem 16. Jh. Heute Parador (s. S. 126 f.).

Pazo de Raxoi
Praza do Obradoiro
Das neoklassizistische Gebäude aus dem 18. Jh. beherbergt heute das Rathaus und ist Amtssitz des Präsidenten der *Xunta*, der Regierung Galiciens.

San Martiño Pinario
Praza de San Martiño Pinario
Ehemaliges Benediktinerkloster aus dem 17. und 18. Jh.

Kirche San Fiz de Solovio
Praza de Abastos

Klosterkirche San Francisco
Campillo de San Francisco
Di–So 10.30–14 und 16–19 Uhr

Kirche Santa María Salomé
Rúa Nova

Colexiata de Santa María do Sar
Am Ufer des Río Sar
Mo–Sa 10–13 und 16–19 Uhr

Museo de la Catedral
Praza do Obradoiro, s/n
Mo–Sa 10–13.30 und 16–18, So 10–13.30 und 16–19 Uhr
Kathedralmuseum mit archäologischen Ausgrabungsresten aus der Römerzeit, Wandteppichen aus der Rubens-Schule, Skulpturen, Gemälden und Weihrauchwerfer *(butafumeiro)*.

Museo das Peregrinacións
Rúa de San Miguel, 4
Di–Fr 10–20, Sa 10.30–13.30 und 17–20, So 10.30–12.30 Uhr

5.1 Infos: Santiago de Compostela

Das Erkennungszeichen der Jakobspilger: die Muschel

Aufschlußreiches Pilgermuseum in den Räumen eines restaurierten Zivilgebäudes, der Casa Gótica. Alles rund um die Jakobus-Wallfahrt, auch schöne Skulpturen des Apostels als Pilger.

Museo do Pobo Galego
Rúa de Ramón del Valle Inclán, s/n
Mo–Sa 10–13 und 16–19 Uhr
Üppig ausgestattetes galicisches Volkskundemuseum, untergebracht in einem restaurierten Teil des Klosters San Domingos de Bonaval. Thematische Säle zum Meer (u. a. mit kleinen Fischerbooten), Handwerk (hinter Glas »Werkstätten« von Scherenschleifer, Hufschmied, Schuhmacher etc., außerdem Korb- und Webwaren), zu volkstümlicher Architektur sowie Trachten und Musik.

Centro Galego de Arte Contemporánea
Rúa de Ramón del Valle Inclán, s/n
Di–So 11–20 Uhr
Wechselnde Ausstellungen in diesem Zentrum für Zeitgenössische Kunst, riesige Räume für Installationen und großformatige Bilder.

Museo de Terra Santa
Campillo de San Francisco, 3
Di–So 10.30–14 und 16–19 Uhr
»Museum des Heiligen Landes« mit einem Modell des Heiligen Grabes und archäologischen Fundstücken aus dem Nahen Osten. Dem Franziskanerkloster angeschlossen, Eintritt durch das Hostal Hogar San Francisco.

Colexio de Fonseca
Praza de Fonseca, s/n
Wechselnde Ausstellungen in mehreren Räumen dieses im 16. Jh. errichteten Collegiums für Theologiestudenten (schön: Portal und Innenhof im Renaissancestil).

Mercado de Abastos
Praza de Abastos
Schon alleine wegen des bunten Angebots an Meeresgetier, Fleisch, Gemüse, Käse, Obst und Kleidungsstücken ist der zentrale, am Vormittag stattfindende Wochenmarkt von Santiago einen touristischen Streifzug wert; er setzt sich aus Ständen in mehreren Hallen sowie fliegenden Händlern zusammen.

Santiagos Altstadt zeigt sich als wahres Einkaufsparadies und flutet über vor Andenkenshops, von denen viele sieben Tage in der Woche öffnen. Im breitgefächerten Angebot stehen u. a. Pilgermuscheln *(vieiras)*, komplette »Pilgersets« (Umhang, Muschel, Trinkgefäß, Stab), sehr schöne Klöppelspitzenarbeiten (für den, der's mag), Musikkassetten und -CDs mit typisch galicischen Liedern (begleitet von der *gaita*, dem Dudelsack), Silberschmuck (vor allem um die Praza das Praterías, der traditionellen Zone der Silberschmiede) und Schmucksteinarbeiten aus tiefschwarzem, samtig wie Wachs glänzendem Gagat *(azabache)*. Kulinarische Mitbringsel in vielen Geschäften: Weißwein (Ribeiro oder den besseren Albariño), Tresterbranntwein (*orujo*; wird gelegentlich ohne Etikett als Hausgebrannter verkauft) und wohlgeformter galicischer »Brüstchenkäse« (*tetilla gallega*; auch geräuchert).

5.1 Infos: Santiago de Compostela

Aeropuerto de Lavacolla
Bei Lavacolla, etwa 10 km östl. von Santiago
✆ 981 54 75 00
Flüge u. a. nach Barcelona, Bilbao, Madrid, Brüssel, Frankfurt, Paris, Genf und Zürich (Ziele variieren je nach Jahreszeit).

Estación de Autobuses
Praza de Camilo Díaz Baliño, s/n
✆ 981 58 77 00
Busse u. a. nach Astorga, Bilbao, Cambados, La Coruña/A Coruña, Ferrol, Finisterre/Fisterra, Lugo, Madrid, Muros, Noya/Noia, Orense/Ourense, Ponferrada, Pontevedra, San Sebastián/Donostia, Santander, Vigo und Villagarcía de Arosa/Vilagarcía de Arousa. Auch Abfahrt internationaler Busse nach Deutschland. Bis zu 8 Busse täglich zum Flughafen Lavacolla ab der General Pardiñas (aktuelle Abfahrtszeiten in der Tagespresse oder den bekannten Touristenbüros).

Estación de Ferrocarriles
Avenida de Lugo, s/n
✆ 981 52 02 02
Züge u. a. nach Bilbao, La Coruña/A Coruña, Madrid, Orense/Ourense und Vigo.

Wichtigste Feste

Um Christi Himmelfahrt die *Fiestas de la Ascensión* (**Stadtfest** mit viel Musik und Tanz und Viehmarkt); in der zweiten Hälfte im Juli *Fiestas del Apóstol Santiago*, das **Haupt-Stadtfest** mit Höhepunkt am 25. Juli, dem Jakobustag, begleitet von Umzügen, Folklore und Feuerwerk.

Man merkt es am kulinarischen Angebot: Das Meer ist nicht mehr weit

Ausflüge ab Santiago de Compostela

5.2 Ans »Ende der Welt« und zur galicischen »Todesküste«

5.2 Route: Santiago de Compostela – Noya/Noia – Muros – Finisterre/Fisterra – Cabo Finisterre/Cabo Fisterra – Santiago de Compostela (250 km)

Vormittag	Westlich von **Santiago de Compostela** erst auf der Regionalstraße C-543 nach **Noya/Noia** (kurzer Bummel, Besuch der Kirchen San Martiño und Santa María), ab dort auf der kurvigen C-550 west- bzw. nordwestwärts immer an der Küste entlang. Stopps in **Muros** (Fischerort) und **Carnota** (Kornspeicher, Strand). Über El Pindo/O Pindo, Cée und Corcubión nach **Finisterre/Fisterra** und vom Ort aus auf der kleinen Fahrstraße hinauf zum **Kap Finisterre/Fisterra**. Mittagsrast in Finisterre/Fisterra.
Nachmittag	Auf derselben Strecke zurück, an angenehmen Sommertagen ist ein Bade- und Strandhalt an der südlich von Muros gelegenen **Playa de/Praia de San Francisco** zu empfehlen. Überlegenswerte Ausdehnung der Tour siehe unter »Alternativen & Extras «.

Alternativen & Extras: Dieser herrliche Ausflug ans Meer und in Fischerdörfer kann durchaus eine **Zwischenübernachtung** beinhalten, z. B. in dem neuen, kleinen Hotel auf dem leuchtturmbesetzten Kap Finisterre/Fisterra.

Zweimal einen Tag bzw. zwei Tage mit einer Zwischenübernachtung muß man auf jeden Fall einplanen, wenn man die Tour um folgende Ziele ausdehnt (hochgradig empfehlenswert): nördlich von Finisterre/Fisterra bzw. dem Doppelort Corcubión/Cée zum **Cabo Touriñana/Cabo Touriñán**, dann weiter nordöstlich an den Meeresarm von Camariñas mit dem Hafenort **Mugia/Muxía** (etwas außerhalb und von rauhen Felsen umgeben Santuario de Nosa Señora da Barca, Wallfahrtskirche der Fischer, 18. Jh.) und dem für seine Klöppelspitzenarbeiten bekannten **Camariñas** (ebenso wie das weiter östlich gelegene **Vimianzo**), schließlich noch ein Stück nordostwärts in den zauberhaften, am Meeresarm von Corme und Laxe gelegenen Fischer- und Strandort **Lage/Laxe** und in großem Bogen über **Malpica** (weiterer Hafenort; ein Stück nordwestlich Einsiedelei San Adrián und Blick auf den kleinen Sisargas-Archipel) und das glanzlose Carballo nach Santiago de Compostela zurück.

Die Tour läßt sich um folgende Punkte anreichern:
- Südwestlich von **Noya/Noia** Fahrt auf die **Halbinsel Barbanza** mit dem südlich von **Puerto del Son/Porto do Son** gelegenen *castro* von Baroña (Siedlungsreste aus der Keltenzeit) sowie dem **Naturpark Duna de Corrubedo e Lagoas de Carregal e Vixán** (Lagunen- und Dünenlandschaft).
- Ab dem Hafen von **Muros** Bootsfahrt zu den **Muschelzuchtinseln**.

Wie wär's mit einer Prise frischer, rauher Atlantikluft? Dazu Steilküsten, Strände, Fischerdörfer und eine kurvige Fahrt am Meer entlang? Stimmungsfang à la Wildromantik? Dann auf nach Fisterra, ans »Ende der Welt«, und zur Costa da Morte, der »Küste des Todes«! An letzterer brauchen Sie freilich nicht um Ihr Leben zu bangen – der tödliche Name rührt von den zahlreichen Schiffen her, die, getrieben von gefährlichen Winden und Strömungen, in den letzten Jahrhunderten an den klingenscharfen Klippen Galiciens zerschellt sind.

Bis zur gerade einmal 35 Kilometer westlich von Santiago de Compostela beginnenden Küste ebben die grünen Hügel aus. In **Noia** erwartet Sie das erste zaghafte Stückchen Atlantik, der südöstlichste Zipfel der *ría de Muros e Noia*, einer von Galiciens bekanntesten und schönsten Fjorden. Große Schiffe mit Jakobuspilgern aus Flandern und England könnten im Noia von heute nicht mehr anlegen – der Hafen ist versandet. Dafür erwartet Sie das 13 000-Einwohner-Städtchen mit einem heimeligen Zentrum, alten Bürgerhäusern und den beiden wichtigsten Kirchen am Ort, San Martiño und Santa María a Nova.

Muros schmeckt ganz und gar nach Meer: mit einem der malerischsten Häfen Galiciens. Daß hinter der pittoresken Schale die tägliche Knochenarbeit der Fischer steckt, vergißt man allzu leicht. Gut für sie, daß sie bei anderem schwimmendem Einkommen lediglich auf kurze Fahrt zu gehen brauchen: ein paar Bootsminuten hinaus zu den im Meeresarm schaukelnden *bateas*, den künstlichen Muschelzuchtinseln. Dazu ein paar Zahlen. Jede der 140 *bateas* in der *ría* von Muros wirft pro Jahr sage und schreibe 100 Tonnen *mejillones*, Miesmuscheln, ab, die an bis zu zwölf Meter langen Seilen unter dem Wasserspiegel zur beachtlichen Größe von sechs Zentimetern heranreifen. Maximalmaße einer *batea*: 500 Quadratmeter und 500 Seile. Ein großer Teil der geernteten Muscheln wandert in Konserven, einen winzig kleinen kann man in einem der gemütlichen Fischrestaurants frisch verzehren – allüberall lokken die wohligen Düfte die Kundschaft. Über das kulinarische Erlebnis hinaus können Sie in Muros eine Bootstour zu den *bateas* buchen und die schmalen Gassen der denkmalgeschützten Mini-Altstadt durchstreifen.

Ein sandiger Traum streut sich wenige Kilometer südlich von Muros unterhalb der Straße aus: die **Praia de San Francisco** – einen schöneren Badestrand werden Sie auf dieser Tour kaum

Fischerhafen von Muros

finden. Einen längeren schon, nämlich den kilometerlang sichelförmig geschwungenen von **Carnota**. Und noch etwas außerordentlich Langes bietet Carnota: seinen granitenen *hórreo* bei der Kirche Santa Columba. Über 30 Meter lang ist dieser seit Ende des 18. Jahrhunderts genutzte Getreidespeicher.

Nordwestlich von Carnota geraten Sie in den Bergschatten des legendenumwehten **Monte Pindo** (dem man Zyklopen und siebenköpfige Schlangen ebenso angedichtet hat wie eine verzauberte Prinzessin), den üblen Geruchszirkel der Eisenhütte von **Corcubión** und ins Blickfeld von **Fisterra**. *Finis terrae*, wie das schon klingt! Das »Ende der Welt«! Als steinerne Riesenflosse ragt das Kap aus dem Atlantik auf, Schauplatz religiöser Kulte zu keltischen Zeiten, ein magischer Magnet auch für die Menschen im Mittelalter. So ihnen noch Kräfte vergönnt waren, legten viele Jakobuspilger ab Santiago de Compostela ein zusätzliches Wegstück bis hierher ein, sprachen zu Beginn des heutigen Straßenanstiegs zwischen dem Fischerort Fisterra und dem leuchtturmbesetzten Kap ein Gebet in der Kirche Santa María das Áreas, zogen hinauf und verbrannten ihre alten Pilgerkleider. Sie fühlten sich am Tellerrand ihrer Erdscheibe, harrten mit einem Schauer auf dem Rücken dem Versinken der Sonne am Horizont, begriffen dieses Erlebnis als Wende zu neuem Leben und als Anfang der Rückkehr. Der langen Rückkehr nach Hause.

Kap Fisterra hat nichts von seiner Faszination verloren. Von den Gewalten der Natur umspült und vom Winde umweht, der die Musik der Wogen hinaufträgt. Den nimmermüden Schlag der Wellen gegen die Klippen des Kaps. Seit Menschengedenken.

5.2 **Infos:** Noya/Noia – Finisterre/Fisterra

Galicische Feuerzangenbowle: die Queimada

Kirche San Martiño
Noya/Noia
Bildhauerischer Reichtum am Portal aus dem 15. Jh.

Kirche Santa María a Nova
Noya/Noia
Gotisches Werk, im Innern spätmittelalterliche Grabplatten.

Restaurante Don Bodegón
Porta da Vila Cabo, s/n
Muros
✆ 981 82 78 02 bzw. 981 76 23 23
Den Don Bodegón gibt's doppelt. Exzellente Meeresfrüchte, vor allem der gegrillte Oktopus, der traditionell auf Holztellern serviert wird. Guter Service. Hier kann man sich auch nach Bootstouren zu den Muschelzuchtbänken erkundigen. Weitere Fischrestaurants und Bars an der Durchgangsstraße. P–PP

Camping San Francisco
Praia de San Francisco
✆ 981 82 61 48
1. Kategorie, nur in den Haupt-Sommermonaten.

Hospedería O Semáforo
Auf dem Cabo Finisterre/Fisterra
Finisterre/Fisterra
Kleines, erst 1999 eröffnetes Hotel in Vorzugslage. Mit Restaurant. PP

Hotel A Langosteira
Avenida da Coruña, 57
Finisterre/Fisterra
✆ 981 74 05 43
Kleines, nicht allzu teures Hotel mitten im Ort. P

Hotel Finisterre
Rúa Federico Ávila, 8
Finisterre/Fisterra

✆ 981 74 00 00
Preislich ahnlich günstig wie das A Langosteira. P

Hostal Mariquito
Rúa Santa Catalina, 42
Finisterre/Fisterra
✆ 981 74 03 75
Kleine Pension, gleiche Preiskategorie wie die beiden anderen Unterkunftsmöglichkeiten von Finisterre/Fisterra. P

Camping Ruta de Finisterre
An Straße Corcubión-Fisterra
Finisterre/Fisterra
✆ 981 74 63 02
2. Kategorie, geöffnet nur Juni bis Mitte Sept.

Nahe dem Hafen von **Finisterre/Fisterra** mehrere Cafés, Bars und kleine Restaurants mit durchweg recht günstigen Preisen.

Wichtigste Feste

Ende August **Stadtfest in Noya/Noia**, mit Konzerten, folkloristischen Tänzen und Bootsregatten. **In Finisterre/Fisterra Prozession** am Karfreitag mit dem Bildnis des *Cristo da Barba Dourada*, der auch im Mittelpunkt des Ostersonntags steht *(Día do Cristo)*; außerdem: am letzten Julisonntag festlicher **Strandtag** *(Día de la Playa)* an der nahen Praia de Longosteira sowie am 9. September eine **Meeresprozession** der Fischer.

Der Mais wandert später in die »hórreos«, die typischen galicischen Getreidespeicher

5.3 Galiciens Untere Meeresarme

5.3 Route: Santiago de Compostela – Padrón – Villagarcía de Arosa/Vilagarcía de Arousa – El Grove/O Grove – Pontevedra – Vigo – Santiago de Compostela (244 km)

km	Route
0	Ab **Santiago de Compostela** auf der N-550 nach
20	**Padrón** und über die nach insgesamt
38	km in **Caldas de Reyes/Caldas de Reis** abzweigende N-640 nach
49	**Villagarcía de Arosa/Vilagarcía de Arousa**; südwestlich des Orts auf der C-550 nach insgesamt
56	km Abzweig zur **Isla de Arosa/Illa de Arousa** (Inseltour möglich, 4 km hin und zurück) und über
60	**Cambados** nach
78	**El Grove/O Grove** mit Möglichkeit zum Abstecher auf die **Isla de La Toja/Illa de A Toxa** (Unterkünfte); ab El Grove/O Grove nach
95	**Sangenjo/Sanxenxo** (Unterkünfte) und auf der Küstenstraße weiter nach
115	**Pontevedra** (Unterkünfte); von dort über die gebührenpflichtige A-9 nach
150	**Vigo**; über die A-9 zurück nach
244	**Santiago de Compostela** (wer Autobahngebühren sparen will, weicht spätestens hinter Pontevedra auf die N-550 aus).

Dauer: 2 Tage. **Den Routenverlauf finden Sie in der Karte auf S. 140.**

Alternativen & Extras: Die Tour mit herrlichen Küstenzielen und den beiden Städten Pontevedra und Vigo (Unterkünfte) ist in einem Tag kaum zu schaffen, auch wenn der Rückweg ab Vigo über die gebührenpflichtige Autobahn A-9 führen kann. Also: Ab Santiago de Compostela mindestens zweimal einen Tag bzw. zwei Tage mit **Zwischenübernachtung** einplanen.

Eile wäre einfach schade, zumal das Meer über die vorgestellte Hauptstrecke hinaus reichlich Spielraum gibt, die Tour auf verschiedenste Arten auszudehnen:
– Ab Padrón nicht über Caldas de Reyes/Caldas de Reis (normalerweise Nationalstraßen N-550 und N-640) nach Villagarcía de Arosa/Vilagarcía de Arousa, sondern südwestlich des Städtchens parallel zum Río Ulla und über **Catoira**. Zu Catoira gehören die am Ulla-Fluß gelegenen Torres do Oeste, die Reste frühmittelalterlicher Wehrtürme – genau der richtige Schauplatz für die *Romería Vikinga* Anfang August, das an die kriegerischen Einfälle der Nordländer erinnernde »Wikingerfest«.
– El Grove/O Grove und Villagarcía de Arosa/Vilagarcía de Arousa sind Ausgangspunkte für **Bootstouren zu den Muschelzuchtinseln** in der *ría de Arousa*. Zur Isla/Illa de Ons, einer dem Meeresarm von Pontevedra, vorgelagerten Insel, geht es im Sommer per Boot ab Sangenjo/Sanxenxo.
– Südwestlich von Pontevedra Rundfahrt über die **Península de Morrazo**, eine zwischen den großen *rías* von Pontevedra und Vigo liegende Halbinsel. Bekannt wegen des Marinestützpunktes **Marín**, ihrer **Strände** (an der Nordflanke Praia de Loira und Praia de Lapamán, an der westlichsten Südseite nahe dem Home-Kap die Praia Limens), der vom Fischfang bestimmten Städtchen wie **Cangas** und **Bueu** (in den Sommermonaten Bootstrips zu der der *ría de Pontevedra* vorgelagerten Isla/Illa de Ons) und kleiner künstlerischer Meisterwerke wie dem Cruceiro de San Andrés, einem im 19. Jh. von Xosé Cerviño modellierten Steinkreuz mit Motiv der Kreuzabnahme (gegenüber der Kirche San Andrés in **Hío**).
– Ab dem Hafen von Vigo in den Sommermonaten Bootsausflüge zu den **Islas/Illas Cíes**, einem kleinen, unter Naturschutz stehenden Archipel am Einlauf der *ría de Vigo*. Hier sind Unmengen an Seevögeln heimisch. (Juni–Mitte Sept. ist ein Campingplatz in Betrieb.)
– Süd- und südwestlich von Vigo (Regionalstraße 550) läßt sich eine weitere Tour bis an die portugiesische Grenze und zurück über Túy/Tui einschieben. Lohnend sind an dieser Strecke besonders die folgenden Stationen: der **Monte Ferro** bei Panjón/Panxón (schönes *ría*-Panorama), das pittoreske Strand-, Hafen- und Burgstädtchen **Bayona/Baiona** (mit herrlichem Vier-Sterne-Parador, ✆ 986 35 50 00, Fax 986 35 50 76), das **Kloster Santa María de Oia** (mit Kirche aus dem 12./13. Jh.), **Santa Tegra** (ein *castro*, eine keltische Hügelsiedlung südlich von La Guardia/A Guardia) sowie das beeindruckende und am Río Miño gelegene **Túy/Tui** mit seiner mittelalterlich anmutenden Altstadt rund um die zinnenbesetzte Wehrkathedrale (Auskunftsbüro in der Rúa Puente Tripes, s/n, ✆ 986 60 17 89; Drei-Sterne-Parador in einem traditionellen galicischen Landhaus in der Avenida Portugal, ✆ 986 60 03 00, Fax 986 60 21 63).

Die *rías baixas*, die Unteren Meeresarme, bieten Galicien in Reinkultur. Inklusive tief hängender Wolken, die selbst im Sommer in Grau und Schwarz aufs Land und Gemüt drücken können und ohne Rücksicht auf Urlaubszeiten einen Teil der durchschnittlich 1 300 Millimeter Jahresniederschlag abregnen. »Schnee« fällt auch, aber nicht von oben, sondern wohl verpackt, in dunklen Nächten und mit Hilfe von Schnellbooten, die Kokain von vorbeifahrenden Frachtschiffen aufnehmen – die zergliederte Küste als ideale Schleuse für den europäischen Markt. Als Besucher ist man aufnahmebereit für andere Dinge des Lebens, genauer: für die kulinarischen Fein- und Besonderheiten im Schlemmerparadies Galicien mit all seinen *ostras* (Austern), *vieiras*, den fleischigen Jakobsmuscheln, und *mejillones al vapor*, den in Meerwasser gedämpften Miesmuscheln. Dazu verlangen die Geschmacksnerven nach einem wohlig

Bei der Muschelsuche in Galiciens Rías

einströmenden weißen Tropfen, namentlich dem fruchtigen, blumig-würzigen Albariñowein, der aus Trauben von Rebstöcken gewonnen wird, die im Mittelalter von Mönchen aus Frankreich eingeführt wurden. In Galicien gilt der alte Spruch, daß die beste Zeit für Meeresfrüchte in jenen Monaten ansteht, die ein »r« in sich tragen, also *septiembre* (September) bis *abril* (April).

Ins südwestgalicische Bild gehören tiefe Meereseinschnitte und Inseln, Strände und Fischerhäfen, *pazos* (Adelspaläste) und *bateas* (Muschelzuchtinseln), *hórreos* (Kornspeicher) und *cruceiros* (Steinkreuze), im späten Frühjahr und frühen Sommer die archaische *rapa das bestas*. Abgeleitet von *rapar*, das heißt kurzschneiden, und *besta*, nicht die Bestie, sondern schlichtweg das Tier. Die Zeremonie ist einfach: Auf den Abtrieb halbwilder Pferde aus den Bergen folgen im *curro*, einem umgrenzten Platz, der Kurzschnitt von Mähne und Schweif und bei den Fohlen das Setzen des Brandzeichens, gelegentlich auch der Verkauf.

Zwei Vertreter des nationalen Literaturbetriebs stammen aus **Padrón**, der ersten wichtigen Station auf diesem Ausflug: Galiciens Vorzeigedichterin Rosalía de Castro (1837–85; »An den Ufern des Sar«) und – etwas lauter und selbstgefälliger – Spaniens Literatur-Nobelpreisträger von 1989, der 1916 geborene Romancier Camilo José Cela (»Pascual Duartes Familie«, »Der Bienenkorb«). Beiden sind Museen gewidmet, in denen man bezeichnenden Details begegnet. Auf Rosalía de Castros Bett eine Rose, in den Regalen der Cela-Stiftung vom Meister samt prominenten Mittrinkern – siehe Namenszüge auf den Etiketten – geleerte Weinflaschen. Überdies liegt Padrón, das römische *Iria Flavia*, noch im Einzugsbereich des Jakobuskultes. Hier, im Binnenland am Río Ulla, soll

Büste Camilo José Celas in Padrón

das von den Jüngern des Apostels, Athanasius und Theodorus, übers Meer begleitete »Engelsschiff« mit dem Leichnam des Jakobus an Bord gelandet sein – und zwar an dem Stein, den man unter dem Altar der Kirche am Fluß sieht.

Südwestlich von Padrón beginnen beliebte Sommerziel- und Strandgebiete. Zunächst das vitale Hafen- und Handelsstädtchen **Vilagarcía de Arousa**, das als Geburtsort des Schriftstellers Ramón del Valle-Inclán (1866–1936) bekannte **Vilanova de Arousa**, die mitten in den Fjord von Arousa greifende **Illa de Arousa**, eine kleine und mit dem Festland per Brücke verbundene Insel, und das als altehrwürdige »Hauptstadt des Albariñoweins« bekannte **Cambados** (mit schönem *pazo* an der Plaza de Fefiñanes sowie den Ruinen der gotischen Kirche Santa Mariña).

Symphonie in Stein: die Praza da Leña in Pontevedra

Dann der Hafen- und Fischlokalort **O Grove**, die »*Mejillones*-Hauptstadt«, mit Brückenschlag zur benachbarten **Illa de A Toxa**, einem Eiland mit Muschelkirche und Kurhotel, weiter südlich der traumhaft lange Sandstrand von **A Lanzada** und die ausgedehnte, moderne Urlaubsgemeinde **Sanxenxo** mit 110 offiziell registrierten Hotels, Pensionen und Appartementkomplexen, zuzüglich einem Dutzend Campingplätzen.

Schließlich drei wohlgeformte Schönheiten in Stein: das kleine, wegen seiner *hórreos* bekannte **Combarro**, der vom Barockstil geprägte Klosterkomplex von **Poio** und die Provinzhauptstadt Pontevedra.

Pontevedra: Lassen Sie sich in der heute knapp 80 000 Einwohner starken, am Río Lérez gelegenen Bau-Stadt des Kolumbus-Schiffes »Santa María« in Ruhe durch den denkmalgeschützten Altstadtkern treiben, durch dieses verwinkelte Geflecht an Gassen, Plätzchen und Granitarkaden. Nehmen Sie Kurs auf die besonders lauschige Praza da Leña (mit Steinkreuz in der Mitte) und den weit ausgreifenden Platzbereich zwischen dem gotischen San-Francisco-Konvent und der Peregrina-Kirche mit ihrer kuriosen Halbrund-Fassade. Orangenbäumchen setzen – im besten andalusischen Stil – bunte Akzente. Ebenso wie Palmen und Kamelienbäume an der Flaniermeile Alameda, die vom Rathausvorplatz an den Kirchenruinen von Santo Domingo vorbeiführt, und die vielen in leuchtendem Grün gestrichenen Türen und Fensterläden, die so manch verrottete Fassade vergessen lassen.

Viermal so groß und nicht einmal halb so gemütlich wie Pontevedra zeigt sich **Vigo**. Hier, in Galiciens größter und vielleicht dynamischster Atlantikstadt, hat das Meer seit ehedem die Geschäfte beflügelt. Im Vigo von heute, in dem sich die Häuserblöcke in den letzten drei Jahrzehnten unablässig die Hänge hinaufgefressen und den Bewohnern nach und nach die Ausblicke verbaut haben, geben Werften, Konservenfabriken und der Riesenkomplex des Fischerhafens Arbeit, ob dem einfachen Fischer, dem Auktionator oder dem Kühlwagenfahrer. Nein, Vigo ist zweifellos eher eine Malocher- und keine touristische Traumstadt, obwohl es auch nette Ecken und Winkel hat. So wie die Rúa do Principe mit ihren Straßencafés und Geschäften, wie der alte Schloßpark, der Parque do Castro oder die Austerngasse beim Piedra-Markt. Und so wie O Berbés, das alte Viertel der Fischer zwischen der von Arkaden gesäumten Praza da Constitución und dem Meeresufer. Auf das Meer laufen im übrigen alle Fäden von Vigo zu. Dort, wo das Leben um die Molen pulsiert, Möwen über die Fischabfälle herfallen und die Verladekräne ihre metallenen Hälse gen Himmel recken.

Austernverkauf in Vigo

Zu den Sehenswürdigkeiten von **Padrón** gehören die **Kirche mit Jakobusstein** direkt am Río Ulla, das **Museo Rosalía de Castro** in einem Landhaus nahe dem kleinen Bahnhof (Di–Sa 9.30–14 und 16–19, So 9.30–14 Uhr) und die **Fundación Camilo José Cela** an der Straße Padrón – Santiago (Mo–Sa 9–14 und 16–19 Uhr).

Oficina de Turismo
Avenida Juan Carlos I, 37
Villagarcía de Arosa/Vilagarcía de Arosa
✆ 986 51 01 44

Arco Iris
Praia O Terrón
Villanueva de Arosa/Vilanova de Arousa
✆ 986 55 54 44
Ganzjährig, 2. Kategorie.

Terrón
Praia O Terrón
Villanueva de Arosa/Vilanova de Arousa
✆ 986 55 43 94
Das ganze Jahr über geöffnet. Ebenfalls 2. Kategorie.

Parador de Cambados
Paseo Calzada, s/n
Cambados
✆ 986 54 22 50, Fax 986 54 20 68
Drei-Sterne-Haus, das in einem alten galicischen Landhaus untergebracht ist. PPP

Gran Hotel La Toja
Isla de La Toja/Illa de A Toxa
✆ 986 73 00 25, Fax 986 73 12 01
Landesweit bekanntes Luxus-Thermalhotel mit allen Annehmlichkeiten, die das Herz des Reisenden begehrt. Zu den Gästen gehörten u.a. Alt-Bundeskanzler Helmut Schmidt, Sängerstar Julio Iglesias und die komplette spanische Fußball-Nationalmannschaft. Grünanlagen, *ría*-Blicke. Exquisites Restaurant, das den anspruchsvollsten Gaumen verwöhnt. PPP

Oficina de Turismo
Rúa Gutiérrez Mellado, 1
Pontevedra
✆ und Fax 986 85 08 14

Hotel Galicia Palace
Avenida de Vigo, 3
Pontevedra
✆ 986 86 44 11, Fax 986 86 10 26
areyners@jet.es
85-Zimmer-Block, recht zentral, Altstadtviertel in angenehmer Gehentfernung. PPP

Parador de Pontevedra
Rúa Barón, 19
Pontevedra
✆ 986 85 58 00, Fax 986 85 21 95
Parador in stilvoll-plüschigem Renaissancepalast, drei Sterne. In einer sehr schönen, ruhigen Zone gelegen. Günstig für Autofahrer der kleine Innenhof-Parkplatz. Mit Restaurant. PP–PPP

Stilvolle Kneipen in der Gegend um die Praza da Leña von **Pontevedra**. Nette Wein- und Häppchenbars auch im Bereich der Rúa de Cousiño.

Wichtigste Monumente **Pontevedras** sind die barock-klassizistische **Kirche La Peregrina** (Praza da Peregrina), die Ruinen der gotischen **Kirche Santo Domingo** (an der Alameda), die **Basílica Santa María la Mayor** mit ihrer plateresken Fassade (Praza de Fonseca) und die **Barockkirche San Bartolomé** mit ihren Strebebögen (Rúa Sarmiento). An der Praza da Leña liegt das **Provinzmuseum** (Di–Sa 10–13.30 und 16.30–20, So 11–13 Uhr).

Estación de Autobuses
Calle Calvo Sotelo, s/n
Pontevedra
✆ 986 85 24 08

Estación de Ferrocarriles
Calvo Sotelo, s/n

Pontevedra
✆ 986 85 13 13

Oficina de Turismo
Estación Marítima de Trasatlánticos, s/n
Vigo
✆ 986 430577

Nicht allzu teure Meeresfrüchterestaurants nach Abstieg aus dem Altstadtviertel von **Vigo** am Ende der Rúa Real. Straßencafés und -restaurants auch an der parallel zum Jachthafen verlaufenden Avenida de Montero Ríos sowie im Bereich von Rúa do García Olloqui und der grünen, schattigen Praza de Compostela.

Vigos Altstadtviertel O Berbés wartet mit der von Häusern eingeschnürten **Nueva Colexiata** (neoklassizistische Kirche an der Rúa da Palma) und malerischen Sträßchen wie der **Rúa Real** und die **Rúa dos Cesteiros**, der alten Gasse der Korbmacher, auf. Südlich der City **Parque do Castro** (Park, schöne Aussicht) und noch ein Stück weiter südlich der **Parque de Castrelos** mit seinem im Pazo de Castrelos untergebrachten **Stadtmuseum** (Di–Sa 10–18, So 10–14 Uhr). Das Innenstadtbild ist mit modernen Skulpturen aufgelockert.

Aeropuerto de Peinador
Etwa 10 km östl. der Stadt
Vigo
✆ 986 26 82 00
Flüge u. a. nach Barcelona, Bilbao und Madrid.

Estación de Autobuses
Avenida de Madrid, s/n
Vigo
✆ 986 37 34 11

Estación de Ferrocarriles
Praza da Estación, s/n
Vigo
✆ 986 43 11 14

Wichtigste Feste

In **Pontevedra** im August die von viel Musik und Folklore begleiteten **Feste der Pilgerin** *(Festas da Peregrina)*. In **Cambados** Anfang August das **Weinfest**, die *Festa do Viño Albariño*. Zeremonie der **Rapa das Bestas** zwischen Mai und August, z. B. **Curro de la Valga** (Bayona-Oya/Baiona-Oia) am zweiten Sonntag im Mai und **Curro de Torroña** (Bayona-Oya/Baiona-Oia) am ersten Sonntag im Juni. In **El Grove/O Grove** am zweiten Oktober-Sonntag die von viel Folklore untermalte *Festa do Marisco*, das **Meeresfrüchtefest**.

Plaza de la Herrería, Pontevedra

6 Baskische Küstenlandschaften

Meeresfrische und Metropolen

6. Route: Irún – Nordnavarra – Irún – Fuenterrabía/Hondarribia – San Sebastián/Donostia – Guernica/Gernika – Bermeo – Bilbao/Bilbo (135 km, 307 km mit Abstechern)

km	Route
0	**Grenze Irún-Behobia**; ab hier **Abstecher Nordnavarra**: auf der N-121-A Richtung Pamplona bis **Oronoz-Mugairi**, von dort in den **Naturpark Señorío de Bertiz**, in Oronoz-Mugairi bei km
45	Links-Abzweig auf die N-121-B, durch das **Baztán-Tal** und **Elizondo**, weiter über den Ortxondo-Paß, bei Dancharia / Dantxarinea unscheinbarer Links-Abzweig nach

78 **Zugarramurdi** (»Hexenhöhlen«; Unterkunft), von dort zurück nach

83 Dancharia/Dantxarinea und Rückkehr an die Grenze auf derselben Strecke bis

100 **Irún-Behobia**; von dort auf der N-I Richtung San Sebastián/Donostia, ausgeschilderter Rechts-Abzweig nach

108 **Fuenterrabía/Hondarribia** (Unterkunft); von hier Kurzabstecher auf den ausgeschilderten **Jaizkibel-Berg** (mehrere Aussichtsstationen, 18 km hin und zurück); weiter ab

126 Fuenterrabía/Hondarribia über **Pasajes/Pasaia de San Juan** nach

146 **San Sebastián/Donostia** (Unterkunft); weiter auf der N-634 nach

163 **Zarauz/Zarautz** (Unterkunft) und nach

183 **Deva/Deba**, dort Richtung Motrico/Mutriku und Lequeitio/Lekeitio (GI-638, bei Provinzwechsel BI-638), in

205 **Lequeitio/Lekeitio** Binnenlandstraße (GI-638) nach

224 **Guernica/Gernika**; von dort **Abstecher Bermeo**, Kap Machichaco/Matxitxako und San Juan de Gaztelugache/Gatzelugatxe (50 km hin und zurück; BI-635); ab

274 Guernica/Gernika nach

287 **Amorebieta**, hier von der BI-635 auf die N-634 und direkt nach

307 **Bilbao/Bilbo** (Unterkünfte).

Alternativen & Extras: Beim **Abstecher Nordnavarra** bietet sich für die Rückfahrt nach Irún eine Schleife durch den **französischen Teil des Baskenlands** über **Sare** – in Ortsnähe ebenfalls Höhlensystem –, das pittoreske **Ascain** und **Saint-Jean-de-Luz** an. Die Rundtour ist dann insgesamt immerhin rund 150 km lang. Aber auch wenn man sich nicht für die Rückfahrt über Frankreich entscheidet, ist eine **Zwischenübernachtung** überdenkenswert. Dafür ideal: Zimmer in rustikalen Landhäusern *(casas rurales)*, die man an der Strecke in Spanien u. a. in **Bera**, **Elizondo**, **Amaiur**, **Zugarramurdi** und **Urdax** findet. Informationen über das Fremdenverkehrsbüro am Naturpark Señorío de Bertiz bzw. Vorab-Zimmerbuchungen über die Reservierungszentrale für Landhäuser (Central de Reservas de Casas Rurales), die der Touristeninformation in Navarras Hauptstadt Pamplona angeschlossen ist (Calle Eslava, 1; ✆ 948 20 65 41, Fax 948 20 70 32; centraldereservas.pamplona@cfnavarra.es).

Hier noch ein paar Ideen für **kleinere Abstecher:**
– Rund 20 km südlich von Lequeitio/Lekeitio begibt man sich in **Bolíbar**, das heute zur Gemeinde von Markina-Xemein gehört, auf die Spuren der Vorfahren von Südamerika-Mitbefreier Simón Bolívar (1783–1830), einem der Motoren der dorti-

gen Unabhängigkeitsbewegung und Namensgeber von Bolivien. Historisch-völkerkundliches Museum in einem Landhaus in Bolíbar (Di–Fr 10–13, Sa und So 12–14 Uhr).
– Etwa 25 km südwestlich von Bermeo erreichen Sie die im besten Wortsinn »märchenhaft« restaurierte **Schloßanlage von Butrón** (Sommermonate tägl. 10.30–20 Uhr, ansonsten wechselnde Öffnungszeiten).
– Wenige Kilometer nordöstlich von Guernica/Gernika liegt die wegen ihrer prähistorischen Zeichnungen bekannte **Santimamiñe-Höhle** (Führungen Mo–Fr 10–12.30 und 16.30–18 Uhr). Nahebei: der **Bosque Pintado**, ein Naturkunstwerk von Agustín Ibarrola aus bemalten Baumstämmen.

Knotenpunkt französisch-spanische Grenze, Lkw-Chaos, Speditionen, Gewerbegebiete, Gleis- und Straßengewirr. Welch ein uncharmanter Empfang in *España*, wenn das so weitergeht!? Augen zu und durch? Weit gefehlt, Augen auf und los, auch wenn das Baskenland hier eine seiner schaurigen Masken aufgesetzt hat.

Gleich der erste Nationalstraßen-Kreisel hinter der Grenze bei **Irún** gibt Gelegenheit, auf der N-121-A Richtung Pamplona zu einem ausgedehnten Abstecher aufzubrechen. Ins grüne Inland, immer den Lauf des Río Bidasoa entlang, hinein in die Nachbarregion Navarra und die majestätischen Ausläufer der Pyrenäen. Hier erwarten Sie die trutzigen Landhäuser von **Bera** und – ausgehend von einem altadeligen Herrensitz am Ortsrand von **Oronoz-Mugairi** – die Wander- und Spazierwege im kleinen Naturpark **Señorío de Bertiz**. In Oronoz-Mugairi geht es weiter auf die N-121-B, durch das zum **Baztán-Tal** gehörige Städtchen **Elizondo**, das mit weiteren Adelspalästen und süßem Naschwerk aus den örtlichen Konditoreien aufwartet, am idyllisch-rauhen Örtchen **Amaiur** vorbei, über das grüne Pyrenäen-Zwischenstockwerk des Ortxondo-Passes und eine Abzweigung nach links bei Dantxarinea bis in den Bauernort **Zugarramurdi**. Die nahegelegenen Grotten heißen im Volksmund nur die »Höhlen der Hexen«, weil hier die Frauen mit den Zauberkräften dem Aberglauben nach vor Jahrhunderten hier ihre schaurigen nächtlichen Treffs, die *akelarres*, abgehalten haben sollen.

Nach Irún kann man auf derselben Strecke zurückkehren oder in einer Schleife durch den französischen Teil des Baskenlands über **Sare** (in Ortsnähe ebenfalls Höhlensystem), **Ascain** und den Fischer- und Ferienort **Saint-Jean-de-Luz** fahren.

Am Nadelöhr Grenze bei **Irún** geht es jetzt zur Küste und nach **Hondarribia**, einem Ferienstädtchen, das Eleganz und Ursprünglichkeit in sich vereint. Zwischen dem Küstenberg Jaizkibel, dem Higuer-Kap und der Mündung des Río Bidasoa macht sich der Ort immer breiter – dank radikaler Stadtplaner, die Traditionshäuser aus der Zeit der Jahrhundertwende kompromißlos abreißen lassen und den Urgrund für neue Blöcke bereiten. Deswegen hat Hondarribia ein wenig an Charakter eingebüßt, insgesamt hat es aber seinen Charme keinesfalls verloren. Es wartet mit Meeresfrische und einem Ensemble aus kontrastreichen Bildern auf: Sandstrand mit Blick auf die letzten Berge der westlichen Pyrenäen, Tapas-Bars und Promenaden, Fischkutter und Freizeithafen, dazu hinter trutzigen Mauern verborgen eine denkmalgeschützte Altstadt, in deren Mitte sich die alte, zum Parador umgestaltete Wehrburg erhebt.

Darüber hinaus bietet sich ein Abstecher zum Leuchtturm am Kap Higuer und die kurvige Auffahrt auf Hondarribias Hausberg **Jaizkibel** an. Der 543 Meter hohe Gneisbuckel bietet ein vorzügliches Küsten- und Bergpanorama. Westwärts windet sich das Sträßchen Richtung **Pasaia de San Juan** hinab, einem charmanten, an die Felsabfälle angebauten Fischerdorf mit Meeresfrüchte-Lokalen und dem eingetrübten Blick auf den Handelshafen San Sebastiáns gleich nebenan.

Das Baskenland – für die Einheimischen: *Euskadi* oder *Euskal Herria* – verwirrt seine Besucher. Und das in mancherlei Hinsicht. Zunächst sind die doppelten Ortsnamen auf spanisch und baskisch *(euskera)* samt zweisprachiger Beschilderung äußerst gewöhnungsbedürftig im profanen Reisealltag. Das spanische Vitoria ist das baskische Gasteiz, das spanische San Sebastián das baskische Donostia. Alles klar? Wohl nur insofern, als man merkt, daß die Sprachen wirklich unterschiedliche Wurzeln besitzen: eine romanische das Spanische, eine bis heute rätselhafte das *Euskera*. Dann folgt der Verwirrung zweiter Teil: Wo findet man seine gängigen Vorurteile bestätigt? Jene von den bösen, nach Unabhängigkeit strebenden Basken, deren pazifistische Mehrheit man allzu leicht mit einer verblendeten Minderheit und deren Zerstörungswut und Haß auf den Nationalstaat gleichsetzt. Ja, wo sind sie denn? An den Pro-

Rathaus von San Sebastián

Der »Mausfelsen« von Getaria

menaden von **San Sebastián** vielleicht, auf dem Aussichtsberg **Monte Igeldo**, unter dem uns die **Muschelbucht**, die *bahía de la concha*, als tiefblauer Traum zu Füßen liegt?

Die Vorurteile sollte man besser vergessen und sich unbeschwert den Erlesenheiten des Baskenlands widmen, auch wenn man hin und wieder Graffitis pro Untergrundorganisation ETA und kämpferisch-plakative Parolen wie *Euskal Presoak – Euskal Herria* (die die Verlegung der inhaftierten ETA-Mitglieder von fernen Gefängnissen in die des Baskenlands fordern) entdecken wird. Auch schwerindustrielle Auswüchse und Dreckschleudern gehören zu den Bildern des Baskenlands. Aber nicht in San Sebastián, nicht in einer der elegantesten Städte Spaniens ...

Sie kann wild sein – wenn bei Sturm die Wellen über den **Paseo Nuevo** brechen. Sie kann in der Sommerhitze flimmern – und Sonnenanbeter an ihre Stadtstrände ziehen. Sie kann in Hollywood-Glamour erstrahlen – wenn die Stars zu den Filmfestspielen im September anrücken. Und sie ist immer schön – bei Wind und Wetter. San Sebastián, die 180 000 Einwohner starke Hauptstadt der Provinz Gipuzkoa, gilt als das baskische Nizza. Das vom Atlantik frischgehaltene Seebad hat sich den altehrwürdigen Glanz der Belle Époque bewahrt. Einer Belle Époque, die nach den Besuchen von Spaniens Monarchin Isabella II im 19. Jahrhundert aufblühte (die kam und kurierte im hiesigen gesunden Atlantikklima ihre Leiden). Hier flaniert man an Meeres- und Flußpromenaden, stoppt und shoppt in exklusiven Boutiquen, investiert ein Stückchen Urlaubskasse in Roulette- und Pokerfreuden im **Casino**

Kursaal, in eines der von exquisiten Lokalen angebotenen Fischgerichte oder in die Armadas an Appetithäppchen, die die Bars in der stimmungsgeladenen Altstadt um die **Plaza de la Constitución** auffahren. An dem von Arkaden gesäumten Platz sind heute noch numerierte Balkone zu sehen, einst Logen für die Besucher der Stierkämpfe, die just hier ausgetragen wurden.

Wenn Sie es etwas einfacher lieben, können Sie natürlich auch für eine Handvoll Pesetas ein Tütchen voll Krabben oder Schnecken im **Fischereihafen** erstehen. Dort angekommen, haben Sie Gelegenheit, sich im neugestalteten **Aquarium** gleich ein Bild von größerem Meeresgetier zu machen, im Sommer zur **Insel Santa Clara** in die Mitte der Bucht überzusetzen oder, nach einem Besuch des Barocktempels Santa María, zum **Monte Urgull** aufzusteigen. Auf diesem wulstigen, über der City gelegenen Hügel erheben sich eine monumentale Christusstatue, die die gesamte Muschelbucht überblickt, und die Reste einer alten Festungsanlage.

Die übrigen Sehenswürdigkeiten der Stadt finden sich auf überschaubarem Raum in der Altstadt zusammen: die **Catedral del Buen Pastor** am gleichnamigen Platz, die **Plaza de Gipuzkoa** mit Grünanlagen und Ententeich, das **Theater Victoria Eugenia** bei der Flußbrücke Zurriola, das **Museum San Telmo** an der Plaza de Zuloaga und schließlich die spätgotische **Kirche San Vicente** an der Straße selben Namens. Dennoch kommen Fuß-Aktive auf dem teuren Pflaster San Sebastián durchaus auf ihre Kosten. Ob beim Spaziergang längs der **Playa de la Zurriola** mit seinem modernen Kongreß- und Messepalast namens Kursaal oder der langen, am **Rathaus** und dem **Parque Alderdi-Eder** beginnenden Schleife an **Playa de la Concha** und **Playa de Ondarreta** vorbei bis zum **Peine del Viento**, den »Windkamm«-Skulpturen des aus San Sebastián stammenden zeitgenössischen Künstlers Eduardo Chillida. Unentwegte können auf diesem Weg noch zu dem über den beiden Stränden gelegenen **Parque de Miramar** hinaufsteigen und hier dem gleichnamigen Palast aus dem 19. Jahrhundert einen Besuch abstatten. Den westlichen Abschluß der Muschelbucht bildet auf jeden Fall der **Monte Igeldo**, dessen Gipfel inzwischen müde Gewordene per Zahnradbahn *(funicular)* erreichen können.

Gerät San Sebastián aus dem Blickfeld, setzt das Baskenland gen Westen typische Kontrastgesichter auf. Grün und rauh, steil und strandig, waldig und wellig. Zunächst die sandigen Strände von **Orio** – mit der nahen Küstenautobahn als Beigabe – und **Zarautz** – mit Surferfreaks und den Bars an der herrlich langen Promenade und in der Altstadt als Zutat. Dann ein Stück Küstenstraße aus dem Bilderbuch, das behagliche Fischerstädtchen **Getaria** mit seinem *ratón*, dem buckligen »Mausfelsen«, und der Felsenkirche San Salvador. In der Gegend pflegt man die Produktion des *txakolí*, des für Gipuzkoa typischen säuerlich-leichten Weins, und die Erinnerungen an bekannte Basken: den Weltumsegler Juan Sebastián Elcano (1476–1526; Monument in seinem Geburtsort Getaria), Ignacio de Loyola, den Gründer des Jesuitenordens (1491–1556; Santuario de Loiola, Basilika im Hinterland von Getaria), sowie den meisterhaften Portrait- und Landschaftsmaler Ignacio Zuloaga (1870–1945; Museum am Ortsrand von **Zumaia**).

Hinter **Deba**, dort, wo sich Nationalstraße und Autobahn von der Küstenlinie lösen, kommen Sie dem blau-grünen Mosaik aus Meer und stets befeuchteten (Steil-)Küstenbergen mit Kiefernbesatz auf die Spur. Farbe ins Leben bringen die Kutter in den pittoresken Fischerstädtchen **Lekeitio** und **Bermeo** sowie die trutzig rotweißen Bauerngehöfte, die *caseríos*. Und die sind ebenso typisch fürs Baskenland wie die *frontones*, Pelota-Spielfelder oder -hallen, in denen man mit Holzschlägern *(palas)*, Wurfröhren *(chisteras cesta-punta)* oder der nackten Hand *(a mano)* Gummikugeln gegen die Wände jagt – Squash in Großformat und baskischer Nationalsport, der bei den Spielen der Profis die Wettleidenschaft im Publikum anheizt.

Nun, die – nach unserem Empfinden schmerzvollen – Blanke-Hand-Matches der *pelotaris* sind im Grunde eine Kleinigkeit gegen die Kraftproben echter baskischer Muskelprotze, die sich beim Massen-Tauziehen die Hände blutig aufreißen und beim Stemmen von Steinkugeln diese möglichst oft um ihre Hälse rollen.

Solch menschliche Urkraft paßt ins Bild der urgewaltigen Natur. Die tobt sich nach Windes- und Wogenkräften an den Klippen und Kaps von Ogoño und Matxitxako aus und öffnet südlich der Insel Izaro, dem Schauplatz einer umheimlichen Legende, ihren zwölf Kilometer tiefen Meeresarm-Schlund Mundaka-Gernika. Dort, wo im **Biosphärenreservat Urdaibai** Fischreiher, Kormorane und Heringsmöwen unter Schutz stehen. Menschenhand aus dem Mittelalter hat westlich des **Cabo de Matxitxako** ihre Spuren hinterlassen. In Gestalt der Felsen- und Seefahrerkapelle **San Juan de Gatzelugatxe**, die man über spektakuläre Treppen auf dem Peña de Aketz erreicht – die brausende See zu Füßen.

Spanischer Bürgerkrieg, zweites Jahr, weiter keine besonderen Vorkommnisse an jenem Tag, der wie jeder andere begann und wie kein anderer endete. Man schrieb den 26. April 1937 in **Gernika**, der »heiligen Stadt der Basken«, in der die Ältesten im Mittelalter ihre Versammlungen unter einer alten Eiche abgehalten hatten. Dann: Bombenhagel, Tote, Bilder des Grauens. Die Legion Condor, eine Fliegerstaffel Hitler-Deutschlands, hatte mit Blick auf spätere (Un-)Taten gezeigt, was in ihr steckt und wie man in Windeseile eine Stadt einebnet und 2 000 Zivilisten ermordet. Die von General Franco begrüßte Attacke war ein Stich ins Herz der Basken – und Pablo Picassos, der sich mit dem weltbekannten Antikriegsgemälde »Guernica« fünf Wochen lang die Greuel von der Seele malte. In großem Format von 3,49 mal 7,77 Metern und voller Dramatik, zeigt es menschliche Wesen mit aufgerissenen Augen und Mündern. Wer heute »Guernica« sehen will, fährt ins Kunstzentrum Reina Sofía nach Madrid.

Das gleichnamige 16 000-Einwohner-Städtchen selbst kann, etwas bescheidener, immerhin auch mit moderner Kunst aufwarten: Im Parque Europa hat man Skulpturen von Henry Moore und Eduardo Chillida aufgestellt. Skulpturen ganz anderer Art stellen der Stumpf der historischen Eiche *(árbol de Gernika)*, über dem ein Ehrentempelchen errichtet wurde, und die 1860 gepflanzte neue Eiche bei der Casa de las Juntas dar, in der das Regionalparlament Biskaias zusammentritt.

Wie gerne hätten die Lenker des Guggenheim-Museums für Moderne Kunst Pablo Picassos »Guernica« nach **Bilbao** geholt! Aber: keine Chance gegen Madrid, das den fragilen Zustand des Bildes vorschob, das einen Transport nicht unbeschädigt überstehen würde. Und wer gibt schon gerne die Zugnummer der eigenen Gemäldesammlungen ab, zumal in eine für ihre »Aufsässigkeit« gegen

Legende: Der Fremde auf der Felseninsel

Die Felseninsel Izaro, so sagt man, war im Mittelalter von Mönchen bewohnt. Von Zeit zu Zeit brachten ihnen Fischer aus dem nahen Hafenörtchen Bermeo Vorräte: eingesalzenen Fisch, Schinken, Brot, Frischwasser und Wein. In einer stürmischen Winternacht hörte einer der Mönche plötzlich Hilferufe. Er eilte die Steintreppe bis zum wellenumspülten Landeplatz für die Boote hinunter, wo er einen Mann auf den Steinen entdeckte. Sofort nahm er den Unbekannten auf und trug ihn über die Stufen hinauf bis zum Wohnhaus. Der Mann war unterkühlt und zitterte am ganzen Leibe. Seine Kleider waren zerrissen. Über die verwundeten Hände und die aufgeschlagene Stirn lief Blut. Die Mönche hüllten ihn in warme Decken und richteten ihm ein Nachtlager auf einer der Pritschen. Es dauerte einige Tage, bis der Mann wieder zu Kräften kam. Dann erzählte er seine Geschichte. Sie handelte von seiner unglücklichen Liebe zu einer jungen Frau aus Bermeo. Und von einem ihrer drei Brüder, den er im Streit um seine Liebste in jener verhängnisvollen Nacht erschlagen hatte. Der Unbekannte berichtete von seiner Flucht in einem Fischerboot, vom Verlust der Ruder, vom Untergang der Barke im Sturm, vom hoffnungslosen Treiben in peitschender See und von seiner Rettung an der Küste der Insel.

Die Mönche boten dem Fremdling an, so lange zu bleiben, wie er wollte. In täglichen Gebeten sollte er Gott um Vergebung seiner Sünden bitten. Da sie andere Kleidung nicht zur Hand hatten, überließen sie ihm eine Kutte.

Die Monate vergingen, der Sommer zog ins Land. Der Fremde war Teil der Gemeinschaft geworden. Die Einsamkeit und die vielen täglichen Gebete hatten ihn geformt. Er hatte versucht, seine Liebe zu der jungen Frau zu vergessen, und brachte sich in die Gemeinschaft ein, wo er konnte. Sein Aussehen war ein anderes geworden. Durch das spartanische Leben war er abgemagert. Ein schwarzer Vollbart wucherte in seinem Gesicht.

An einem milden Sommertag sah er, wie wieder einmal ein Fischerboot auf die Insel zukam, um Vorräte zu bringen. Der Fremde stieg mit einem der Mönche auf den Treppen hinab zur Anlegestelle. Als das Boot näherkam, erblickte er neben zwei Fischern eine Frau an Bord. Es war seine Geliebte. In einem unbemerkten Augenblick gab er sich ihr zu erkennen. Sie erschrak. Doch aus ihren Augen sprach sogleich, daß ihre Liebe zu ihm nicht erloschen war. Sie machten aus, daß er bei ruhiger See in der Nacht darauf ans Festland schwimmen sollte. Sie würde auf ihn warten und ihm mit einer Laterne in der Hand den Weg weisen.

Als sich die Mönche am verabredeten Abend zur Ruhe gelegt hatten, brach er leise auf, ging die Steintreppe hinunter, streifte sich an der Bootsanlegestelle die Kutte vom Leib und schwamm hinüber. Es war eine milde Sommernacht. Seine Sehnsucht war stärker als die Angst vor den Gefahren des Meeres. Bald erblickte er den Lichtschein aus der Laterne seiner Geliebten. Endlich schloß er sie wieder in die Arme und liebte sie mit aller Leidenschaft. Vor Morgengrauen kehrte er nach Izaro zurück.

So ging es wochenlang.

Es wurde Herbst. Stürme zogen auf, die See gab sich tagelang rauh und grimmig. Doch das Verlangen des Fremden, seine Geliebte wiederzusehen, wurde übermächtig. Eines Nachts beschloß er es zu riskieren, nachdem er den Schein einer Laterne am fernen Ufer ausgemacht hatte. Durch gefährliche Wellentäler hindurch schwamm er an Land.

Seine Geliebte hatte nicht bemerkt, daß ihr, wie bei ihrem letzten Treffen, jemand gefolgt war. Es waren ihre beiden verbliebenen Brüder, die hinter das Geheimnis der beiden Liebenden gekommen waren. Sie fackelten nicht lange und schnitten ihrer Schwester die Kehle durch. Dann warteten sie, die Laterne in der Hand, auf den arglosen Schwimmer. In blindem Haß stachen sie ihn nieder und rächten damit die verlorene Ehre ihrer Schwester. Dann trugen sie die beiden Körper zu einem Fischerboot, wickelten sie zusammen mit großen Steinen in Sackleinen, fuhren hinaus und warfen die beiden Leichname in die aufgewühlte See.

Wenn der Wind heute in schwarzen Nächten übers Meer peitscht, vermeint man, seltsame Geräusche in Bermeo zu hören. Mischt sich ins Heulen des Windes nicht ein schmerzgepeinigtes Stöhnen und Schluchzen? So eines von unglücklichen Seelen, die das Schicksal zerrissen hat?

den Zentralstaat bekannte Randregion? Über seinen mahnenden Charakter hinaus ist »Guernica« bis heute ein Politikum geblieben – vielleicht ganz im Sinne des Meisters.

Bis vor wenigen Jahren hat sich Bilbao, die heutige Hauptstadt der Provinz Bizkaia, vor allem mit Bildern von Betonwüsten, rauchenden Schloten und großkalibriger Schwerindustrie ins Gedächtnis geprägt. Dabei gibt es durchaus nette Ecken und Winkel in der 400 000 Einwohner starken Metropole, die auf eine zirka 700jährige Geschichte zurückblicken kann. So wie den **Parque de Doña Casilda de Iturriza**, der im gepflegten Grün die Metropole schnell vergessen läßt, den heimeligen **Altstadtbereich** um das Gäßchen La Cruz und die **Siete Calles**, die Zone der »Sieben Gassen«, oder das große Geviert der neoklassizistischen **Plaza Nueva** mit ihrem pulsierenden Leben quer durch alle Laubengänge und Generationen. In der Altstadt liegen auch die **Kathedrale**, das Gebäude des **Mercado de la Ribera** und das **Arriaga-Theater**.

Oberhalb des historischen Viertels gelangt man zur Wallfahrtskirche **Basílica de Begoña** und, nordwestwärts über die Arenal-Flußbrücke hinweg, zur Einkaufsmeile der nach dem Stadtgründer benannten **Gran Vía de Don Diego López de Haro**. Sie erstreckt sich bis zum **Monumento al Sagrado Corazón**. Nicht versäumen sollte man in den Außenbezirken eine Fahrt mit dem **Funicular de Artxanda**, einer Zahnradbahn nahe Portugalete, und in Las Arenas den **Puente Bizkaia** oder *Puente Colgante*, eine kuriose »Schwebebrücke« für den Personen- und Fahrzeugtransport.

Daß die Vorzüge der Stadt so wenig beachtet wurden, mag damit zusammenhängen, daß Bilbao vielen schon von vornherein suspekt ist. Schließlich hängt den *Bilbaínos* der Ruf ausgeprägter Grobkörnigkeit und eines wurzeltiefen Stolzes an, der im legendären Fußballclub »Athletic« seinen Gipfel erreicht.

Einzig Basken dürfen um Tore und Meisterschaftspunkte kicken, selbst Spieler aus anderen spanischen Regionen gelten als »Ausländer«. Die hochbezahlten Profis des Clubs aber sind die *leones*, die tapferen »Löwen«, ihre Heimspiele tragen sie in ihrem Stadion San Mamés aus, der *catedral*, der »Kathedrale« des Fußballs. Auf der Haben-Seite des Vereins stehen diverse spanische Meistertitel und der Sprung in die europäische Clubelite der Champions League – trotz oder gerade wegen der baskischen Löwenkräfte.

Mitte und Ende der 1990er Jahre erfolgte der Imagewandel einer ganzen Stadt: vom Industriekoloß zum Kunstgiganten. Kalkstein für Kalkstein, Titanplatte für Titanplatte, Glasfenster für Glasfenster, Dollarmillion für Dollarmillion – das Wunder von Bilbao. An den Ufern des Río Nervión entstand in vierjähriger Bauzeit das **Guggenheim-Museum für Moderne Kunst**, ein futuristisches Schachtelwerk des preisgekrönten Architekturprofessors Frank O. Gehry aus dem kalifornischen Santa Monica.

Mittlerweile ist das gewagte Gebilde, wegen seines skulpturartigen Daches im Volksmund »metallische Blume« genannt, für Hunderttausende Besucher pro Jahr zu einer der ersten Kunstadressen Europas erwachsen. Und davon profitiert die ganze Kulturszene Bilbaos. Ein Museum wie das nahe **Museo de Bellas Artes** zum Beispiel, das, trotz einzelner Werke Zurbaráns, Goyas und Gauguins bis dato mehr oder minder ein Schattengewächs, nie eine solche Besucherblüte erlebt hat.

Bilbaos »Blume aus Metall«: das Guggenheim-Museum ▷

6 **Infos:** Señorío de Bertiz – Fuenterrabía/Hondarribia

Beim baskischen Volkssport, dem Pelota-Spiel

Oficina de Turismo
Señorío de Bertiz
✆ 948 59 23 86, Fax 948 59 22 75
oit.bertiz@cfnavarra.es
Am Parkplatz vor dem Herrenhausgelände.

Cuevas de las Brujas
Zugarramurdi
Tägl. 9–19 Uhr
Die »Hexengrotten« von Zugarramurdi bilden ein System aus verzweigten Tunnels bzw. Felsüberhängen in Groß- und Kleinformat. Die kleine Höhle im benachbarten Urdax (Sa und So 11–19 Uhr) dagegen ist ein reines Tropfsteingebilde.

Oficina de Turismo
Calle Jabier Ugarte, 6
Fuenterrabía/Hondarribia
✆ 943 64 54 58

Parador de Hondarribia
Plaza de Armas, 14
Fuenterrabía/Hondarribia
✆ 943 64 55 00, Fax 943 64 21 53
Drei-Sterne-Haus in einer mittelalterlichen Festung mitten in der Altstadt. Eleganz und Komfort, ein Parador-Erlebnis. PPP

Hotel Río de Bidasoa
Calle Nafarroa Beherea, 1
Fuenterrabía/Hondarribia
✆ 943 64 54 08, Fax 943 64 51 70
Solide drei Sterne, gute Parkmöglichkeit für Autofahrer, Sommerpool, Altstadt gut zu Fuß erreichbar (Strand etwas weiter). PP–PPP

Camping Jaizkibel
An der Straße Hondarribia–Jaizkibel-Berg
Fuenterrabía/Hondarribia

✆ 943 64 16 79
3. Kategorie, ganzjährig.

Aeropuerto de San Sebastián
An der Straße Irún–Hondarribia
Fuenterrabía/Hondarribia
✆ 943 64 12 67
Offiziell San Sebastiáns Airport; Flüge u. a. nach Madrid.

Centro de Atracción y Turismo
Calle Reina Regente, 8
San Sebastián/Donostia
✆ 943 48 11 66, Fax 943 48 11 72
cat@donostia.org

Hotel María Cristina
Paseo de la República Argentina, 4
San Sebastián/Donostia
✆ 943 42 49 00, Fax 943 42 39 14
Noch eleganter, teurer und sternreicher (fünf) geht's in ganz San Sebastián gewiß nicht. Hier steigt schon traditionsgemäß alles ab, was Rang und Namen hat. PPP

Hotel Monte Igueldo
Monte Igueldo, s/n
San Sebastián/Donostia
✆ 943 21 02 11, Fax 943 21 50 28
Phantastische Lage auf dem Aussichtsberg Igeldo, die Muschelbucht und die Stadt zu Füßen. Mit vier Sternen, Gästeparkplatz, mehrere Kilometer von der City entfernt. PPP

Hostal Leku Eder
Calle Balenciaga, 2
San Sebastián/Donostia
✆ 943 21 09 64
Recht nette Elf-Zimmer-Pension im Igueldo-Viertel. Parkmöglichkeit. PP

Camping Igueldo
Barrio Igueldo, rund 5 km westl. vom Zentrum
San Sebastián/Donostia
✆ 943 21 45 02
1. Kategorie (sehr teuer), ganzjährig

Restaurante Zurriola
Paseo de la Zurriola, s/n
San Sebastián/Donostia
✆ 943 28 80 40
Herrliche Lage und Blick über den Zurriola-Strand. Die Karte bringt viel Meeresgetier hervor, vom Kabeljau *(bacalao)* bis zu dessen Kiemenbacken *(kokotxas de bacalao)*. Auch Menü. PP

Restaurante Barbarín
Puerto, 21
San Sebastián/Donostia
✆ 943 42 18 86
Gemütlich-rustikal, in der Fußgängerzone und nahe dem Hafen. Seehecht *(merluza)* in verschiedenen Zubereitungsarten, mehrere Menüs zur Auswahl. PP

Eine solche Fülle von Appetithäppchen *(pintxos)* wie in **San Sebastiáns** Altstadt werden Sie selten finden. Barkonzentrationen in den von der Plaza de la Constitución abgehenden Gassen sowie nahe der Plaza de Zuloaga. Weitere kleine Restaurants am Fischerhafen.

Catedral del Buen Pastor
Plaza del Buen Pastor
San Sebastián/Donostia
Neogotische Kathedrale.

Iglesia de San Vicente
Calle San Vicente
San Sebastián/Donostia
Spätgotische Kirche.

Monte Urgull
San Sebastián/Donostia
Aufstieg zu diesem Hügel vom Hafen aus. Festungsruinen, mehrheitlich aus dem 18. und 19. Jh., Christusstatue.

Parque de Miramar
San Sebastián/Donostia
Der im Park gelegene Palast diente einst als Sommerresidenz der spanischen Könige.

Monte Igeldo
San Sebastián/Donostia
Anfahrt auf Straße oder per Zahnradbahn. Herrlicher Blick über Bucht und Stadt.

Acuario
Am Fischerei- und Sporthafen
San Sebastián/Donostia
Tägl. 10–20 Uhr
Aquarium mit reicher Auswahl an Meeresfauna.

Museo San Telmo
Plaza de Zuloaga
San Sebastián/Donostia
Di–Sa 10.30–13.30 und 16–20, So 10.30–14 Uhr
Volkskundliches Museum mit Gemäldesammlung.

Museo Naval
Am Fischerei- und Sporthafen
San Sebastián/Donostia
Di–Sa 10–13.30 und 17–20.30, So 11–14 Uhr
Meereskunde-Museum.

Teatro Victoria Eugenia
Bei der Flußbrücke Zurriola
San Sebastián/Donostia
1912 von Spaniens Königen eingeweihtes Theater.

Estación de Autobuses
Plaza de Pío XII, s/n
San Sebastián/Donostia
Busse u. a. nach Bilbao, Burgos, Madrid, Pamplona und Vitoria.

Estación de Ferrocarriles
Paseo de Francia, s/n
San Sebastián/Donostia
✆ 943 28 30 89.
Züge u. a. nach Madrid und Pamplona. Ein Nahverkehrszug (Spitzname *topo*, Maulwurf) über Pasaia in den französischen Grenzort Hendaye ab der Plaza Easo.

Camping Playa de Orio
Carretera Nacional 634, km 13
Orio
✆ 943 83 48 01
In den Wintermonaten geschl.

Oficina de Turismo
Calle Navarra, s/n
Zarauz/Zarautz
✆ 943 83 09 90, Fax 943 83 56 28

Gran Camping Zarautz
Monte Talai-Mendi
Zarauz/Zarautz
✆ 943 83 12 38
2. Kategorie, ganzjährig.

Restaurante Karlos Arguiñano
Mendilauta, 13
Zarauz/Zarautz
✆ 943 13 00 00
Ideal für Feinschmeckergaumen, über dem Strand von Zarautz gelegen. Namensgeber ist »Spaniens Biolek«, Fernsehkoch Karlos Arguiñano. Wen wundert's, daß in des Meisters Küche heute andere wirken, angeführt von Chefkoch Patxi. Mit exklusivem Hotel. PPP

Museo Ignacio Zuloaga
Carretera Nacional, s/n
Zumaya/Zumaia
✆ 943 86 23 41
Sommer Mi–So 16–20 Uhr; sonst wechselnde Öffnungszeiten
Eigene Werke und kostbare Kunstsammlung des baskischen Malers Ignacio Zuloaga, untergebracht in einem Landhaus.

Oficina de Turismo
Independentzi Enaparantza, s/n
Lequeitio/Lekeitio
✆ 94 68 440 17

Oficina de Turismo
Askatasun Bidea, 2
Bermeo
✆ 94 61 791 54

6 Infos: Bermeo – Bilbao/Bilbo

Museo del Pescador
Torre de Ertzilla
Bermeo
Di–Sa 10–13.30 und 16–19.30, So 10–13.30 Uhr
Fischereimuseum.

Camping Portuondo
Carretera Amorebieta–Bermeo, s/n
Mundaca/Mundaka
✆ 94 68 777 01
1. Kategorie, ganzjährig.

Oficina de Turismo
Artekalea, 8
Guernica/Gernika
✆ 94 62 558 92, Fax 94 62 575 42

Parque Europa
Guernica/Gernika
Parkanlage mit Skulpturen zeitgenössischer Künstler wie Henry Moore und Eduardo Chillida.

Casa de las Juntas Generales
Guernica/Gernika
Sitz des Landesparlaments der Provinz Biskaia. In der Nähe Stumpf des *árbol de Gernika*, der alten Eiche, um die sich früher der Rat der Ältesten des Baskenlandes versammelte, und 1860 neu gepflanzter Baum.

Museo de Euskal Herria
Guernica/Gernika
Di–Sa 10–14 und 16–19, So 10–13.30 Uhr
Baskenland-Museum in einem wappengeschmückten alten Herrenhaus.

Bilbao Iniciativas Turísticas
Paseo del Arenal, 1
Bilbao/Bilbo
✆ 94 47 957 60, Fax 94 479 57 61
www.bilbao.net

Hotel Carlton
Plaza Moyúa, 2
Bilbao/Bilbo
✆ 94 41 622 00, Fax 94 41 646 28
Altehrwürdiger Luxustempel an der Verkehrsdrehscheibe der ansprechend mit Grün ausgestalteten Plaza Moyúa. Im Herzen von Bilbaos Shoppingmeile, der Gran Vía de Don Diego López de Haro. PPP

Hotel Aranzazu
Calle Rodríguez Arias, 66
Bilbao/Bilbo
✆ 94 44 131 00, Fax 94 44 221 97
Solide, nicht gerade preisgünstige Drei-Sterne-Qualität in einer Parallelstraße zur Gran Vía.
PPP

Restaurante Ama Lurre
Máximo Aguirre, 1
Bilbao/Bilbo
✆ 94 42 371 50
Rustikaler Gourmettempel nahe dem Museum der Schönen Künste, auf der Karte u. a. Entenleber, Kabeljau und Seeteufel. PP

Restaurante Laga
Calle de la Merced, s/n
Bilbao/Bilbo
✆ 94 41 500 82
In der Altstadt, relativ einfach, Fleisch und Fisch, u. a. Seehecht *(merluza)*, Kabeljau *(bacalao)* und Zunge *(lengua)*. P–PP

Sehr viele **Bars** in der Altstadt von **Bilbao** (u. a. in der Calle Somera). Neu in der Calle Luis Briñas, 13: das Cyberc@fé Antxi.

Catedral de Santiago
Plazuela de Santiago
Bilbao/Bilbo
Mo–Fr 16–21 Uhr
Kathedrale aus dem 16.–19. Jh.

Mercado de la Ribera
Am Río Nervión
Bilbao/Bilbo
1929 eröffnetes Marktgebäude.

6 **Infos:** Bilbao/Bilbo

Basílica de Begoña
Calle Virgen de Begoña
Bilbao/Bilbo
Mo–Fr 11–13 und 16–20 Uhr
Aus dem 16. Jh. datierende Wallfahrtskirche.

Funicular de Artxanda
Außerhalb der Stadt, bei Portugalete
Bilbao/Bilbo
Zahnradbahn.

Puente Bizkaia
Las Arenas
Bilbao/Bilbo
Auch *Puente Colgante* genannte, Ende des 19. Jhs. erbaute Brückenkonstruktion.

Museo Guggenheim
Calle Abandoibarra, 2
Bilbao/Bilbo
✆ 94 43 590 00
Di–So 10–20 Uhr
In der Außen- wie Innenansicht ist das 100-Millionen-Dollar-Werk ein architektonisches Erlebnis. Rund 50 m hohes verglastes Atrium, 21 Säle (der größte, mit einer Freifläche von 4 000 m^2, ist ideal für Großinstallationen). Wechselausstellungen. Außen – zur Stadtseite hin und ebenso wie vor dem Residenzschloß im hessischen Arolsen – erhebt sich »Puppy«, die Blumenhundskulptur von Jeff Koons.

Museo de Bellas Artes
Plaza del Museo, 2
Bilbao/Bilbo
Di–Sa 10–13.30 und 16–19.30, So 10–14 Uhr
Relativ kleines Museum der schönen Künste mit Werken u. a. von El Greco, Zurbarán, Murillo, van Dyck, Goya, Gauguin, Francis Bacon und Eduardo Chillida. Raum auch für wechselnde Ausstellungen.

Museo Vasco
Calle Cruz, 4
Bilbao/Bilbo
Di–Sa 10.30–13.30 sowie 16–19, So 10.30–13.30 Uhr
Archäologische Abteilung zu Bizkaia, Volkskunde und Geschichte des Baskenlands.

Museo Diocesano de Arte Sacro
Plaza de la Encarnación, 9
Bilbao/Bilbo
Di–Sa 10.30–13.30 und 16–19, So 10.30–13 Uhr
Regional ausgerichtetes Diözesanmuseum.

Museo Taurino
Plaza de Toros de Vista Alegre, s/n
Bilbao/Bilbo
Führungen Mo–Fr 10–13 und 16–18 Uhr
Bilbaos Stierkampfmuseum.

Teatro Arriago
Plaza del Arriaga, 1
Bilbao/Bilbo
✆ 94 41 633 33
Ende des 19. Jhs. erbaut. Umfangreiches Kulturprogramm mit Konzerten, Ballett und Theater.

Aeropuerto de Bilbao-Sondika
9 km nördl. der City
Bilbao/Bilbo
✆ 94 45 323 06
Flüge u. a. nach Barcelona, Brüssel, Frankfurt am Main, Madrid, Paris und Santiago de Compostela.

Estación de Autobuses (Termibús)
Calle Gurtubay, 1
Bilbao/Bilbo
✆ 94 43 952 05
Busse u. a. nach León, Logroño, Palencia, Pamplona, San Sebastián und Vigo.

Estación de Ferrocarriles (Renfe)
Plaza Circular, 2 (Estación de Abando)
Bilbao/Bilbo
✆ 94 42 386 23
Züge u. a. nach Burgos und Madrid.

Hexenkeramik im »Hexenort« Zugarramurdi

Estación de Ferrocarriles (Feve)
Calle Bailén, 2
Bilbao/Bilbo
✆ 94 42 322 66
Schmalspurzüge, die u. a. nach Santander fahren.

Estación de Ferrocarriles (Eusko Tren)
Calle Atxuri, 6
Bilbao/Bilbo
✆ 94 43 395 00
Baskische Nahverkehrszüge u. a. nach Bermeo und Guernica/Gernika.

Metro
Bilbao/Bilbo
✆ 94 42 540 25
Haltestellen im Innenstadtbereich u. a. Casco Viejo (Altstadt), Abando, Plaza Moyúa, Indautxu, San Mamés (Stadion) und Deusto.

Wichtigste Feste

In **Fuenterrabía/Hondarribia** findet am 8. September ein großer **Festumzug** statt, der *alarde*, der an den Sieg über französische Invasoren im Jahr 1638 erinnert; hier marschieren bis zu 3000 Teilnehmer in historischen Trachten mit. **San Sebastián** begeht Mitte August seine *Semana Grande*, das große **Stadtfest**; im September die **Internationalen Filmfestspiele**. **Bilbao** feiert seine **Semana Grande** in der zweiten Augusthälfte.

7 Im Schatten der »Europa-Gipfel«

Von Bilbao nach Oviedo

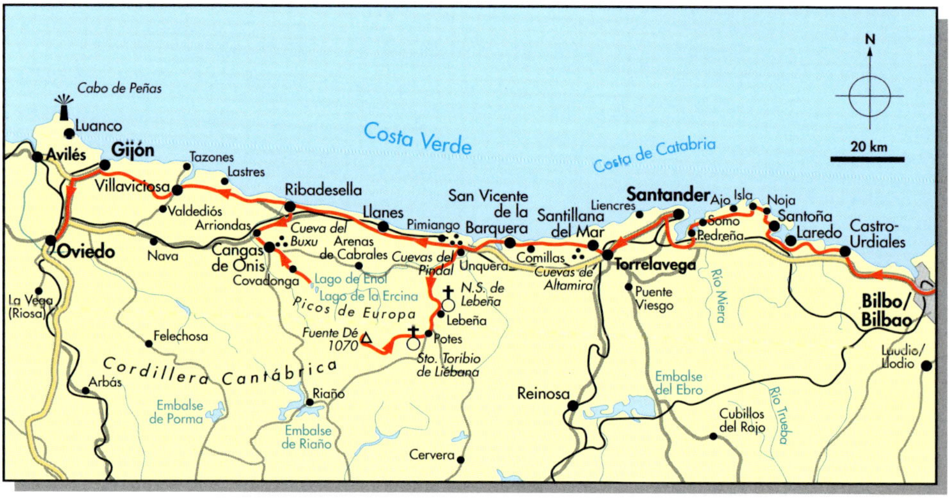

7. Route: Bilbao/Bilbo – Santander – Santillana del Mar – Unquera – Fuente Dé – Ribadesella – Covadonga, Seen Enol und Ercina – Villaviciosa – Gijón – Oviedo (332 km, 546 km mit Abstechern)

km	Route
0	Ab **Bilbao** auf der Autobahn A-8 Richtung Santander, kurz vor Castro-Urdiales auf die N-634 nach
30	**Castro-Urdiales**; weiter auf der N-634 nach
55	**Laredo** (Unterkunft); von dort auf der N-634 und bei km
62	Rechts-Abzweig auf der Deichstraße nach

68	**Santoña**; weiter durchs Küstenhinterland (mehrere Gelegenheiten zu Küstenabstechern) nach
113	**Santander** (Unterkünfte); lange Fahrt durch die Stadt mit Kurzabstechern zu Stränden und Cabo Mayor (12 km hin und zurück), ab
125	Santander weiter auf der Autobahn A-67 Richtung Torrelavega, dann ausgeschilderter Abzweig nach
153	**Santillana del Mar** (Unterkunft); weiter auf küstennaher C-6316 über **Comillas** und kurz vor San Vicente de la Barquera Rückkehr auf die N-634, an der Kreuzung rechts und abwärts nach
183	**San Vicente de la Barquera**; ab hier weiter auf der N-634 bis
194	**Unquera**; Abstecher über **Potes** (N-621) nach **Fuente Dé** (Unterkunft) an die kantabrische Seite des **Nationalparks Picos de Europa** (Unquera – Fuente Dé hin und zurück 114 km); ab
308	Unquera weiter auf der N-634 über **Llanes** nach
359	**Ribadesella**; Abstecher über **Arriondas** und **Cangas de Onís** nach **Covadonga** und zu den **Hochgebirgsseen Enol und Ercina** an die asturische Seite des **Nationalparks Picos de Europa** (Ribadesella – Ercinasee hin und zurück 94 km); ab
453	Ribadesella auf der N-632 über
487	**Villaviciosa** nach
516	**Gijón** (Unterkunft); weiter auf der Autobahn (A-8/A-66) nach
546	**Oviedo** (Unterkünfte).
	Dauer: 2 bis 3 Tage, mit allen Abstechern bis zu 6 Tagen.

Alternativen & Extras: Nachfolgend Vorschläge für die kleinen Abstecher zwischendurch:

– Rund 20 km südlich von Santander liegt der **Parque de la Naturaleza Cabárceno**, ein Wild- und Naturpark in einem einstigen Eisenminengebiet. Heute leben hier u. a. Elefanten, Löwen und Giraffen. Weitere kleine Trips ab Santander können zum südlich der Bucht gelegenen Berg **Peña Cabarga** (schöner Rundblick), ins westlich der Stadt gelegene Strand- und Dünengebiet von **Liencres** (Campingplatz) sowie rund 30 km südwestlich nach **Puente Viesgo** führen (hier Höhlen mit Felsbildern).

– Im etwa 10 km südöstlich von Santillana del Mar gelegenen Industriestädtchen **Torrelavega** findet mittwochs vormittags im Komplex La Cuadrona der Mercado Nacional de Ganado, ein riesiger **Viehmarkt**, statt.

– Wenige Kilometer nordwestlich von Unquera liegt das Bauernörtchen **Pimiango** und noch ein kleines Stück weiter küstenwärts der Eingang zur **Cueva del Pindal**, einer Höhle mit Felsbildern aus vorgeschichtlichen Zeiten (Öffnungszeiten etwas unverläßlich, in der Regel Di 16–18.30, Mi–So 10–12.30 und 16–18.30 Uhr). Es empfiehlt sich auf jeden Fall frühes Kommen, da nur maximal 200 Personen pro Tag eingelassen werden.
– Leitmotiv Sakralbauten: Im näheren **Umkreis von Potes** liegen kleinere Ausflugsziele wie die mozarabische **Kirche Santa María in Lebeña** und das mittelalterliche **Kloster Santo Toribio de Liébana**.
– Cangas de Onís und der Nationalpark Picos de Europa geben weiteren Ausflugsspielraum, ob zur wenige Kilometer nordöstlich gelegenen **Cueva del Buxu** (Höhle) oder weiter östlich nach **Las Arenas**, einem wichtigen Produktionsgebiet von schmackhaft- kräftigem Schimmelkäse *(queso de Cabrales)*. Weiter südlich von Las Arenas: die unter Wanderern populäre **Garganta del Cares**, eine atemberaubend enge Schlucht.
– Kleinere Abstecher ab Villaviciosa: an die Küste zum **Rodiles-Strand** und den Fischerorten **Tazones** und **Lastres** (letzterer ist auch als Schleife bei der Anfahrt ab Ribadesella einplanbar) sowie ins Hinterland zur knapp 10 km südwestlich gelegenen präromanischen **Kirche El Conventín** (Name auch: San Salvador de Valdediós).
– Ab Gijón Abstecher gen Nordwesten ins knapp 20 km entfernte Hafenstädtchen **Luanco** (mit Meereskundemuseum) und noch ein Stück weiter zum **Cabo de Peñas**.
– 17 km südwestlich von Oviedo liegt, eingefaßt in ein grandioses grünes Bergpanorama, das Örtchen **La Vega de Riosa**. Es ist Ausgangspunkt zu Spaniens neuem Modeberg der Radsportler, dem **Angliru**, den man auch bei einer eindrucksvollen Autofahrt »bezwingen« kann. Seit der Bergankunft der Radprofis bei der Spanien-Rundfahrt 1999 (Gesamtsieger: der Deutsche Jan Ullrich) steht die Strecke bei Radlern jedweden Ehrgeizes hoch im Kurs. Das 12,5 km lange Stück ab La Vega de Riosa überwindet eine Höhendifferenz von über 1 300 m und bietet spektakuläre Anstiege von maximal 23,5 %. Unterwegs: phantastische Ausblicke über Berg und Tal und bis hinüber nach Oviedo. Die Asphaltstraße endet als Sackgasse an einem großen Parkplatz inmitten der kargen, rauhen Bergwelt der vom 1 712 Meter hohen Gamonal gekrönten **Sierra de Aramo**. In La Vega de Riosa gibt es mehrere Bars und kleine Restaurants.
– Weitere Abstecher ab Oviedo: ins rund 35 km südwestlich gelegene **El Entrego** mit dem Museo de la Minería y de la Industria (Di–Sa 10–14 und 16–19, So 10–14 Uhr; interessantes Bergbaumuseum, Führungen u. a. durch einen unterirdischen Simulationsstollen), gen Osten ins 30 km entfernte **Nava** mit seinem Museum des Apfelweins (Di–Fr 11–14 und 16–19, Sa 11–15 und 16.30–20, So 11–14 Uhr, in den Sommermonaten verschieben sich die Öffnungszeiten etwas nach hinten) und ins ca. 30 km südwestlich beginnende und insgesamt 29 000 Hektar umfassende **Naturschutzgebiet Somiedo**, in dem sogar noch Braunbären vorkommen (Unterkünfte; Wanderwege im Gebiet um **Proaza**; Naturkundezentrum in **Pola de Somiedo**).

Mit seinen Schmuddelspuren der Schwerindustrie macht Ihnen das Baskenland den Abschied leicht. Erst in den kantabrischen Küstenstädtchen **Castro-Urdiales** und **Laredo** können Sie wieder frei durchatmen. Die fünf geschwungenen Kilometer des Sandstrands Salvé (und die für Nordspanien untypische Betonkulisse) von Laredo läuten einen Abschnitt mit beliebten Feriengebieten ein, die sich an der zergliederten *costa* bis Santander fortsetzen. In der Region um **Santoña**, **Noja**, **Isla**, **Ajo**, **Somo** und **Pedreña** wechseln sich Strände, Felsenküste und Meereseinschnitte ab, hinter denen sich das grüne Küstenland entlangwellt und Autobahn und Nationalstraße im angenehm weiten Abseits bleiben. Wer hier nicht ins Tourismusgeschäft eingestiegen ist, lebt unverändert von Ackerbau und Viehzucht.

In **Santander**, Kantabriens Hauptstadt und größtem Arbeitsmarkt mit Jobs in der Nahrungsmittelindustrie, den Werften, der Regionalverwaltung und an der Universität ist das natürlich anders. Sein Ruf als elegantes Seebad gründet sich vor allem auf Spaniens Monarchen Alfonso XIII, der es sich im Atlantikklima wohlergehen ließ und Beispielgeber für nachrückende Adelsfamilien war. Also, wenn schon der König ...

Hier hat die ländliche Küstenidylle ein Ende, ein Ende mit Schrecken im Hafenbereich, doch ein Entdecken ohne Ende rund um die **Península de la Magdalena**. Dort zeigt sich die Stadt von ihren grün-blau-gelben Schokoladenseiten: zunächst die weit in die Bucht greifende Halbinsel selbst mit ihren zum Hafen hin gelegenen Stränden Biquinis und Magdalena, den kieferfrisch-grü-

Im Hafen von Castro-Urdiales

Strand bei Santoña

nen, tagsüber frei zugänglichen Parkanlagen und dem **Palacio Real**, einst Königspalais von Alfonso XIII und heute Sitz der Sommeruniversität Menéndez Pelayo. Auf der Sardinero-Seite haben die Stadtväter einen kleinen Zoo eingerichtet, hier liegen auch die nachgebauten Galeonen aus der Zeit von Amazonas-Entdecker Francisco de Orellana.

Weiter zum Auslauf der Bucht hin erstreckt sich der lange **Sardinero-Strand** selbst mit Promenaden und **Gran Casino**. Auf diesem Stück Santander geben sich geldadlige Casinofans, Promenierer, Picknicker, Jogger, Spaziergänger, turtelnde Pärchen, Meer- und Sonnenhungrige sowie über 1 000 Sommeruni-Studenten aus rund 30 Ländern ein Stelldichein. Zum fröhlichen multikulturellen Panorama gehört noch der Festivalmonat August mit Tanz und Musik im **Palacio de Festivales**. Etwas ruhiger wird es wieder zwischen den Stränden Sardinero und Mataleñas im **Parque de Mataleñas**, von dem aus man ein Stückchen weiter nordwestlich das Kap Mayor mit Leuchtturm und Klippen erreicht.

Die Suche nach Alt-Santander gestaltet sich etwas schwierig – vieles wurde bei der Feuersbrunst von 1941 ein Raub der Flammen. So auch die wiederaufgebaute **Kathedrale**, an deren Stelle einst ein Gotteshaus zu Ehren der heiligen römischen Märtyrer Emeterio und Celedonio stand, deren geköpfte Häupter, so sagt man, auf wundersame Weise die Bucht von Santander erreichten und fortan als Reliquien verehrt wurden.

Greifbareres aus der Römerzeit, sichtbare Ausgrabungsreste, liegen im Unterbau der festungsgleich wirkenden Kathedrale, der überwölbten frühgotischen **Cripta del Cristo**, unter Bodenglas. Ein Hauch von Alt liegt ebenso über dem nahen Arkadenplatz **Plaza de Velarde** (oder Plaza Porticada), ein kräftiger Hauch von Fisch macht sich direkt beim **Rathaus** bemerkbar, den **Markthallen** sei Dank.

Wie viele Bücher mögen sich in Ihren Schränken daheim verteilen? Wohl kaum so um die 42 000. Auf diesen stolzen Fundus nämlich brachte es der aus Santander stammende Literaturhistoriker und Philosoph Marcelino Menéndez Pelayo (1856–1912), der schon als zwölfjähriger Bücherwurm mit der genauen Katalogisierung seiner Kollektion begonnen haben soll und stets geschwärmt hat: »Zwischen Büchern zu leben ist meine größte Freude.« Schön und gut, nur fragt sich der Privatmann: Wohin, um Himmels willen, mit den Werken, nachdem man sie verschlungen und in viele seine Anmerkungen geschrieben hat? Gut, wenn man, wie Marcelino, einen elterlichen Garten samt reichem Vater hat, der einem ebendort einen ersten Bücherpavillon spendiert. So nahm die Geschichte der **Biblioteca Menéndez Pelayo** ihren Anfang. Später wurde sie aufgestockt und bekam anschließend durch den Architekten Leonardo Rucabado ihren eleganten, neobarocken Rahmen.

Nachholbedürfnis in Sachen Geschichte? Kein Problem, **Santillana del Mar** bietet eine geballte Portion pures Mittelalter, samt martialischen Instrumenten im Inquisitionsmuseum. Und überall herrscht »Stein-Zeit«. Mit klobigem Pflaster, romanischer Baukunst in Gestalt der Stiftskirche und ihrem herrlichen Kreuzgang, wappengeschmückten Adelshäusern, einem Bogen hier und einem Winkel dort. Hört sich alles still und malerisch an, ist es aber leider nicht, wenn auf dem Parkplatz am Ortsrand an Sommertagen die spanischen Ausflugsbusse Passagierladung um Passagierladung ausspucken, worauf sich bald Besucherarmadas durch die Gassen wälzen und in die Bars und Restaurants ebenso wie in sämtliche Feinkostshops einfallen.

Santillana del Mar ist leider kein Geheimtip mehr, sondern zählt zu den landesweit bekannten Dörfern Nordspaniens. Wie so häufig, verliert sich der Ursprung des Ortes irgendwo zwischen Geschichten und Geschichte. Mit einem rational kaum erklärbaren Wunder begann's, nämlich als die Reliquien der aus der heutigen Türkei stammenden heiligen Juliana nach ihrem grausamen Märtyrertod zu römischen Zeiten bis hierher gelangen konnten. Wie dem auch sei, im 8. oder 9. Jahrhundert begann sich Santillana *(Santa Juliana)* um ein kleines Kloster herauszubilden, das bald zur Anlaufstelle von Pilgern auf

Sonnenanbeter am Atlantikstrand

der Küstenroute Richtung Santiago de Compostela avancierte.

Ein knappes Jahrtausend später, im Jahre 1879, folgte das nächste Wunder. Diesmal in den Hügeln über Santillana. »Sieh, Papa, Ochsen!« soll die kleine María ausgerufen haben, als sie, an der Seite ihres Vaters Marcelino Sanz de Sautuola, im Dämmerdunkel der **Höhle von Altamira** Zeichnungen von Wisenten entdeckte. Sanz de Sautuola war jedoch »nur« Laien-Archäologe, was zur Folge hatte, daß ihm die sogenannte »Fachwelt« zu Lebzeiten keinen Glauben schenkte und seine (und Marías) Entdeckungen der prähistorischen Höhlenkunst, die durch ihre Perfektion bestach, für gefälscht hielt. Die Ansichten von Altamira haben sich in doppeltem Sinne geändert. Erstens: Zeichnungen

Im Nationalpark Picos de Europa

und Gravuren sind echt und rund 15 000 Jahre alt (und von der UNESCO zum Kulturerbe der Menschheit ernannt), aber zweitens von der Atemfeuchte ihrer Bewunderer inzwischen so mitgenommen, daß sie im Original nur noch für wenige Auserwählte, hauptsächlich Wissenschaftler, zu sehen und für sonstige Besucher seit dem Frühjahr 2000 gar nicht mehr zugänglich sind. Und weil dem so ist und Altamira kein Tummelplatz für Enttäuschte werden soll, schaffen ein Museum und eine nachgebaute Höhle Ersatz.

Auf der Fahrt gen Westen geht Kantabriens Küste ihrem Ende entgegen und hält sich mit dem Strand von Oyambre und zwei populären Ferien- und Hafenstädtchen in guter Erinnerung: **Comillas** samt französisch anmutendem Efeuflair und verschnörkeltem Gaudí-Palast El Capricho sowie **San Vicente de la Barquera** mit Altstadthügel, Fjordpromenaden und ausgedehnten Strandgebieten auf der Gegenseite des Meeresarms.

Die kantabrisch-asturische Küste steht für solche Kontraste, daß Sie am brausenden Atlantik versucht sind, an Luftspiegelungen zu glauben. Aber nein, statt Fata Morgana die **Picos de Europa**. Die »Europa-Spitzen« geben Ton und Höhe im unmittelbaren Küstenhinterland an und kratzen mit ihren bis zu 2 648 Meter hohen Felshälsen an den Wolken. Letztere fliegen dem verkarsteten Gebirgsstock reichlich zu und regnen ab, was in ihnen steckt. Deshalb zeigt sich die Landschaft auch so grün.

Vor Jahrmillionen war das ganze Gebiet vom Ozean bedeckt, bis die Natur die gigantischen Sedimente, die sich hier abgelagert hatten, auffaltete und in den Eiszeiten in Form tiefer Einschnitte neu modellierte. Ein Gebiet der schroffen Schluchten und der herrlich grünen Täler, an die steile, dunkle Flanken

Majada de Ostón-Alm, Picos de Europa

stoßen. In ein solches Gebiet geht es ab **Unquera** bei einem Abstecher ins 60 Kilometer entfernte **Fuente Dé**. Tief hinein in die ländlich geprägte Gegend Liébana mit ihrem Zentralort **Potes** und damit an die kantabrische Seite des Nationalparks Picos de Europa, auf dessen 65 000 Hektar Gemsen und Feuersalamander ebenso unter Schutz stehen wie Narzissen, Orchideen und Steineichen. In Fuente Dé rückt man dem Himmel über den Picos per Seilbahn ein Stück näher.

Asturien beginnt so, wie Kantabrien endet: als zerrissenes grünes Küstenland aus Wiesen und Weiden, aus verstreuten Stränden und rauhen Hügeln, dahinter die natürlichen Wolkenbrecher der Küstenkordillere. Einzig größere Orte am Wege sind die Fischergemeinde **Llanes** und das Strandstädtchen **Ribadesella**, das der die Wasser des Río Sella aufnehmende Meeresarm selben Namens durchbohrt.

Kaum hat man sich wieder an die kernige Seeluft gewöhnt, ist erneut Abstecher- und Hochgebirgszeit: Dieses Mal geht es an die asturische Seite des Nationalparks Picos de Europa. Am besten wählt man sich als Ausgangspunkte die auf Fremdenverkehr ausgerichteten Orten **Arriondas** oder **Cangas de Onís** und nimmt die Ausflugsziele in aller Ruhe in Angriff: das Heiligtum von **Covadonga** und die in grandioser, rauher Hochgebirgsszenerie liegenden **Seen Enol und Ercina**. In Cangas de Onís, seiner einstigen Residenz, und Covadonga, wo er sich in der heutigen Kapellengrotte mit den Seinen verschanzt haben und anschließend den islamischen Feinden tapfer entgegengetreten sein soll, nimmt man gleich mehrfach die Fährte des mysteriösen Westgotenfürsten auf, der als erste Triebkraft der Reconquista und großer Held in Spaniens Geschichte Einzug gehalten hat. Die Rede ist von Pelayo, dem Begründer des Königreiches Asturien und legendären ersten Schlachtensieger über die Mauren. In Covadonga soll es sich zugetragen haben, ob 718 oder 722 (oder überhaupt), man weiß und nimmt es nicht so genau. Hauptsache, der Mythos stimmt.

In und um **Villaviciosa** herum gärt es. Hier liegt der Springquell asturischen Apfelweins, hier reifen die Äpfel, werden millionenfach zerquetscht und verwandeln sich in riesigen Holz- oder Edelstahlfässern in *sidra*. Ein säuerlich-frisch-moussierendes Gebräu und ebenso Geschmackssache wie die berühmte asturische *fabada*, der mit Blutwurst, Speck und Paprikawurst zubereitete, ansonsten hauptsächlich aus Bohnen *(fabes)* bestehende Eintopf.

Villaviciosa schmeckt aber auch nach Meer, das sich in starkem Tidenhub kilometertief in die *ría de Villaviciosa* hineinschiebt und wieder aus ihr zurückzieht – bei Ebbe eine blubbernd-glitzernde Weite aus Morast. An eben dieser *ría* kam am 19. September 1517 auf dem Seeweg ein 17jähriger an: Karl V., der spanische Carlos I, hochwohlgeboren in Gent, bei Margarete von Österreich in den Niederlanden aufgewachsen und ein Jahr zuvor zum König Spaniens proklamiert. Eines Landes, das ihm nur vom Hörensagen bekannt gewesen war und mit dem er sich in Villaviciosa vertraut zu machen begann.

An der Beurteilung von **Gijón**, dem *Gigia* aus Römerzeiten, scheiden sich die Geister. Schlimme Industrien, gräßlicher Hafen, sagen die einen. Schöne Strände, nettes Altstadtviertel, sagen die andern. Mit dem langgestreckten, promenadengesäumten Strand San Lorenzo und dem Kohleverladehafen El Musel vereint Gijón jedwede Gegensätze, wirkt provinziell-pittoresk im historischen Fischerviertel Cimadevilla, so richtig großstädtisch mit den breiten Einkaufsalleen und ein wenig weltmännisch-elegant rund um den Sporthafen und den Palacio de Revillagigedo an der Plaza del Marqués. Der Altstadtbezirk von Cimadevilla bietet mit den römischen Thermen und der Kirche San Pedro am Campo Valdés, der Plaza Mayor samt Rathaus aus dem 19. Jahrhundert sowie der nach dem Dichter und Politiker Gaspar Melchor de Jovellanos (1744–1811) benannten Plaza de Jovellanos durchaus auch einiges fürs Auge. Nichts zu rütteln jedoch gibt es an den gewaltigen Zerstörungen im Spanischen Bürgerkrieg und an der heutigen Größe der Stadt, von der man sich auf dem auch Cerro de Catalina genannten Atalaya-Hügel im Norden ein Bild machen kann – mit rund 265 000 Einwohnern steht Gijón an der Spitze asturischer Städte.

Eine durchweg angenehmere Stadtkultur als Gijón bietet **Oviedo**: gemütlichere und wesentlich größere Altstadt, leichteres Durchatmen (wenngleich ohne Seeluftzusatz und in der Nähe von Bergbaugebieten) sowie interessantere Monumente dank einer reicheren Geschichte. Und die führt ins 8. Jahrhundert zurück, als die Stadt um ein Benediktinerkloster erwuchs und bald darauf zum Sitz der asturischen Könige avancierte. Klar, daß Monarchen wie Alfonso II el Casto (791–842) und danach Ramiro I (842–850) bemüht waren, ihren Reichs-nabel stetig zu verschönern und – nach üblichem menschlichem Muster – Glanz und Reichtum nach außen zu kehren. Dies mit Bauten, die man in der Kunstgeschichte als »eine Art Laborexperiment der romanischen Architektur« bezeichnet, die die UNESCO zum Weltkulturerbe erhoben hat und über deren mehrheitlich bescheidenen Maße man heute lächeln mag.

Die am **Monte Naranco**, Oviedos Hausberg, plazierte **Santa María de Naranco** könnte man eher für eine reichlich eckig geratene Kapelle halten als für eine Kirche mit Vorvergangenheit als königliches Lustpalais Ramiros I. Auch das benachbarte Kirchlein **San Miguel de Lillo** ist klein, dafür aber fein und elegant. Mit ornamentierten Steingitterfenstern im schlanken Aufriß, byzantinisch anmutenden Gaukler- und Dompteurreliefs am Eingang und verblaßten Resten von Fresken im Innern, die ein Licht auf die einstige Farbenpracht werfen. Den Reigen der um das Zentrum herum gelegenen präromanischen Sakralbauten schließt im Nordosten dann die **Santullano** oder auch San Julián de los Prados genannte Kirche ab.

In Oviedos heutiger City hat die Präromanik das letzte Jahrtausend in Gestalt der **Cámara Santa**, der »Heiligen Kammer« der **Kathedrale San Salvador**, überdauert. Dort, an diesem Sakralbau mit seinem gotisch verschnörkelten und abends warm angestrahlten Spitzenturm, laufen die Fäden der vitalen Uni-, Shopping- und asturischen Hauptstadt zusammen und auseinander. Zunächst auf den weiten Kathedralplatz selbst, die mit Brunnen, Balesquida-Kapelle und wappengeschmücktem **Palacio de Valdecarzana** angereicherte **Plaza de Alfonso II el Casto**. Dann hin zur benachbarten **Plaza Porlier** samt **Palacio de Camposagrado** und William B. Arrensbergs eindringlicher Bronzeskulptur *El Regreso* (»Die Rückkehr«).

Zu einem schönen Tag in Oviedo gehören der Bummel zur **Plaza Daoíz y Velarde**, zur **Plaza Mayor**, dem Rathausplatz, und durch die Alleen des **Parque de San Francisco**, der von der Shoppingstraße Uría begrenzten grünen Lunge Oviedos. Und, fast ein Muß: Einkehr in eine der Altstadtkneipen, in denen die *fabada* in großen Terrinen dampft, die *sidra* literweise aus grünen, etikettfreien Flaschen sprudelt und *oricios*, gekochte Seeigel, zu Dutzenden auf ihre Verzehrer warten. Aber nur auf jene, die es wirklich nach einem fleischigen Stückchen Meeresgrund gelüstet.

So wird die Sidra richtig eingeschenkt

7 **Infos:** Castro Urdiales – Santander

Oficina de Turismo
Plaza del Ayuntamiento, 1
Castro-Urdiales
✆ 942 87 15 12

Blühendes Leben rund um den Fischerhafen von **Castro-Urdiales** mit seiner gotischen **Santa-María-Kirche** und der wahrscheinlich vom Templerorden begründeten **Festung** (heute mit Leuchtturmbesatz).

Oficina de Turismo
Calle López Seña, s/n
Laredo
✆ 942 61 10 96

Hotel Miramar
Alto de Laredo, s/n
Laredo
✆ 942 61 03 67, Fax 942 61 16 92
In den Höhen über Laredo gelegen, Stadt- und Buchtpanorama. Drei Sterne, kleiner Sommerpool. PP

Außer Strand, Promenade und Hafen hat **Laredo** den Altstadtbereich **Arrabal-Puebla Vieja** zu bieten, u. a. mit dem **Rathaus** (16. Jh.), alten Adelshäusern und der gotischen **Kirche Santa María**. West-nordwestlich breitet sich die **Bucht von Santoña** aus, die wegen ihrer Marschen *(marismas)* unter Schutz steht und Heimat von Seidenreihern, Löfflern und Schilfrohrsängern ist. Ab Laredo sommerliche Bootstouren in das direkt gegenüberliegende Fischerstädtchen **Santoña** (Geburtsort des Kartographen, Seefahrers und Kolumbus-Begleiters Juan de la Cosa, 1460–1510).

Camping Playa de Ris
Playa de Ris
Noja
✆ 942 63 04 15
2. Kategorie, April–Sept.

Oficina de Turismo
Plaza de Velarde, 5
Santander
✆ 942 31 07 08, Fax 942 31 32 48
www.turismo.cantabria.org

Hotel Real
Paseo Pérez Galdós, 28
Santander
✆ 942 27 25 50, Fax 942 27 45 73
realsantander@husa.es
Luxuriöses Traditionshaus, das einen Teil der Stadtsilhouette bestimmt. Parkplatz für Autoreisende, 123 Zimmer, schöne Blicke. Mit Restaurant. PPP

Hotel Sardinero
Plaza de Italia, 1
Santander
✆ 942 27 11 00, Fax 942 27 16 98
Ganz nach Belieben: wirklich nur einen Steinwurf entfernt der Sardinero-Strand, Promenade und Casino. Drei Sterne. PP–PPP

Camping Bellavista
Avenida del Faro, s/n
Santander
✆ 942 39 15 30, Fax 942 39 15 36
1. Kategorie, ganzjährig.

Restaurante El Riojano
Calle Río de la Pila, 5
Santander
✆ 942 21 67 50
Wechselndes Speisenangebot: u. a. frische Meeresfrüchte und Salat aus geschmorten Paprika. Bekannt wegen seiner guten Küche und der mit Malereien versehenen Weinfässer. PP–PPP

Cripta del Cristo/Kathedrale
Calle Somorrostro, s/n
Santander
Mo–Fr 10–13 und 16–19.30, Sa und So 10–13 und 16–20 Uhr
Mit Kreuzgang und dem vom Bildhauer Victorio Macho gestalteten Mausoleum des aus Santander stammenden Philosophen und Literaturhistorikers Marcelino Menéndez Pelayo (1856–1912).

7 Infos: Santander – Santillana del Mar

Biblioteca y Casa-Museo de Menéndez Pelayo
Calle Rubio, s/n
Santander
Mo–Fr 9.30–11.30 Uhr
Vormaliges Wohnhaus von Marcelino Menéndez Pelayo; Bibliothek.

Museo Municipal de Bellas Artes
Calle Rubio, s/n
Santander
Mo–Fr 10.30–13 und 17.30–20, Sa 10.30–13 Uhr
Städtisches Museum der Schönen Künste.

Museo Marítimo del Cantábrico
Avenida de Luis Carrero Blanco, s/n
Santander
Di–Sa 10–13 und 16–18 (Sommer: 11–13 und 16–19 Uhr), So 11–14 Uhr
Museum der Meereskunde.

Museo de la Prehistoria
Calle Casimiro Sainz, 4
Santander
Di–Sa 9–13 und 16–19 (Sommer: 10–13 und 16–19 Uhr), So 11–14 Uhr
Museum der Vorgeschichte.

Palacio de Festivales
Avenida Reina Victoria, s/n
Santander
✆ 942 36 16 06
Theater, Konzerte, Oper und Ballett, im August Musik- und Tanzfestival.

Aeropuerto de Santander
Ca. 6 km südl. der City
Santander
✆ 942 20 21 11
Flüge u. a. nach Madrid.

Estación de Autobuses
Plaza de las Estaciones, s/n
Santander
✆ 942 21 19 95
Busse u. a. nach Bilbao, Burgos, La Coruña, Gijón, Madrid, Oviedo, Pamplona, San Sebastián und Vitoria.

Estación de Ferrocarriles
Plaza de las Estaciones, s/n
Santander
✆ 942 21 16 87 und 942 21 02 88
Züge u. a. nach Bilbao und Oviedo.

Oficina de Turismo
Plaza Ramón Pelayo, s/n
Santillana del Mar
✆ 942 81 82 51

Parador Santillana del Mar
Plaza Ramón Pelayo, 11
Santillana del Mar
✆ 942 81 80 00, Fax 942 81 83 91
Drei-Sterne-Haus aus der beliebten, bekannten Paradores-Kette, am zentralen Platz in einem Herrenhaus aus dem 17./18. Jahrhundert untergebracht. Mit gut geführtem Restaurant. PPP

Reiche Auswahl – auch an kleinen – **Restaurants** in der rasch und gut überschaubaren Altstadt von **Santillana del Mar**.

Kleiner Ort ganz groß an Monumenten und sonstigen Sehenswürdigkeiten, das ist **Santillana del Mar**: Da gibt es die romanische **Colegiata** (Stiftskirche mit Kreuzgang sowie Hauptretabel mit dem Reliquienschrein der Juliana in der Mitte), das **Museo de la Inquisición** (Inquisitionsmuseum), das **Museo Diocesano** (Diözesanmuseum) und das **Museo Regional**, das in den alten Herrenhäusern derer von Águila und Parra untergebrachte volkskundliche Regionalmuseum. Hauptplatz ist die **Plaza Ramón Pelayo**. Ein Stück außerhalb der **Zoo** sowie die ausgeschilderte Straße hinauf zur **Cueva de Altamira**, der Höhle von Altamira, mit Museo y Centro de Investigación, dem Museum und Forschungszentrum, sowie dem brandneuen Nachbau der Altamira-Höhle (geplante Eröffnung im Laufe des Jahres 2000).

7 **Infos:** Santillana del Mar – Cangas de Onís

In der Altstadt von **Santillana del Mar** viele **Kunst-**, **Keramik-** und **Feinkostläden**.

Comillas bietet als Sehenswürdigkeiten mehrere interessante Bauten: das zum Restaurant umfunktionierte Gaudí-Werk **El Capricho**, den an den Markgrafen Antonio López López erinnernden **Palacio de Sobrellano** und die **Universidad Pontificia**, beide vom Ende des 19. Jhs.

Oficina de Turismo
Avenida del Generalísimo, s/n
San Vicente de la Barquera
✆ 942 71 07 97

An der Durchgangsstraße von **San Vicente de la Barquera** und den dahinter liegenden Sträßchen inflationär viele **Restaurants** mit frischen Meeresfrüchten.

Oficina de Turismo
Calle de la Independencia, 12
Potes
✆ 942 73 07 87

Parador de Fuente Dé
Fuente Dé
✆ 942 73 66 51, Fax 942 73 66 54
In die Landschaft eingesetzte Berg-Herberge, drei Sterne, Restaurant. Günstig die Nähe zur Seilbahnstation. Restaurant. PPP

Von **Fuente Dé** führt die **Seilbahn** *(teleférico)* mit wetterabhängigem Betrieb zum 1 843 m hoch gelegenen Aussichtspunkt **El Cable** (Sommer tägl. 9–20, sonst 10–18 Uhr, im Jan. und Feb. häufig außer Betrieb).

Ab **El Cable** können entsprechend gut ausgerüstete **Bergwanderer** längere Touren durch das Zentralmassiv des Nationalparks Picos de Europa in Angriff nehmen, u. a. zum 2 506 m hohen Torre Horcados Rojos.

Oficina de Turismo
Calle Alfonso IX, s/n
Llanes
✆ 985 40 01 64

Oficina de Turismo
Calle Marqueses de Arguelles, s/n
Ribadesella
✆ 985 86 00 38

Außer Strand und Meerespromenade bietet **Ribadesella** am südlichen Stadtrand eine beachtenswerte Stätte prähistorischer Malkultur: die **Höhle Tito Bustillo** (nur April–Sept., wechselnde Einlaßzeiten und Tagesgrenze von max. 375 Besuchern).

Oficina de Turismo
Plaza del Ayuntamiento, s/n
Cangas de Onís
✆ 985 84 80 05

Am westlichen Ortseingang von **Cangas de Onís** die **romanische Brücke** mit dem Siegeskreuzsymbol Pelayos, außerdem die im Frühmittelalter über einem Dolmen errichtete **Kapelle Santa Cruz** und das **Pelayo-Monument** bei der **Kirche Santa María**.

In **Cangas de Onís** und in **Arriondas Kanuverleih** für Selbstfahrertouren auf dem Río Sella (inklusive organisiertem Rücktransport im Kleinbus von Mensch und Material zum Ausgangspunkt). Im Informationszentrum des Nationalparks außerdem Auskunft über geführte **Wandertouren** durch die Picos de Europa (Casa Dago, Avenida de Covadonga 43, ✆ 985 84 86 14).

Oficina de Turismo
Parque Vallina
Villaviciosa
✆ 985 89 17 59

In **Villaviciosa** nett gestaltete kleine City mit **Kirche Santa María** (12.–15. Jh.),

7 **Infos:** Cangas de Onís – Gijón

Mariano Benlliures **Monument der Bauersfrau** mit Apfelkorb, **Casa de Carlos I** (in diesem Haus verbrachte König Carlos I vom 19. bis 23. September 1517 seine ersten Nächte in Spanien), **Rathaus**, **Vallina-Park** sowie mehreren wappengeschmückten Häusern.

Oficina de Turismo
Calle Marqués de San Esteban, 1
Gijón
✆ und Fax 985 34 60 46

Parador de Gijón
Parque Isabel la Católica, s/n
Gijón
✆ 985 37 05 11, Fax 985 37 02 33
Vier Sterne, hergerichtete alte Mühle in einem Park. PPP

Hotel Begoña Park
El Rinconín, s/n
Gijón
✆ 985 13 39 09, Fax 985 13 16 02
Schönes, komfortables Haus mit vier Sternen in einem außerhalb der City gelegenen Villenviertel. Günstige Anfahrt für Autofahrer.
PPP

Hotel Begoña
Avenida de la Costa, 44
Gijón
✆ 985 14 72 11, Fax 985 39 82 22
Zentrumsnahes, zweckmäßiges, aber recht gesichtsloses Drei-Sterne-Haus.
PPP

Tino El Roxu
Avenida de la Costa, 30
Gijón
✆ 985 14 09 94
Eines der vielen populären *Sidrería*-Restaurants der Stadt.

Im Altstadtviertel Cimadevilla von **Gijón** finden sich zahlreiche gemütliche **Bars**, besonders viele auch im Bereich der Calle Corrida.

Termas Romanas
Campo Valdés, s/n
Gijón
Di–Sa 10–13 und 17–20, So 11–14 Uhr, Juli und Aug. Di–Sa 11–13.30 und 17–21, So 11–14 Uhr
Römische Thermen.

Kirche San Pedro
Campo Valdés, s/n
Gijón
Moderner Sakralbau aus dem 20.Jh.

Casa Jovellanos
Plaza de Jovellanos
Gijón
Di–Sa 10–13 und 17–20, So 11–14 Uhr, Juli und Aug. Di–Sa 11–13.30 und 17–21, So 11–14 Uhr
Geburtshaus des spanischen Aufklärers und Schriftstellers, mit Pinakothek.

Museo Etnográfico
Paseo del Doctor Fleming
Gijón
Di–Sa 10–13 und 17–20, So 11–14 Uhr, Juli und Aug. Di–Sa 11–13.30 und 17–21, So 11–14 Uhr
Volkskundemuseum.

Museo del Ferrocarril
Plaza Estación del Norte
Gijón
Di–Sa 10–14 und 16–20, So 11–14 und 16–20 Uhr
Eisenbahnmuseum.

Museo Nicanor Piñole
Plaza de Europa
Gijón
Di–Sa 11–13.30 und 17–20, So 11–14 Uhr
Dem zeitgenössischen Maler gleichen Namens gewidmetes Museum.

Museo Juan Barjola
Calle Trinidad, 17
Gijón
Di–Sa 11.30–13.30, und 17–20, So 12–14 Uhr

Museum mit Werken des zeitgenössischen Künstlers.

Teatro Jovellanos
Paseo de Begoña, s/n
Gijón
✆ 985 17 24 09

Estación de Autobuses
Calle Magnus Blikstad, 1
Gijón
✆ 985 34 27 11

Estación de Ferrocarriles (largo recorrido)
Plaza Juan Carlos I, s/n
Gijón
✆ 985 17 02 02
Bahnhof für Fernzüge.

Estación de Ferrocarriles (cercanías)
Plaza del Humedal, s/n
Gijón
✆ 985 34 11 61
Bahnhof für Nahverkehrszüge.

Landschaft rund um den Angliru

Oficina de Turismo
Plaza de Alfonso II el Casto, 6
Oviedo
✆ 985 21 33 85, Fax 985 22 84 59

Hotel La Gruta
Alto de Buenavista, s/n
Oviedo
✆ 985 23 24 50, Fax 985 25 31 41
Sehr schön gelegenes Drei-Sterne-Haus am Stadtrand, wunderschöne Panoramablicke. Günstig für Autofahrer. Restaurant. PP–PPP

Restaurante-Bocatería RQR
Calle Cimadevilla, 16
Oviedo
✆ 985 20 36 94
Sehr gute, günstige und reichhaltige Tagesmenüs. Heiße belegte Brote *(bocadillos calientes)* für den Hunger zwischendurch. Zur wärmeren Jahreszeit auch Freiluft-Service. P

Riesenauswahl an **Cafés** und **Bars** in der gesamten Altstadt von **Oviedo** (auch kleine **Restaurants**), sehr schön im Bereich der Plaza Daoíz y Velarde und der Calle Cimadevilla.

San Salvador
Plaza de Alfonso II el Casto
Oviedo
Mo–Sa 10–13 und 16–18 Uhr, im Sommer abends mitunter bis 19 Uhr
Kathedrale mit Cámara Santa. Besonders interessant der Kreuzgang, das Hauptretabel aus dem 16. Jh., die kostbaren Reliquien der »Heiligen Kammer« und die üppig dekorierten Kapellen Santa Bárbara, Santísmo und Santa Eulalia de Mérida.

San Isidoro el Real de Oviedo
Plaza Mayor

Oviedo
Jesuitenkirche aus dem 17./18. Jh.

Monte Naranco
Nordwestl. der Innenstadt
Oviedo
Mit den aus dem 9. Jh. datierenden präromanischen Kirchen Santa María del Naranco und San Miguel de Lillo (beide: Mo–Sa 10–13 und 15–17, So 10–13 Uhr) sowie – auf dem höchsten Punkt des Bergs und über eine Fahrstraße erreichbar – der monumentalen weißen Christusstatue (von hier prächtiger Blick ins grüne Becken Oviedos hinein).

Santullano
Plaza de Santullano
Oviedo
Di–So 9.30–13 und 15–18 Uhr, Nov.–April Di–So nur 12–13 und 16–17 Uhr
Weitere präromanische Kirche. Ein Stückchen nordöstlich der City gelegen, auch San Julián de los Prados genannt.

Museo de Bellas Artes de Asturias
Calle Santa Ana, 1
Oviedo
Di–Fr 10–13.30 und 16.30–19, Sa 11.30–14 und 17–20, So 11.30–14 Uhr
Asturiens Museum der Schönen Künste, untergebracht im Palacio de Velarde aus dem 18. Jh.

Museo Arqueológico
Calle San Vicente, 5
Oviedo
Di–Sa 10–13.30 und 16–18, So 11–13 Uhr
Archäologisches Museum.

Teatro Campoamor
Calle Pelayo, s/n
Oviedo
✆ 985 20 75 89

Aeropuerto de Asturias
In der Nähe von Soto en Barcos, ca. 50 km nordwestl. der Stadt
✆ 985 12 75 00
Flüge u. a. nach Madrid.

Erst ab ungefähr 2001 oder 2002 ist mit der Eröffnung eines zentralen Busbahnhofs in **Oviedo** zu rechnen. Bis dahin muß man sich unverändert mit vielen unterschiedlichen Abfahrtsorten der einzelnen Busgesellschaften abfinden (z. B. mit Intercar-Alsa ab der Plaza Primo de Rivera nach Bilbao, Gijón und Madrid).

Estación de Ferrocarriles
Calle Uria, s/n
Oviedo
✆ 985 25 02 02
Züge u. a. nach Madrid und Santander.

Wichtigste Feste

In **Castro-Urdiales** und **Laredo** finden die **Stadtfiestas** jeweils um den 15. August zu Ehren der Heiligen Jungfrau statt, darüber hinaus zieht in **Laredo** am letzten Freitag im August ein musikalisch begleiteter **Blumenumzug** durch den Ort. In **Santander** liegen die **Fiestas de Santiago** rund um den 25. Juli. Der **August** ist hier ein **kompletter Festivalmonat** (mit Tanz und Musik), Ende August schließen sich außerdem die **Fiestas de San Emeterio y San Celedonio** an.

San Vicente de la Barquera ist lebendiger Festschauplatz von Marienverehrung: bei der **Fischerprozession La Folía** am Weißen Sonntag sowie den **Fiestas de la Barquera** am 8. September. Populär und bekannt unter Kanuten ist der **Descenso del Sella**, die erstmals 1930 gestartete Massentour Arriondas – Ribadesella Anfang August auf dem **Río Sella**. In **Gijón** wird der *Día de Asturias*, der **Asturien-Tag**, am ersten Sonntag im August gefeiert, ebenfalls im August das große **Stadtfest** *(Semana Grande)*, im November die **Filmfestspiele**. In **Oviedo** Mitte oder Ende September die **Fiestas de San Mateo**.

8 Fjorde, Kelten und magische Kräfte

Von Oviedo nach Santiago de Compostela

8. Route: Oviedo – Ribadeo – Vivero/Viveiro – Cedera/Cedeira – Ferrol – La Coruña/A Coruña – Santiago de Compostela (413 km, 457 km mit Abstechern)

km	Route
0	Ab **Oviedo** auf der N-634 über
38	**Cornellana** und
47	**Salas** zurück an die Küste, die man wieder bei
98	**Luarca** erreicht; von dort auf der N-634 nach

119 **Navia**; ab hier Kurzabstecher keltisches Fundgebiet **Coaña** (10 km hin und zurück); ab

129 Navia weiter auf der N-634 über

149 **Tapia de Casariego** nach

162 **Ribadeo** (Unterkunft) und weiter zum Straßen-Kreuzungspunkt bei

180 **San Cosme de Barreiros** und **Pozomoro/Pozomouro**, dort Rechts-Abzweig auf die N-642 nach

220 **Vivero/Viveiro** und weiter über

251 **Ortiguera/Ortigueira** zum Straßen-Kreuzungspunkt bei

265 **Campo del Hospital/Campo do Hospital**, dort rechts auf die C-646 nach

278 **Cedera/Cedeira**; ab hier ausgeschilderter Abstecher zur Wallfahrtskapelle **San Andrés de Tejido/San Andrés de Teixido** (24 km hin und zurück); von

302 Cedera/Cedeira aus auf der küstennahen Straße (C-646) nach

337 **Ferrol** (Unterkunft); weiter über **Pontedeume** und **Betanzos** nach

400 **La Coruña/A Coruña** (Unterkunft); lange Fahrt durch die Stadt mit Abstechern zu Stränden und Herkulesturm (10 km hin und zurück), ab hier auf der N-550 nach

472 **Santiago de Compostela** (Unterkünfte)

Dauer: 3 bis 4 Tage.

Alternativen & Extras: Als Alternative zu Beginn hat man die Möglichkeit, ab Oviedo die direktere Nordvariante an die Küste zu nehmen. In dem Fall kommt man an der Industriestadt **Avilés** vorbei, deren ganz nette Altstadt leider unter einer ausgemacht übel-ungesunden Dunsthaube zu liegen pflegt, und erreicht ansehnlichere Atlantikgebiete erst bei beim Fischerstädtchen **Cudillero**; ab dort küstennahe Route weiter westlich bis zum Routen-Anknüpfungspunkt **Luarca**.

Nun wieder einige Vorschläge für zusätzliche **Abstecher:**
– Zwischen Grado und Cornellana führt ein Links-Abzweig der Cordillera Cantábrica entgegen und tief in die dünn besiedelten Gebiete Südwest-Asturiens hinein. Ziel ist **Pola de Somiedo**, das bereits in dem für seine Braunbär-Vorkommen bekannten und 290 000 Hektar großen **Naturpark Somiedo** liegt. Über Wandermöglichkeiten gibt das örtliche Infozentrum Auskunft (Centro de Recepción e Interpretación del Parque, Narciso H. Vaquero, s/n, ✆ 985 76 37 58).

– Statt der Direktachse Luarca – Navia bietet sich alternativ eine kleine Küstenschleife über **Puerto de Vega** an. Der Fischerort wartet mit der barocken Kirche Santa Marina (erbaut 1732–49), dem Jovellanos-Monument (hier verstarb 1811 der 1744 in Gijón geborene Politiker und Dichter Gaspar Melchor de Jovellanos) und dem Campingplatz El Ancla auf (nur Ende Juni bis Anfang Sept. geöffnet, 2. Kategorie, ✆ 985 64 82 05).
– Rund 40 km südwestlich von Tapia de Casariego liegt – nahe der Grenze zu Galicien – das Bergdorf **Taramundi**, das sich als ein Zentrum des »grünen Tourismus« etabliert hat.
– Zwischen **Ribadeo** und **Benquerencia** bzw. der **ría de Foz** kleines Feriengebiet nördlich der Nationalstraße an der Küste. Einige kleine Strände und im Sommer geöffnete Campingplätze.
– Knapp 20 km westlich von Ribadeo können Eilige über die Kathedralstadt **Mondoñedo**, **Villalba/Vilalba** (mit mittelaterlichem Drei-Sterne-Parador) und **Gutiriz** direkten Binnenlandkurs nach Santiago de Compostela nehmen – um den Preis allerdings, die schönsten Fjordlandschaften Nordgaliciens zu verpassen.
– Wenige Kilometer vor **Foz** ausgeschilderter Links-Abzweig zur frühmittelalterlichen **Kathedrale San Martín de Mondoñedo**, der ältesten erhaltenen in Spanien.
– Nördlich von Puerto de Barquero/Porto do Barqueiro gelangen Sie zur vogelreichen Klippenlandschaft um die **Estaca de Bares** (Leuchtturm).
– Ca. 20 km östlich von La Coruña erreichen Sie das an dem Betanzos-Meeresarm gelegene und für seine Fischrestaurants bekannte Städtchen **Sada**.

Auf dem Weg ab Oviedo durch das Hinterland zur Atlantikküste passiert man **Grado**, den alten Klosterort **Cornellana** und das Stiftskirchen-Städtchen **Salas**. Immer wieder werden Ihnen enorme *hórreos*, jene wie zu alten Zeiten genutzten Mais- und Getreidespeicher, und die stattlichen Häuser der *indianos* begegnen. Den *indiano* bringt manches Wörterbuch mit sage und schreibe zehn Worten auf den exakten deutschen Punkt: Spanier, der aus Amerika reich in die Heimat zurückgekehrt ist.

Kaum an der Küste angelangt, umschließt Sie **Luarca**, das westasturische Aushänge-Fischerstädtchen par excellence, mit seinem prächtigen Hafenbecken. Die maritimen Traditionen reichen Jahrhunderte zurück, als die Männer Luarcas zu ihren ausgedehnten und gefährlichen Walfangexpeditionen aufbrachen und mit reicher Beute (oder gar nicht mehr) heimkehrten. Die umliegenden Klöster zählten zu den Abnehmern des Trans, der durch Ausschmelzen oder Auskochen des Walfleischs gewonnen wurde.

Von einer noch länger verstrichenen Vergangenheit kündet der vom vitalen Fluß- und Meeresarmstädtchen **Navia** landeinwärts versetzte **Castro de Coaña**. Bei dieser Anlage handelt es sich um freigelegte Reste einer befestigten keltischen Siedlung. Die Spuren der Geschichte führen in die Mitte des ersten vorchristlichen Jahrtausends zurück, als die Kelten sowohl in Spaniens Nordwesten als auch in Frankreich und Süddeutschland ansässig waren und sich bis nach Britannien und Ungarn ausbreiteten. Typisch sind die Häuser im

Küste bei Busto, an der Grenze von Asturien zu Galicien

castro, das wohl auch zu römischer Zeit bewohnt war: fensterlose Steinbauten mit rundem Grundriß, einst strohgedeckt und mit Türen aus Holz.

Vom *castro* zurück zur *costa*, genauer: Asturiens *Costa Verde*, der »grünen Küste«, die sich bis und um **Tapia de Casariego** von ihren besten Seiten zeigt. Ein vielfach parzelliertes (Milch-)Bauernland und ein wunderbarer Flickenteppich aus Wiesen, Weiden, Farnen, Eukalyptus, Maisfeldern. Hier sind einst die Jakobspilger auf der Küstenroute zum Apostelgrab des Jakobus nach Santiago de Compostela marschiert und geritten – daher die Camino-de-Santiago-Schilder. Ins Bild gehören Milch- und Holztransporter, felsige Küstenhügel, versteckte Strände und Campingplätze (beschilderte Abzweige) und überall verstreute Dörfer und Gehöfte, auf denen Esel auch zu Beginn des dritten Jahrtausends wie selbstverständlich als Lasttiere dienen. Das Blickfeld reicht vom Ozean bis zu den fernen Inland-Silhouetten der Sierra de la Bobia und wird von Wassersenken wie den Mündungen des Porcia bei **El Franco** und des Río Eo in die *ría de Ribadeo* durchbrochen.

Der tiefe Fluß- und Meereseinschnitt des alten Burg-, Fischer- und Landadelstädtchens **Ribadeo** markiert den Übergang von Asturien nach Galicien, wo Sie bald ausgiebig den *rías altas*, den Oberen Meeresarmen, auf den Grund gehen. Und einem Teil der 1 300 Küstenkilometer mit an die 800 Stränden. Aber immer schön langsam, mit der für Galicien und die Galicier typischen Ruhe – denn wo es so richtig an die Fjorde rangeht, darf man angesichts der vielen Kurven, Straßenschleifen und Aufs und Abs durch die Zwischengebirge nicht auf rasches Fortkommen hoffen. Die

Sind Touristen gewöhnt: die Bewohner Ortigueiras

zur Strand- und Küstengemeinde **Foz** gehörige *ría de Foz* mag man ebenso wie den Meeresarm von Viveiro noch zur Kategorie des Mittelprächtigen zählen, doch gen Westen weiß sich Galicien zu steigern. Zwischendurch und immer wieder: Strände und Felszungen, Maisfelder, Küstenwiesen, Ginster, Brombeerhecken, Apfelbäume, Kiefern und vereinzelte Palmen.

Die kleine, gassendurchzogene Altstadt von **Viveiro** ist durchaus einen Bummel wert, und die Vielzahl der Glasbalkone gibt einen Vorgeschmack auf La Coruña. Aber soweit ist es lange noch nicht, schließlich warten in Kürze und nach einer Szenerie aus wildromantischen Buchten, Eukalyptushainen und wind- und wellengepeitschten Klippen die wahren *Ría*-Höhepunkte. Für Einstimmung sorgt die kleine *ría do Barqueiro*, an der das Fischerörtchen **Porto do Barqueiro** klebt, dann geht's hoch hinaus und tief hinab zur *ría de Santa Marta de Ortigueira*. Ja, gäbe es einen Wettbewerb »Galiciens schönster Fjord«, der hiesigen *ría* stünde auf jeden Fall eine Medaille zu. Welche, müssen Sie selbst entscheiden (aber nicht endgültig, ohne die kommende *ría de Cedeira* gesehen zu haben). Vor dem Fjord-Ort **Ortigueira** breitet sich der weite Meeresarm aus, flankiert von bewaldeten Hügeln und überflogen von Reihern und Möwen.

Im Fischer- und Ferienstädtchen **Cedeira** schließt Sie die nächste *Ría*-Schönheit in ihre Meeresarme: die in mehrere große Finger verästelte *ría de Cedeira*, an die Cedeiras Fischerhafen, Promenaden und Strände stoßen. Zeit für einen Abstecher und ein Kontrastprogramm aus wilden, bis zu 600 Meter abfallenden Klippen und der rauhen Gebirgslandschaft der Serra da Capelada, in der sich schon die Kelten vor übernatürlichen Kräften fürchteten: zum **Santuario de San Andrés de Teixido**, einer zwischen Meer und Bergen gelegenen Wallfahrtskirche. Der Naturrahmen der Gegend – einfach dramatisch und urwüchsig (wenn man sich die modernen Windkrafträder in der Serra da Capelada wegdenkt). Der kleine Tempel des Herrn mit seiner gepünkelt weißbraunen Fassade ragt aus dem Steindorf San Andrés de Teixido, einem gottverlorenen Nest mit großem Pilgerruf, in dem man seit dem Spätmittelalter eine Reliquie des heiligen Andreas verehrt. Welche Apostelreliquie genau und wie sie hierhin gekommen ist – man weiß es nicht. Einzig gewiß ist, folgt man einem alten Spruch, daß man auf jeden Fall nach San Andrés de Teixido kommt, wenn nicht aufrecht als Lebender, dann als Toter. Und zwar kriechend als Schlange oder Eidechse, hüpfend als Frosch oder Kröte – den ganzen langen Weg durchs Gebirge. Daher die Bitte an alle Autofahrer: Seien Sie auf der Hut, plätten Sie kein Getier um San Andrés, es könnten Ihre eigenen Urgroßeltern sein.

Von Cedeira aus schlängelt sich die Straße anschließend weiter durch die eukalyptus- und wiesengrünen Zwischenhügel und die Strand- und Lagunengemeinde **Valdoviño** an den folgenden großen Meeresarm, die *ría de Ferrol*. Der Eindruck hier: eher ernüchternd. Industrien, Werften, Hochhauszonen und Marineanlagen der 85 000-Einwohner-Stadt **Ferrol** haben der *ría* stark zugesetzt und sie ihrer Idylle beraubt. Als kleine Pluspunkte mag man Ferrol seine Glasgalerienhäuser, den winzigen Fischerhafen und einige nette Einkaufsstraßen im Zentrum anrechnen, von längerem Aufenthalt allerdings abraten.

In der Innenstadt von Ferrol

Treffpunkt für jung und alt: Festival keltischer Musik in Ortigueira

Auch das unverändert militaristische Bild wird nicht jedermann begeistern. Sperrzonen, Soldaten überall und dazu an der Praza de España noch ein monumentales Bildnis von Diktator Francisco Franco zu Pferde – Ferrol war die Heimatstadt des Caudillo (1892–1975).

Luftlinie mögen zwischen Ferrol und La Coruña gerade mal 25 Kilometer liegen, auf der Nationalstraße – über die *ría de Ares* und weiter durch die lebhaften Kleinstädte **Pontedeume** und **Betanzos** – kommt mehr als das Doppelte dabei heraus.

La Coruña – für Galicier: A Coruña – fährt längst kein schweres Geschütz mehr auf. So wie damals, 1589, als der königlich geadelte Korsar Sir Francis Drake über die Stadt herfiel (und auf den erbitterten Widerstand von Volksheldin María Pita und anderen stieß), so wie in den Jahrhunderten darauf, als das heute zwischen Sport- und Haupthafen gelegene **Castelo de San Antón** im Verbund mit anderen (heute verschwundenen) Bollwerken die Hafenzufahrt sicherte. Bezeichnend für den Wandel hin zu friedlicheren Zeiten ist die Wende vom San-Antón-Kastell und Schauplatz kriegerischer Konflikte zum **Archäologisch-Historischen Museum** mit Kasematten voller Ausstellungsstücke sowie Vitrinen im Innern.

Das prägnanteste Bauwerk der Hafen-, Strand- und Industriestadt wendet sich seit annähernd 2000 Jahren zur offenen See hin: der 60 Meter hohe **Torre de Hércules**, der Herkulesturm am Ende der felsig zerfransten Landzunge zwischen der **ría de A Coruña** und der **ensenada del Orzán**, dem Orzán-Meerbusen. Nach anstengendem Aufstieg gewährt der klobige Turm nicht nur hervorragende Panoramablicke über die Küstenlinie, sondern ruft die Wurzeln der Stadtgeschichte ins Gedächtnis. Damals, als aus dem vorgeschichtlichen *Bringantia* des Keltenführers Breogan eine wichtige Handelshafenstadt der Römer erwuchs. Und die brauchten bald einen lebens- und bootrettenden Turm mit einem Leuchtfeuer an der Spitze. Den Namen des Herkules erhielt er später, da er einer Legende zufolge selbst Hand angelegt haben soll.

In La Coruña heißt es, daß der Leuchtturm der »älteste der Erde« in Betrieb befindliche sei. Wobei man ganz gerne verschweigt, daß das Römererbe gehörig aufpoliert und Ende des 18. Jahrhunderts nach neoklassischem Geschmack aufgestockt worden ist. Egal, der Herkulesturm hat vollkommen zu Recht als hiesiges Besuchsziel *número uno* die Zeiten überdauert und scheint mit seinem Mantel aus Granit geradezu als Sinnbild für das rauhe, wilde Galicien zu stehen. Ein unerschüttliches Monument in der Geräuschkulisse tosender Brandung, ungebeugt von Wind und Wetter.

Die alte Dame La Coruña entfaltet die verschiedenen Facetten ihrer Persönlichkeit mit den **Stränden Riazor und Orzán**, mit ihren Museen, teils dichtbebauten Promenaden und dem lebendigen Altstadtviertel um die **Plätze María Pita**, **Azcárraga** und **Santo Domingo**. Im Bereich der *ciudad vieja* liegen auch die bedeutendsten Sakralbauten der Stadt: die **Iglesia de Santa María del Campo** und die **Iglesia de Santiago** (beide romanischen Ursprungs), der spätgotische **Convento de Santa Bárbara** und die **Iglesia de Santo Domingo** aus der Epoche des Barock. Wer ein wenig Natur sucht, findet in der Nähe des Zentrums die kleinen Grünanlagen **Rosaleda** und **Méndez Núñez** und ein Stück westlich der City den **Parque de Santa Margarita** mit dem **Planetarium** sowie der **Casa de las Ciencias**, dem »Haus der Wissenschaften«.

Das 244 000 Einwohner starke La Coruña ist eine Stadt, die nach Meer, Hafen und Fischmärkten schmeckt und mit ihren Glasgalerien an der **Avenida de la Marina** glänzt, in der man aber auch nicht in die westlichen Industrie- und Arbeitersiedlungen Richtung Pastoriza geraten sollte.

Gen Süden durchfährt man den Hochhausgürtel La Coruñas auf dem Weg zum absoluten Höhepunkt der Reise: **Santiago de Compostela**.

Das Rathaus von La Coruña

An den Fiestas, wie hier in Ortigueira, nimmt immer der gesamte Ort teil

El Barómetro
Paseo del Muelle, 5
Luarca
✆ 985 47 06 62
Vorzügliches Fischrestaurant, das genau dort liegt, wo man es am liebsten hat: direkt an der Hafenlinie. Unscheinbarer Eingang, innen uriger Raum, hartes Holzgestühl, seemännische Dekorationen. P–PP

Oficina de Turismo
El Muelle, s/n
Navia
✆ 985 47 37 95
Nur im Sommer.

Navia besitzt eine ganz nette kleine Altstadt, einen Flußhafen, schöne Häuser mit Glasgalerien. Keltisches Ruinenareal **Castro de Coaña** knapp 5 km südwestlich (Di–So 11–14.30 und 16–19.30 Uhr).

Oficina de Turismo
Plaza de la Iglesia, s/n
Tapia de Casariego
✆ 985 47 29 68
Nur im Sommer.

Camping Playa de Tapia
La Reburdia, s/n
Rapalcuarto
✆ 985 47 27 21
2. Kategorie, Juni – Mitte Sept.

Camping La Viña
La Viña (Barres)
Wenige km südwestl. von Tapia de Casariego (ausgeschildert)
✆ 985 62 32 80
2. Kategorie, Juli–Sept.

Oficina de Turismo
Plaza de España, s/n
Ribadeo
✆ 982 12 86 89

Parador de Ribadeo
Calle Amador Fernández, 7
Ribadeo
✆ 982 12 88 25, Fax 982 12 83 46
Hoch über der *ría* gelegenes Vier-Sterne-Haus. PPP

Camping Viveiro
Playa de Covas
Vivero/Viveiro
✆ 982 56 00 04
2. Kategorie, Juni–Sept.

Camping Valdoviño
Carretera Ferrol–Cedeira, km 13
Valdoviño
✆ 981 48 70 76
1. Kategorie, Juli–Okt.

Oficina de Turismo
Calle Magdalena, 12
Ferrol
✆ 981 31 11 79, Fax 981 32 99 00

Parador de Ferrol
Calle Almirante Fernández Martín, s/n
Ferrol
✆ 981 35 67 20, Fax 981 35 67 21
Altes galicisches Adelshaus, das zum Hotel umgebaut wurde, dem aber heute noch der seemännische Charakter anheftet. Mit drei Sternen gekrönt. Restaurant. PPP

Die belebte städtische Kernzone von **Ferrol** liegt um die **Praza da Constitución** und die **Praza de Armas** (dem Rathausplatz mit dem wuchtigen, um 1950 erbauten Rathaus). **Museo Naval** (Marinemuseum im Arsenal Militar; Mo–Sa 9–14 Uhr). An der Nordflanke des Buchteingangs von Ferrol stehen die Festungsanlagen des **Castelo de San Felipe** aus der Zeit von Felipe V (18. Jh.). An der Südseite das Fischerstädtchen **Mugardos** mit Glasgalerien, die Restaurants des Orts besitzen den Ruf, einen vorzüglichen *pulpo* (Oktopus) zuzubereiten.

Oficina de Turismo
Dársena de la Marina, s/n
La Coruña/A Coruña
✆ und Fax 981 22 18 22

Rías Altas
Avenida de las Américas, 57
Playa de Santa Cristina
La Coruña/A Coruña
✆ 981 63 53 00, Fax 981 63 53 00
Sehr gut geführtes Drei-Sterne-Haus am kleinen Sandstrand Santa Cristina, außerhalb. Viele Zimmer mit Aussicht aufs Meer. PPP

La Cabaña del Pescador
Avenida de las Américas, s/n
Playa de Santa Cristina
La Coruña/A Coruña
✆ 981 63 53 21
Exzellente galicische Fischküche, aber auch schmackhaftes Fleischfondue. Gelegen an der Promenadenstraße des Strandes Santa Cristina. PP

Torre de Hércules
La Coruña/A Coruña
Sommer tägl. außer Mo 10–19, sonst 10–14 Uhr
Einige Kilometer nordwestlich der Stadt. Herrlicher Ausblick über Meer und Küste.

Iglesia de Santa María del Campo
Rúa Santa María
La Coruña/A Coruña
In der Regel tägl. 8.30–13 und 17.45–19 Uhr

Iglesia de Santiago
Rúa Santiago
La Coruña/A Coruña
In der Regel tägl. 8.30–13 und 18–20.30 Uhr

Convento de Santa Bárbara
Plazuela de Santa Bárbara
La Coruña/A Coruña
Nur von außen zu besichtigen.

8 Infos: La Coruña/A Coruña

Iglesia de Santo Domingo
Praza de Santo Domingo
La Coruña/A Coruña
In der Regel tägl. 8–12 und 17.30–20.30 Uhr

Planetario
Parque de Santa Margarita
La Coruña/A Coruña
Zeitlich und inhaltlich wechselnde Vorführungen *(proyecciones)*, Sa und So in der Regel 12.30 und 18 Uhr.

Casa de las Ciencias
Parque de Santa Margarita
La Coruña/A Coruña
Di–Sa 10–19, So 11–14.30, Sommer Di–Sa 11–21, So 11–14.30 Uhr

Museo Arqueológico e Histórico
Castelo de San Antón
La Coruña/A Coruña
Tägl. 10–14 und 16–19 Uhr
In der zwischen Sport- und Haupthafen gelegenen Festung San Antón (16. Jh.) untergebracht.

Museo de Bellas Artes
Rúa Zalaeta, s/n
La Coruña/A Coruña
Di 10–15, Mi–Fr 10–20, Sa 10–14 und 16.30–20, So 10–14 Uhr
Museum der Schönen Künste mit wertvoller Sammlung spanischer, flämischer, französischer und italienischer Werke.

Domus – Casa del Hombre
Rúa Santa Teresa, 1
La Coruña/A Coruña
Di–Sa 10–19 (im Sommer abends bis 21 Uhr), So 11–14.30 Uhr
Interaktives »Museum des Menschen«.

Museo de Arte Sacro
Porta de Aires, s/n
La Coruña/A Coruña
Di–Fr 10–13 und 17–19, Sa 10–13 Uhr
Museum der religiösen Kunst.

Museo de Relojes
Praza de María Pita, s/n
La Coruña/A Coruña
Mo–Sa 17–19 Uhr
Uhrenmuseum im Palacio Municipal (Rathaus).

Museo Emilia Pardo Bazán
Rúa Tabernas, 11
Mo–Fr 10–13 Uhr
Erinnerungen an die aus La Coruña stammende Dichterin Emilia Pardo Bazán (1851–1921).

Für Spanien eine rühmliche Ausnahme: Die Radwege **La Coruñas**, auf denen man an den Promenaden entlangfahren kann. Vor allem an San-Antón-Kastell, Sporthafen und Herkulesturm vorbei.

Aeropuerto de Alvedro
Ca. 10 km südl. der City
La Coruña/A Coruña
✆ 981 18 72 45
Flüge u. a. nach Barcelona, Bilbao, Madrid, Paris und Vitoria.

Estación de Autobuses
Calle Caballeros, s/n
La Coruña/A Coruña
✆ 981 23 90 99
Busse u. a. nach Bilbao, Ferrol, Lugo, Madrid und Santiago de Compostela.

Estación de Ferrocarriles
Estación de San Cristóbal
Avenida Joaquín Panelles, s/n
La Coruña/A Coruña
✆ 981 15 02 02
Züge u. a. nach Madrid und Santiago de Compostela.

Wichtigste Feste

In **Luarca** Marienehrung am 15. August im Rahmen der **Fiesta de Nuestra Señora del Rosario** (normalerweise nachmittags traditionelle Meeresprozession der Fischer); am 22. August volkstümliche **Fiestas de San Timoteo**. In **Foz** meist am zweiten Sonntag im August **Fiestas de San Lorenzo** (Prozession, Folklore, Feuerwerk). In **Viveiro** mehrtägige, von Folklore begleitete **Fiestas de Nuestra Señora y de San Roque** um den 16. August (an diesem Tag Wallfahrt auf den nahen San-Roque-Berg). Bei **Cedeira** in der Regel am letzten Sonntag im Juni die Traditions-Zeremonie des *rapa das bestas* (hier bekannt unter: **Curro da Capelada**) mit Abtrieb halbwilder Pferde aus der Serra da Capelada, die eingepfercht werden, ihren Mähnen- und Schweifschnitt bekommen und – im Falle der Fohlen – das Brandzeichen. Außerdem in Cedeira: die **Fiestas de la Virgen del Mar** Mitte August. **Wallfahrten nach San Andrés de Teixido** am 8. September und 30. November. In **La Coruña** Stadtfest (**Semana Grande**) zu Augustbeginn, um den 7. Oktober stehen die **Fiestas de Nuestra Señora del Rosario** an.

Kunst auf dem Friedhof (bei Ribadeo)

SERVICE

REISEPLANUNG

REISEDATEN

SPRACHHILFEN

An- und Einreise

Für die Einreise nach Spanien genügt Bürgern von EU-Staaten der gültige Personalausweis; Nicht-EU-Bürger führen den Reisepaß mit.

Anreise mit dem eigenen Auto: Ohne eigenen fahrbaren Untersatz würde man in Spaniens Norden einiges verpassen, denn viele Orte, Monumente und Unterkünfte auf dem Land liegen relativ abgeschieden. Bei der Anreise bis zur französisch-spanischen Grenze bietet es sich an, zumindest zwei Tage und damit eine Übernachtung in Frankreich zu veranschlagen. Schnörkellos-zweckmäßig übernachtet man in Billig-Hotelketten wie »Formule 1«; preiswerte Alternativen sind die *gîtes d' étapes* (Unterkünfte für den Zwischenaufenthalt; Auskünfte über die Französischen Fremdenverkehrsämter). Wer mit Wohnwagen oder Zelt unterwegs ist, wird an der Strecke in der Regel immer einen adäquaten Campingplatz finden.

Für die Anfahrt nach Nordspanien eignen sich die folgenden Strecken:

- Ab/über Deutschlands Norden und Westen Autobahn (in Frankreich gebühren-pflichtig) über Lüttich, Paris, Tours, Poitiers und Bordeaux nach San Sebastián.
- Ab/über Deutschlands Süden, Österreich und die Schweiz Autobahn (gebührenpflichtig) über Lyon, Nîmes, Montpellier, Narbonne, Toulouse, Tarbes und Pau nach San Sebastián bzw. hinter Orthez Landstraße über St.-Jean-Pied-de-Port zum Beginn des spanischen Jakobsweges nach Roncesvalles.
- Ab/über Deutschlands Westen Autobahn und Landstraße über Köln, Aachen, Lüttich, Bastogne, Sedan, Chalons-sur-Marne, Troyes, Auxerre, Bourges, Chateauroux, Bellac, Angoulême und Bordeaux (in Frankreich kann man die gebührenpflichtigen Autobahnen hier ganz vermeiden).
- Ab/über Deutschlands Südwesten auf Autobahn und Landstraße über Freiburg im Breisgau, Mulhouse, Besançon, Béaune, Moulins, Guéret, Angoulême und Bordeaux (auch bei dieser Route ist es möglich, die gebühren-intensiven französischen Autobahnen komplett zu umgehen).

ADAC-Mitglieder sollten vom Service Gebrauch machen, sich Routenempfehlungen samt Richtwerten für die Fahrzeit ausarbeiten lassen. Alternativ stellt man sich auf speziellen CD-Roms seine eigene Strecke daheim am Computer per Knopfdruck zusammen.

Autobahngebühren in Frankreich begleicht man bar oder mit Kreditkarte. Für die Rückreise ab Santiago de Compostela bzw. den Strandgebieten Galiciens sollte man mindestens drei Tage einkalkulieren.

Denken Sie bei der Reise nach Spanien und durch Frankreich an Ihren Führerschein, die nationale Zulassung und aktuelles, zuverlässiges Kartenmaterial wie die Euro-Regionalkarten aus dem RV-Verlag oder die Aral-Straßenkarten.

Anreise mit dem Flugzeug: Nordspanien liegt gerade einmal zwischen zwei und drei Flugstunden von Mitteleuropa entfernt. Wichtigste internationale Zielflughäfen sind Bilbao (Direktflüge ab Frankfurt am Main mit Iberia und Lufthansa; ab Basel und Zürich mit Crossair; ab Brüssel mit Sabena) und Santiago de Compostela (ab Frankfurt am Main mit Iberia). Alternativen sind Anflüge über die großen Drehscheiben Barcelona und Madrid, dann weiter z. B. nach Asturias (Flughafen Gijón-Oviedo), Bilbao, La Coruña, Pamplona, San Sebastián, Santiago de Compostela oder Vigo.

An den großen Flughäfen von Bilbao und Santiago de Compostela findet man Büros von Leihwagenanbietern. Wichtig für Radpilger, die den Jakobsweg oder die Atlantikküste per Drahtesel angehen wollen, ist der Transport ihrer Fahrräder (z. B. mit Iberia ab Deutschland gegen recht geringen Aufpreis und nach rechtzeitiger Anmeldung).

Anreise mit dem Zug: Gute, relativ schnelle Zugverbindungen über Paris (dort unvermeidlicher Bahnhofswechsel per U-Bahn oder Taxi; denken Sie dabei an einen kleinen Bargeldvorrat) und Bordeaux bis an die französisch-spanische Grenze nach Irún. Für die

Hochgeschwindigkeitszüge sind rechtzeitige Platzreservierungen anzuraten. Erkundigen Sie sich in den Bahncentern nach Ermäßigungen für Hin- und Rückfahrttickets, für bestimmte Tage und für feste Vorab-Reservierungen (dies gilt vor allem für den Thalys-Hochgeschwindigkeitszug über Köln und Aachen nach Paris). Eine entspannte, aber recht kostenintensive Anreise garantiert der Autoreisezug nach Biarritz; von dort aus verbleiben nur rund 30 Kilometer bis zur französisch-spanischen Grenze.

Anreise mit dem Bus: Nach Nordspanien fahren ganzjährig die »Eurolines«-Busse (Deutsche Touring bzw. Saia-Enatcar) auf mehreren Strecken. Dazu zählen folgende:
- Ab Hamburg über Hannover, Bielefeld, Gütersloh, Paderborn, Lippstadt, Hagen, Wuppertal, Remscheid, Bonn, Köln und Aachen nach Behobia (spanisch-französische Grenze), San Sebastián, Bilbao, Vitoria, Burgos, Valladolid, Palencia, Tordesillas, Astorga, Ponferrada, Santiago de Compostela und La Coruña (z. B. von Aachen nach San Sebastián knapp 15 Stunden, von Hamburg nach La Coruña rund 40 Stunden).
- Ab Cuxhaven über Bremerhaven, Bremen, Osnabrück, Münster, Dortmund, Bochum, Gelsenkirchen, Essen, Duisburg, Düsseldorf, Rheydt und Aachen nach Behobia, San Sebastián, Bilbao, Vitoria, Burgos, Valladolid, Palencia, Tordesillas, Astorga, Ponferrada, Santiago de Compostela und La Coruña.
- Ab Hannover über Bielefeld, Gütersloh, Dortmund, Düsseldorf und Köln nach San Sebastián, Bilbao, Burgos, Valladolid, Benavente, Ourense, Vigo, Pontevedra, Santiago de Compostela und La Coruña (nur in den Sommermonaten).
- Ab München über Augsburg, Ulm, Stuttgart, Heilbronn, Karlsruhe, Ludwigshafen und Saarbrücken nach Behobia, San Sebastián, Bilbao, Vitoria, Burgos, Valladolid, Palencia, Tordesillas, Astorga, Ponferrada, Santiago de Compostela und La Coruña.
- Ab Nürnberg über Frankfurt am Main, Ludwigshafen und Saarbrücken nach Behobia, San Sebastián, Bilbao, Vitoria, Burgos, Valladolid, Palencia, Tordesillas, Astorga, Ponferrada, Santiago de Compostela und La Coruña.
- Ab Basel über Mulhouse nach Irún, Benavente, Astorga, Ponferrada, Villafranca del Bierzo, Lugo und La Coruña.
- Ab Zürich über Lausanne und Genf nach Irún, San Sebastián, Bilbao, Santander und Oviedo.
- Ab Wien über Linz, Salzburg und Innsbruck nach Zaragoza (Strecke über Barcelona).

Preisgünstiger als die einfache Fahrt ist der Tarif für Hin- und Rückfahrtticket. Für Kinder bis zwölf Jahre gibt es in der Regel einen Spezialtarif.

Ärztliche Versorgung

Zwischen Deutschland und Spanien besteht ein gegenseitiges Abkommen über die Behandlung auf Krankenschein. Voraussetzung ist, daß man sich vor Reisebeginn bei seiner gesetzlichen Krankenkasse den Auslandskrankenschein besorgt (das sogenannte Formular E-111). Nach Umtausch in einen spanischen Krankenschein bei den örtlichen Stellen der spanischen *Seguridad Social* kann man sich in den Gesundheitszentren *(centros de salud)* kostenfrei behandeln lassen, den Arzt jedoch nicht aussuchen. Deutschsprachige Ärzte dürfen Sie ohnehin nicht erwarten; wenden Sie sich in Zweifels- oder Notfällen an die Konsulate und bezahlen Sie lieber einen zuverlässigen privaten Mediziner aus eigener Tasche. Nicht zuletzt deswegen ist der Abschluß einer privaten Urlaubs- bzw. Auslandskrankenversicherung empfehlenswert, die freie Arztwahl und Rücktransport im Notfall garantiert. Die Behandlungskosten beim Arzt legt man vor und läßt sich eine detaillierte Rechnung ausstellen, um sie daheim zur Rückerstattung einzureichen; zu beachten ist, daß viele Versicherungen eine finanzielle Mindestbeteiligung pro Fall verlangen.

Auf der Suche nach Medikamenten wenden Sie sich bedenkenlos an die gemeinhin sehr gut sortierten **Apotheken** *(farmacias)*. Erkennungszeichen: ein grünes Kreuz auf weißem Grund. Die Notapotheken *(farmacias* *de guardia)* sind normalerweise in jeder örtlichen Tageszeitung aufgeführt. Auch in Apotheken dürfen Sie deutschsprachiges Personal nicht erwarten. Falls Sie ein ähnliches Mittel brauchen wie jenes, das Sie gerade benutzt haben, nehmen Sie den Beipackzettel mit der Zusammensetzung des Medikaments mit. Hier ein paar Sprachtips für dringende Fälle: Kopfschmerztabletten *(aspirina)*, Zäpfchen *(supositorio)*, Salbe *(pomada* oder *gel)*, Schmerzen *(dolores)*, Magenschmerzen *(dolores de estómago)*, Zahnschmerzen *(dolor de muelas)*, Verrenkung *(esguince)*. In dringenden Fällen lassen Sie sich per Taxi zur Notfallstation *(emergencias)* des örtlichen Krankenhauses *(hospital* oder *clínica)* bringen.

Auskunft

Für Auskünfte sind die in Deutschland, Österreich und der Schweiz ansässigen Spanischen Fremdenverkehrsämter zuständig. Wenden Sie sich an folgende Adressen:

Spanisches Fremdenverkehrsamt Berlin
Kurfürstendamm 180
D-10707 Berlin
✆ 030/8 82 65 43, Fax 030/8 82 66 61

Spanisches Fremdenverkehrsamt Düsseldorf
Grafenbergerallee 100
D-40237 Düsseldorf
✆ 0211/6 80 39 80 und 6 80 39 81
Fax 0211/6 80 39 85

Spanisches Fremdenverkehrsamt Frankfurt am Main
Myliusstr. 14
D-60323 Frankfurt am Main
✆ 069/72 50 33 oder 72 50 38
Fax 069/72 53 13

Spanisches Fremdenverkehrsamt München
Schubertstr. 10
D-80336 München
✆ 089/5 30 74 60, Fax 089/5 32 86 80

Spanisches Fremdenverkehrsamt Wien
Walfischgasse 8
A-1010 Wien
✆ 01/5 12 95 80, Fax 01/5 12 95 81

Spanisches Fremdenverkehrsamt Zürich
Seefeldstr. 19
CH-8008 Zürich
✆ 01/2 52 79 30, Fax 01/2 52 62 04

Deutschsprachige Institutionen in Spanien:

Deutsche Botschaft
Calle Fortuny, 8
28010 Madrid
✆ 913 19 91 00, Fax 913 10 21 04

Österreichische Botschaft
Paseo de la Castellana, 91
28046 Madrid
✆ 915 56 53 15, Fax 915 97 35 79

Schweizer Botschaft
Calle Núñez de Balboa, 35
Edificio Goya
28001 Madrid
✆ 914 36 39 60, Fax 914 36 39 80

Hinzu kommen **deutsche Honorarkonsulate** in Bilbao (Calle San Vicente, 8, Edificio Albia, planta 13, ✆ 944 23 85 85), Muriedas (Avenida de Bilbao, 39, ✆ 942 25 05 43), San Sebastián (Calle Fuenterrabía, 15, 3° izquierda, ✆ 943 42 10 10) und Vigo (Avenida García Barbón, 1, ✆ 986 43 78 79), das **österreichische Honorarkonsulat** in dem bei Bilbao gelegenen Las Arenas (Calle Club, 8, ✆ 944 64 07 63) und das **Schweizer Honorarkonsulat** in San Sebastián (Calle Prim, 14, ✆ 943 45 59 98).

Automiete

Für die Fahrzeugmiete in Spanien ist folgendes nötig: Reisepaß oder Personalausweis, gängige Kreditkarte, nationaler Führerschein (der mindestens ein Jahr alt sein muß) und ein Alter von mindestens 21 (gelegentlich sogar: 23) Jahren. In Nordspanien gibt es international bekannte Firmen wie Avis, Hertz, Europcar und National. Es empfiehlt sich, einen Leihwagen schon von daheim aus zu ordern und zu bezahlen, was häufig preiswerter als vor Ort ist. Außerdem sichert man sich durch Vorausbuchung den Wagen und das gewünschte Modell.

Auf dem spanischen Festland muß man von einem Preisniveau von mindestens umgerechnet 500 Mark für die Wochenmiete ausgehen, die Freikilometer, Versicherung, Steuer und Pannendienst umfaßt. Achten Sie auf relativ günstige Wochenendtarife *(alquiler fin de semana)*, wobei man den Wagen in der Regel freitags nachmittags in Empfang nimmt und montags morgens wieder abgibt.

Geld

Im Vorfeld des Euro ist Spaniens Währungseinheit (noch) die *Peseta*. Im Umlauf sind Münzen im Wert von 1, 5 (bekannt als *duro*), 10, 25, 50, 100, 200 und 500 Pesetas sowie Banknoten in Höhe von 1 000, 2 000, 5 000 und 10 000 Pesetas (abgekürzt: ptas).

Der Wechselkurs zu anderen EU-Währungen ist offiziell festgelegt; bei Drucklegung entsprach eine D-Mark 85 Pesetas. Allerdings werden Sie nach Umtausch in der Bank nicht die volle Summe ins Portemonnaie stecken. Der Grund, ganz wie daheim: die Kommission. Hier sollten Sparbewußte in Spanien angesichts von ganz erheblichen Schwankungen aufpassen und vergleichen. Die Spanne reicht normalerweise von 1 bis 3,5 % Fixkommission. Beachten Sie auch die Höhe der Mindestgebühr für jeden Tauschvorgang. Die liegt in der Regel um die 500 Pesetas, kann aber durchaus bis an die 1 500-Pesetas-Grenze heranreichen. Daher tauscht man vorzugsweise einmal einen größeren Betrag statt mehrere kleine; zusammen reisende Bekannte und Freunde sollten überlegen, gemeinsam zu tauschen. Beachten Sie auch, daß die meisten spanischen Banken ausschließlich montags bis freitags vormittags (9–13.30 oder 14 Uhr) öffnen und beim Tausch gelegentlich Personalausweis oder Paß verlangen.

Zu den verbreitetsten **Kreditkarten** zählen Visa, Diner's Club, Eurocard-Mastercard und American Express. Mit Kreditkarten ist es möglich, an den zahlreichen Geldautomaten *(cajeros automáticos)* Bares abzuheben; mancherorts läßt sich die Bedienungsanleitung in deutscher Sprache abrufen.

Klima/Kleidung/Reisezeit

Der Nordsaum der Iberischen Halbinsel gehört zum immerfeuchten Klimabereich mit relativ hohen Niederschlägen, von denen die meisten in Galicien niedergehen. Die Nähe zum Meer sorgt während des ganzen Jahres für durchgängig moderate Temperaturen, die sowohl den Hochsommer als auch die Wintermonate erträglich machen. Winterfrost an der Küste gehört zu den absoluten Ausnahmen, ist aber in den Höhen der Pyrenäen und des asturisch-kantabrischen Gebirgszuges der Picos de Europa normal.

Die meisten Besucher zieht Spaniens Norden natürlich im Frühjahr, Sommer und Herbst an, wobei jede Jahreszeit ihre eigenen Reize hat. Im Frühjahr das allseits blühende Grün, im Sommer ein angenehmer Temperaturrahmen fürs Meeresbad, im Herbst die Natur mit ihrem wechselnden Farbenkleid. Bedenken Sie bei der Urlaubsplanung, daß Juli und August die Hauptferienmonate für die Spanier sind. Das heißt, daß an touristisch relevanten Punkten viele Menschen zusammenströmen und Unterkünfte knapp werden können. Allerdings finden im Sommer die meisten bunten Fiestas und Veranstaltungen jedweder Art statt. Im Juli und August stehen die Temperaturen im Inland, vor allem der sommertrockenen nördlichen Meseta Kastilien-Leóns, auf ihrem Siedepunkt.

Subjektive Meinung des Autors dieses Reiseführers: Am schönsten ist es in den Monaten April und Mai bis Mitte Juni sowie im September und Oktober. Beachten Sie, daß manche Hotels, Pensionen und Restaurants in den Wintermonaten schließen.

Was die Kleidung betrifft, so gehört zu jeder Jahreszeit wetterfeste Kleidung ins Gepäck, ob Regenponcho oder Windjacke; zur Not reicht ein Schirm, vorzugsweise ein auf Taschenformat zusammenklappbarer. Aber wir wollen nicht den Teufel – sprich: ein ständig wolkenverhangenes Spanien – an die Wand malen. Nicht nur im Sommer, auch im Frühjahr und Herbst kann die Quecksilbersäule beachtlich steigen. Und das heißt: leichte Baumwollkleidung. Andererseits wird man in der Abendkühle und bei Ausflügen in die Berge für Pullover und Weste dankbar sein. Nicht zu vergessen: die Sommerkühle in vielen von dicken Mauern eingefaßten Landhäusern und Restaurants. Für Bergwanderer versteht sich festes Schuhwerk von selbst, für Meeresfreudige die komplette Badegarnitur – und eine gewisse Abhärtung. Im Gegensatz zur »Badewanne Mittelmeer« steigt die Temperatur des Atlantiks selbst im Sommer selten über 20°C.

Unterkunft

Camping, Landhaus oder Luxus pur in alten Gemäuern? In Spaniens Norden kein Problem, wobei Sie keinesfalls Hotellandschaften wie an der Costa del Sol sehen werden. **Hotels** reichen bei der allgemeinen Klassifizierung von einem Stern (unterer Bereich) bis fünf Sterne (Spitzenkategorie). Viele Unterkünfte haben einfach Stil, wie zum Beispiel die *Paradores de Turismo* und die *casas rurales*, aber eins nach dem andern.

Zunächst die **Paradores**, deren Tradition bis ins Jahr 1928 zurückreicht. Sie sind mit drei bis fünf Hotelsternen gekrönt und garantieren fast immer feudales Ambiente und eine vorzügliche Lage. Der Grund: Alte Burgen, Paläste oder gar Pilgerhospize sind stilvoll hergerichtet worden. Nicht einmal künstlich, sondern einfach heimelig, urig und schön. Klar, daß die Qualität – auch in den hauseigenen Restaurants – ihren angemessenen, aber nicht einmal überzogenen Preis hat.

Für die Paradores gibt es eine Reservierungszentrale in Deutschland:

Ibero Tours
Berliner Allee 22
D-40212 Düsseldorf
✆ 0211/86 41 50, Fax 0211/32 86 60

Die Paradores- Reservierungszentrale in Spanien hat folgende Adresse:

Paradores – Central de Reservas
Calle Requena 3
E-28013 Madrid
✆ ab Deutschland 0034 915 16 66 66
Fax ab Deutschland: 0034 915 16 66 57 oder 516 66 58
info@parador.es
www.parador.es

Adressen und kurze Beschreibungen der Paradores, die am Weg liegen, finden Sie auf den blauen Seiten in den Serviceteilen der jeweiligen Routenkapitel. Informationen zu weiteren Häusern dieser Kategorie, die im Zielgebiet Nordspanien liegen, erhalten Sie auch bei der deutschen Reservierungszentrale.

Natürlich sind es nicht die Paradores de Turismo allein, in denen man sich wohlig bettet. Diejenigen, die es rustikal, aber einfach und preisgünstig lieben, wählen ein **Landhaus** *(casa rural*, gelegentlich auch: *casa de aldea)* als Quartier. Hier sind Doppelzimmer schon ab umgerechnet 40 Mark zu haben. Gelegentlich kann man eine Küche gegen geringen Tagesaufpreis mitbenutzen und fragt den Vermieter in dem Fall nach dem *derecho a cocina*. Mancherorts wird abends herzhafte Hausmannskost zu erschwinglichen Preisen angeboten. Sie können auch eine komplette *casa rural* mieten, wobei man aus Kostengründen schon zu viert oder sechst sein sollte. Der Landhaus-Tourismus ist im Aufschwung begriffen, insbesondere unter den Spaniern, bei denen eine klare Zurück-zur-Natur-Tendenz herrscht. Während der Hauptferienzeiten sind rechtzeitige Buchungen empfehlenswert. In immer mehr trutzigen Landgütern und alten Häusern werden nach umfangreichen Renovierungsmaßnahmen Zimmer für Besucher hergerichtet; alleine in einer Region wie Navarra stehen mittlerweile mehr als 300 *casas rurales* zur Disposition. Außerdem nehmen die Serviceangebote in den Häusern ständig zu und reichen vom Unterstellplatz für die eigenen Fahrräder bis zum Verleih von Drahteseln, vom Grillplatz im Garten bis zur Mikrowelle in der Küche, von der Familien-Badewanne bis zum Pool; gelegentlich kann man vor Ort Wein und Landkäse kaufen. Aktuelle Landhaus-Verzeichnisse geben in der Regel die örtlichen Touristenbüros ab, die auch über mögliche regionale Reservierungszentralen informieren.

Zur weiteren Palette der preiswerteren Unterkünfte in Nordspanien zählen der Gasthof *(hostal)* – offizielle Einteilung von einem Stern (weniger Komfort) bis zu drei Sternen (komfortabler) – und die in der Regel etwas einfachere Pension *(pensión* oder *casa de huéspedes*, seltener: *hospedaje)*. Während der Hochsaison wird man gelegentlich Hinweise auf private Zimmervermietung wie *habitaciones* (Zimmer) oder, seltener und von unterster Qualität, *camas* (Betten) entdecken. Im Winter hingegen kann es vorkommen, daß einige Hotels, Gasthöfe und Pensionen zwei bis drei Monate schließen.

Was Unterkünfte für Pilger auf dem Jakobsweg betrifft, so stehen ihnen – unter gewissen Voraussetzungen – die Pilgerherbergen für Übernachtungen offen (vgl. dazu die Hinweise auf S. 209 f.).

Campingfreunde und Reisende, die mit dem Wohnmobil unterwegs sind, finden im Zielgebiet eine Reihe von gut eingerichteten **Campingplätzen** *(camping)*; die besten sind die der ersten Kategorie *(primera categoría)*, eher Basisausstattung dürfen Sie auf denen der dritten Kategorie *(tercera categoría)* erwarten. Zu beachten ist, daß viele Plätze nur in der Saison von April/Mai bis September/Oktober öffnen. Eine ganze Reihe von Anlaufplätzen für Camper sind in deutschen Campingführern verzeichnet, wie z. B. in dem des Deutschen Camping-Clubs (Mandlstr. 28, D-80802 München, ✆ 089-38 014 20).

In diesem Reiseführer haben wir Hotels und Pensionen nach drei Preiskategorien gestaffelt und durch P-Zeichen (für Pesetas) unterschiedlich gekennzeichnet. Die Preise gelten grundsätzlich für ein Doppelzimmer während der Hauptsaison:

P – unter 7 000 Pesetas
PP – 7 000 bis 15 000 Pesetas
PPP – über 15 000 Pesetas

Man möge diese Angaben bitte nur als Richtwerte verstehen. Denn: Es gibt selbstverständlich vielerlei Ausnahmen. Mit Hauptsaison meint man bei den spanischen Beherbergungsbetrieben in der Regel die Monate Juli und August, doch auch während der Karwoche *(Semana Santa)* ziehen die Tarife für Zimmer in Hotels, Pensionen und Apartments meist kräftig an. Ansonsten herrscht rund um Ostern Nebensaison.

Zu den Ausnahmen zählen außerdem die Zeiten der großen Stadtfeste, die scharenweise Besucher von nah und fern anlocken und für neuerliche Preisaufschwünge sorgen. So wie bei den *Fiestas de San Fermín* vom 6. bis 14. Juli in Pamplona, wo man für ein normales 120-Mark-Hotelzimmer plötzlich das Drei- oder Vierfache der Summe auf den Tisch des Hauses blättern soll. Gemeinhin ist das Frühstück weder im Hotel- noch im Pensionspreis mit inbegriffen.

Zoll

Dank des Schengener Abkommens sind für Bürger von EU-Staaten die Ein- und Ausfuhrbeschränkungen für den privaten Warenverkehr grundsätzlich aufgehoben worden. Gleichwohl gelten nach wie vor folgende Richtmengen pro erwachsenem Reisenden: 800 Zigaretten, 90 Liter Wein und zehn Liter Spirituosen.

Für Schweizer gelten folgende zollfreie Beschränkungen: 200 Zigaretten, zwei Liter Wein, ein Liter Spirituosen mit mehr als 15 % Alkoholgehalt bzw. zwei Liter mit weniger als 15 % Alkoholgehalt.

Adressensuche und Orientierung

In diesem Buch werden Sie einige Adressen finden, die auf den ersten Blick verwirrend – da ungewohnt – erscheinen. So zum Beispiel beim Zusatz »s/n«, der bei Straßen manchmal statt einer Hausnummer auftaucht. Dies bedeutet einfach *sin número*, ohne Hausnummer. Es gibt halt keine, weil anscheinend jeder weiß, wo dieses oder jenes Hotel liegt und zu finden ist. Im Zweifelsfall hilft nur, sich durchzufragen. Als weitere Besonderheit tauchen namenlose Klingelschilder auf. Man steht dann vor einem Gewirr an Nummern und Buchstaben: ob 3°, 2° D oder 1° I. Hier wird's unweigerlich kompliziert, wenn man nicht genau weiß, wo man hin will und ob die oder jene Person nun unter 3° (Bedeutung: dritter Stock), 2° D (Bedeutung: zweiter Stock rechts, D steht für *derecha*, rechts) oder 1° I (Bedeutung: erster Stock links, I steht für *izquierda*, links) zu finden ist.

Ebenfalls extrem gewöhnungsbedürftig sind die Adressenangaben für bestimmte Stellen auf freier Strecke. Da heißt es zum Beispiel: Camping Urrobi, Carretera Nacional 135, km 42. Was nichts anderes bedeutet, als daß der Urrobi-Campingplatz an der Nationalstraße Nummer 135 und dort bei Streckenkilometer 42 liegt. Alles klar? Ihre und des Autors Antwort wird »Jein« lauten, denn in dem Fall müßte man zumindest wissen, ab welchem Punkt die Kilometer auf den deutlich markierten Streckensteinen an der Nationalstraße nun gezählt werden. Hilfreich daher: die zusätzliche Ortsangabe, im Fall Camping Urrobi das Dorf Espinal. So hat man wenigstens den Anhaltspunkt, daß der Platz in der Nähe dieses Ortes liegen muß.

In größeren Städten bieten der zentrale Platz *(plaza central)*, die Kathedrale *(catedral)* oder das Rathaus *(ayuntamiento* bzw. *casa consistorial)* im Altstadtviertel *(casco viejo* oder *casco histórico)* immer eine gute Orientierung. Jakobswegwanderer und –radler orientieren sich an blau-gelben Schildern und gelben Pfeilen (siehe »Hinweise für Jakobsweg-Reisende«, S. 209 f.); im Zweifelsfall führt der Jakobsweg immer an der örtlichen Kirche oder der städtischen Kathedrale vorbei.

Auskunft vor Ort

Im Regelfall verfügt jede größere Stadt und jeder Ferienort über ein **Informationsbüro** *(oficina de turismo)*, in dem man kostenlos z. B. mit Stadtplan *(plano callejero)*, Unterkunftsverzeichnis *(guía de alojamientos turísticos)*, Landhausbroschüre *(guía de turismo rural)* und dem aktuellen Plan zu den Öffnungszeiten von Monumenten und Museen *(horario de visita de monumentos y museos)* versorgt wird. Dabei darf man deutschsprachigen Service nicht erwarten, wie man überhaupt bei Kompetenz der dortigen Angestellten und Zuverlässigkeit ihrer Auskünfte grundsätzlich nicht die mitteleuropäische Meßlatte anlegen darf. Was Dienst am (zahlungskräftigen) Kunden bedeutet, so stecken manche noch – positiv formuliert – in der Lernphase, andere wiederum bedienen den Besucher exzellent. Gelegentlich kommt zur *oficina de turismo* noch eine zweite Auskunftsstelle der jeweiligen Stadt oder Gemeinde hinzu *(oficina municipal de turismo)* bzw. in der Hochsaison ein mobiles Büro an einem touristisch besonders relevanten Punkt (z. B. in Strandnähe).

Selbst während der Hauptsaison darf man bei den Fremdenverkehrsämtern nicht auf durchgehende Öffnungszeiten hoffen – dazu hängen die Spanier zu sehr an der Siesta. Viele Büros öffnen montags bis freitags von 9.30–13.30 und von 16.30–19 Uhr, manche am Abend noch etwas länger (bis 20 Uhr) und auch samstags vormittags, sehr wenige zusätzlich sonntags vormittags. In kleineren Orten kommt es häufig vor, daß die Büros in der Wintersaison schließen, im ungünstigsten Fall von Oktober bis zur Karwoche. In sollen Fällen wenden sich Ratsuchende an das örtliche Rathaus. Vor Ort sind Fremdenverkehrsämter mit einem »i«-Symbol ausgeschildert

Was die Auskunft an einem internationalen Flughafen angeht, so nimmt Bilbao mit freundlichem, kompetentem Personal die Vorreiterrolle ein; in Santiago de Compostela hat man probeweise begonnen, einen mobilen Stand einzurichten (leicht zu übersehen und ohne Öffnungszeiten-Gewähr).

Autofahren

Autofahrer, aufgepaßt! Halten Sie sich an die strikte Devise, defensiv zu fahren. Vielen spanischen Steuerhaltern kommt es weniger auf Gesetze, Schilder und die neuen Aufklärungs- und Beschwörungskampagnen des Verkehrsministeriums an als auf die althergebrachten Regeln: Hupen statt Bremsen, Alt vor Neu und Groß vor Klein. Und warum bei Rot anhalten, wenn sowieso keiner kommt? Nun denken Sie vielleicht, es handele sich um Vorurteile eines verkehrsfrustrierten Verfassers und Bilder aus der alten Klischeekiste? Nein, das sind über Jahre leidvoll gesammelte Erfahrungen, komprimiert in einigen Zeilen. Wer's nicht glaubt, zieht die Statistik heran, in der alljährlich rund 6 000 Verkehrstote auf Spaniens Straßen auftauchen, die Zahl der Verletzten gar nicht eingerechnet. Oder man schaltet zwischen 14.30 und 15.30 Uhr die spanischen Nachrichtensendungen ein mit ihren neuesten Schreckens- und Abschreckungsmeldungen. Kurzum der ernstgemeinte Rat: Seien Sie immer auf der Hut!

Auch als Fußgänger. Als solcher möge niemand ohne zweifachen Blick nach rechts und links über die länglichen weißen Asphaltdekorationen gehen, die man in Deutschland und anderswo als »Zebrastreifen« kennt und respektiert. Spanier rauschen lieber drüber hinweg und kümmern sich wenig um den, der am Straßenrand wartet. Zu den traditionellen Unsitten zählen auch die rustikalen Ein- und Ausparkmanöver als Belastungsprobe für Blech und Stoßstange der anderen sowie das kurzzeitige Abstellen des Autos in der zweiten Reihe: um mal kurz Kaffee trinken oder einkaufen zu gehen; wenn der Zugeparkte lang anhaltend hupt, eilt man herbei.

Unter den offiziellen **Verkehrsbestimmungen** stechen Promillegrenze 0,5, Anschnallpflicht, Handy-Verbot während der Fahrt und das private Abschleppverbot hervor (gut, wenn man einen international gültigen Pannendienst in Anspruch nehmen kann; zentrale Rufnummer in Spanien: ✆ 91 59 333 33). Braucht man einen Abschleppwagen, fragt man nach der *grúa*.

Die Höchstgeschwindigkeiten betragen 50 km/h innerhalb geschlossener Ortschaften, 90 km/h auf Landstraßen und 120 km/h auf Autobahnen. Im Falle eines Verkehrsunfalls *(accidente)* folgende Tips: Unfallstelle fotografieren, Namen möglicher Zeugen notieren und versuchen, die polizeiliche Unfalleinheit der *atestados* kommen zu lassen (sie protokollieren verläßlich, tauchen aber lieber ab als auf).

Beachten Sie beim Parken immer die Hinweise aufs Anwohnerparken *(zona de estacionamiento limitado y restringido)* sowie die Farben an den Bordsteinkanten und Parklücken: Blau (gebührenpflichtig), Gelb (Parken verboten) und Weiß (Parken erlaubt). Wer Geld sparen will, stellt sein Fahrzeug bei längeren Städtebesuchen in Vororten ab, sollte aber stets daran denken, das Wageninnere komplett leerzuräumen. Angesichts der Diebstahlgefahr – vor allem Autos mit ausländischem Kennzeichen ziehen Langfinger an – gehören selbst Karten und Kulis in den Kofferraum, wenn nicht sogar aufs Hotelzimmer. Jene mit reicher bemessenem Urlaubsbudget wählen ein Hotel mit Garage oder einen Platz im Parkhaus, bei dem man mit einer 24-Stunden-Gebühr von umgerechnet 25 bis 30 Mark rechnen muß. Und noch vier Hinweise rund ums liebe Geld: Manche Autobahnen *(autopistas)* sind gebührenpflichtig, autobahnähnliche Schnellstraßen *(autovías)* kosten nichts, Tanken an Autobahnen ist nicht teurer als andernorts und Benzin in Spanien um einiges billiger als in Frankreich und Deutschland.

Bahnreise im »Transcantábrico«

Gehören Sie zu den Anhängern von streßfreien Vergnügungsreisen per Bahn, Klasse und Luxus? Von einer Kreuzfahrt auf Schienen? Wenn ja, liegen Sie mit dem »Transcantábrico« goldrichtig. Der Schmalspur-Hotelzug durch Spaniens Norden verkehrt in der Regel von Ende Mai bis Anfang Oktober und bietet eine perfekte achttägige Reiseorganisation mit zahlreichen Sightseeing-Stationen und Pausen zum landestypischen Mittag- und Abendessen im stilvollen Rahmen von Paradores und anderen Luxushotels. Gefrühstückt und übernachtet wird an Bord des Zuges, der mit Einzel- und Doppelabteilen sowie Einzel- und Doppelsuiten ausstaffiert ist. Die Reisestrecke verläuft von Santiago de Compostela nach San Sebastián oder umgekehrt; für Zwischentransfers und Ausflüge steht ein Reisebus zur Disposition. Nehmen wir als Beispiel die Strecke San Sebastián – Santiago de Compostela, kommt es während der acht Tage zu folgenden herausragenden Stopps: Bilbao (mit Guggenheim-Museum für Moderne Kunst), Laredo (Bootsfahrt), Santander (mit Casino), Santillana del Mar, Comillas, Nationalpark Picos de Europa, Gijón, Oviedo, Luarca, Ribadeo, Ferrol, je nach Wetterlage Fjordfahrt mit dem Boot nach La Coruña.

Natürlich hat der »Transcantábrico« seinen Preis: umgerechnet rund 2 300 DM pro Person im Standard-Doppelabteil sowie knapp 3 000 DM im Standard-Einzelabteil und pro Person in der Doppelabteil-Suite. Der Preis beinhaltet sämtliche Mahlzeiten und programmierte Ausflüge, außerdem Reiseleitung und Livemusik-Unterhaltung im Pub-Waggon. Informationen zum »Transcantábrico« gibt es über die Spanischen Fremdenverkehrsämter in Deutschland, Österreich und der Schweiz (Adressen s. S. 201). Die Buchungszentrale in Spanien hat folgende Adresse:

El Transcantábrico
Calle General Rodrigo, 6
E-28003 Madrid
✆ 915 53 09 11 oder 915 33 70 00
Fax 915 53 91 97

Einkaufen

Das, was unter dem uncharmanten Wort »Fressalien« firmiert, wird bei vielen Besuchern hoch im Kurs stehen. Gerne kauft man Käse *(queso)*, harte Paprikawurst *(chorizo)*, luftgetrockneten Schinken *(jamón serrano)* und zum Heimtransport gut geeignete Dosenwurst *(embutido)* direkt beim Erzeuger. Und dann: der Wein! Ob Rotwein *(vino tinto)*, Rosé *(clarete)* oder weißer Rebensaft *(vino blanco)*. Zu den besten Einkaufsgebieten mit zahlreichen Weinkellereien und -lagern *(bodegas)* zählen das westliche Navarra (Rosé- und Rotwein), die Rioja (edles Rotweinparadies), Galicien (Weißwein), mit Abstrichen auch Kastilien-León (weniger bekannte Rot- und Weißweine beispielsweise rund um Villafranca del Bierzo). Geht Ihnen lieber Hochprozentigeres über den Gaumen, greifen Sie zum Schlehenlikör aus Navarra (*pacharán*; um die sanften 20 %) oder zum Tresterbranntwein aus Galicien *(orujo)*, der nach dem Essen Ihr Gedärm aufwirbeln wird. Ein *orujo*-Hausbrand kann durchaus an die 55 %- oder gar 60 %-Marke stoßen.

Beliebte Mitbringsel sind Musik-CDs und -kassetten, hier ein paar Kaufideen: gregorianische Gesänge (z. B. der Mönche von Santo Domingo de Silos), Musik mit galicischen Dudelsäcken (*gaitas*; gibt es auch in durchaus »poppigen« Varianten) und stimmungsvoll-fröhliche Liebes-Herz-Schmerz-Lieder der spanischen Studentenkapellen *(tunas)*. Wo Jakobus das Leitmotiv vorgibt, dürfen typische Souvenirs am *Camino de Santiago* und in den Andenkenläden Santiago de Compostelas nicht fehlen: ob eine einfache Jakobsmuschel *(vieira)* oder ein komplettes »Pilgerset« aus Muschel, Umhang, Kalebasse und Wanderstock. Man findet auch Wertvolleres, in Santiago de Compostela zum Beispiel ein reiches Angebot an kunstvollen Silberwaren *(platería)* und Schmuckstücke aus Gagat (*azabache*; vor allem rund um die Kathedrale).

Wo immer man ein ganz besonderes Andenken sieht, gilt: spontan mitnehmen! Denn andernorts wird man es bestimmt nicht mehr in der selben Art finden. So wie die aus Rosenblättern geformten und auf Jahre aromatisch duftenden Rosenkränze der Kartäuser in der Cartuja de Miraflores bei Burgos oder – in Burgos selbst – die von Ordensschwestern gefertigten Porzellanmalereien am alten Benediktinerinnenkloster Las Huelgas Reales.

In Galicien haben sich mancherorts, z. B in Vimianzo und Camariñas, die Traditionen der Klöppelspitzen-Arbeiten *(encajes)* erhalten. Jene, die's mögen, werden dort und auch in Santiago de Compostela manch schönes Stück finden.

Feier- und Festtage

Abgesehen von zahlreichen lokalen und regionalen Patronatsfesten, bei denen die Spanier ihre/n jeweilige/n Schutzheilige/n verehren, stehen folgende Feiertage auf dem Kalender:

1. Januar: Neujahr *(Año Nuevo)*
6. Januar: Heilige Drei Könige *(Día de Reyes* oder *Día de la Epifanía)*
19. März: St.-Josefstag *(Día de San José)*
Gründonnerstag (*Jueves Santo*; nicht überall)
Karfreitag *(Viernes Santo)*
Ostermontag (*Lunes de Pascua*; nicht überall)
1. Mai: Tag der Arbeit *(Fiesta del Trabajo)*
Fronleichnam (*Día del Corpus*; nicht überall)
25. Juli: Jakobstag *(Día de Santiago)*
15. August: Mariä Himmelfahrt *(Asunción de Nuestra Señora)*
12. Oktober: Tag der Entdeckung Amerikas, auch Tag des Spaniertums *(Día del Descubrimiento* bzw. *Día de la Hispanidad)*
1. November: Allerheiligen *(Todos los Santos)*
6. Dezember: Tag der Verfassung *(Día de la Constitución)*
8. Dezember: Mariä Empfängnis *(Día de la Inmaculada Concepción)*
25. Dezember: Weihnachtstag *(Navidad)*

Auch wenn er weder in die Hauptreisezeit fällt noch ein Feiertag ist, so sei der 28. Dezember erwähnt, der *Día de los Inocentes*, das spanische Gegenstück zum 1. April. An diesem Tag greifen auch in Zeitungen und Nachrichtensendungen die *inocentadas*, die Aprilscherze im Dezember, um sich.

Bei den Feiertagen sind unter den Spaniern besonders jene beliebt, die auf einen Donnerstag oder Dienstag fallen. Dann reicht man für Freitag und/oder Montag zusätzlich Urlaub ein und baut sich seine persönliche Brücke *(puente)* der freien Tage. Und das heißt: Run auf beliebte Ausflugsziele, Staus, gelegentlich Engpässe bei Unterkünften.

Fotografieren

Dia- und Colorfilme sowie Filmentwicklungen und Abzüge sind in Spanien etwas teurer als in Deutschland, während Batterien und Zubehör (z. B. Fototaschen, Filter, Reinigungssets) durchaus preiswerter sein können. Der Erfahrung nach gute Qualität und günstige Preise bieten die Geschäfte der Kette »Fotoprix«.

Insbesondere in den Sommermonaten bietet sich die Benutzung von UV- oder Polarisationsfilter an. Damit das Gepäck nicht zusätzlich erschwert wird, sollten Hobbyfotografen statt mehrerer Objektive nur zwei Zooms der Brennweiten 28–80 mm (oder 35–85 mm) und 75–200 mm mitnehmen. Alternative: ein 35-mm-Standardobkjektiv und ein Telezoom. Wer gute Tieraufnahmen machen will – zum Beispiel von Gänsegeiern in Navarra und Kastilien-León – braucht ein starkes Teleobjektiv von mindestens 300 mm. Vor der Reise sollte man bei elektronisch gesteuerten Kameras eine neue Batterie einsetzen bzw. eine Ersatzbatterie kaufen.

Beachten Sie, daß in einigen Museen und Kirchen das Fotografieren und Filmen verboten ist.

Hinweise für Behinderte

In Deutschland gibt die »Bundesarbeitsgemeinschaft der Clubs Behinderter und ihrer Freunde« (kurz: BAG cbf) Reiseinformationen für Behinderte ab. Dazu rechnen die Hefte der Reihe *Urlaubsplanung leicht gemacht*, die Aufschluß über spezielle Reiseführer und -broschüren sowie zu Reiseveranstaltern geben, die Angebote für behinderte Reisende im Programm haben. Detailliertere Auskünfte bei der:

Bundesarbeitsgemeinschaft der Clubs Behinderter und ihrer Freunde
Eupener Str. 5
D-55131 Mainz
✆ 06131/22 55 14 und 22 57 78
Fax 06131/23 88 34

Hinweise für Jakobsweg-Reisende

Sowohl der Wanderweg als auch die Straßenachse des Jakobsweges *(Camino de Santiago)* sind sehr gut markiert. Auf den Schildern sehen Sie das Symbol einer stilisierten gelben Muschel auf blauem Grund. In Städten und Dörfern folgen Wanderer den gelben Pfeilen auf der Straße oder an Hauswänden; nach kurzer Zeit bekommen Sie einen Blick dafür.

Wie in guten alten Zeiten haben Wanderer und Radler die Möglichkeit, am spanischen Jakobsweg in Pilgerherbergen *(albergues de peregrinos)* zu übernachten. Voraussetzung dafür: ein Pilgerausweis *(credencial*; auch: *acreditación de peregrino)*. Den wiederum erhält man über eine der deutschen Jakobusgesellschaften:

Fränkische Sankt-Jakobusgesellschaft
Haus Hirsch
D-97769 Bad Brückenau
✆ 09741/33 76, Fax 09741/33 74

Sankt-Jakobusbruderschaft Düsseldorf
Rathausstr. 29
D-42659 Solingen
Nur Fax: 0212/81 57 47

Um Informationen kann man sich außerdem über die **Deutsche St. Jakobus-Gesellschaft** bemühen (Harscampstr. 20, D-52062 Aachen, ✆ 0241/4 79 01 27).

Die spanischen Pilgerherbergen liegen höchstens einen – für Trainierte: lockeren – Tagesmarsch voneinander entfernt und verdichten sich in Galicien, je näher man Santiago de Compostela kommt. Hier ein Überblick über die wichtigsten Orte mit Pilgerherbergen auf der am häufigsten frequentierten Strecke vom navarresischen Pyrenäenpaß Ibañeta bis zum etwas weniger als 800 Kilometer entfernten Endpunkt Santiago de Compostela: Roncesvalles/Orreaga – Zubiri – Larrasoaña – Pamplona – Puente la Reina/Gares – Estella/Lizarra – Los Arcos – Viana – Logroño – Nájera – Azofra – Santo Domingo de la Calzada – Grañón – Redecilla del Camino – Belorado – Villafranca Montes de Oca – San Juan de Ortega – Burgos – Tardajos – Hornillos del Camino – Hontanas – Castrojeriz – Itero de la Vega – Boadilla del Camino – Frómista – Población de Campos – Villalcázar de Sirga – Carrión de los Condes – Calzadilla de la Cueza – Terradillo de los Templarios – Sahagún – Calzada de Coto – Bercianos del Real Camino – El Burgo Ranero – Mansilla de las Mulas – León – San Miguel del Camino – Villadangos del Páramo – Hospital de Órbigo – Astorga – Santa Catalina de Somoza – Rabanal del Camino – Manjarín – Molinaseca – Ponferrada – Villafranca del Bierzo – El Cebrero/O Cebreiro – Hospital de la/da Condesa – Triacastela – Calvor – Sarria – Barbadelo – Ferreros/Ferreiros – Puertomarín/Portomarín – Gonzar – Ventas de Narón – Ligonde – Palas de Rey/Palas de Rei – Melide – Ribadiso – Arzúa – Santa Irene – Arca – Monte del/do Gozo (= Santiago de Compostela). Die größten Höhen bewältigt man bei Roncesvalles (Ibañeta-Paß, über 1 050 Meter hoch), zwischen Villafranca Montes de Oca und Burgos (Pedraja-Paß, 1 150 Meter), zwischen Astorga und Ponferrada (Cruz de Hierro/Cruz de Ferro, der mit 1 504 Metern höchste Punkt) und hinter Villafranca del Bierzo (Aufstieg/Auffahrt auf den 1 300 Meter hohen Cebreiro).

Der Übernachtungspreis in den Pilgerherbergen ist entweder festgelegt (in der Regel um die umgerechnet sechs Mark) oder er wird mit einer freiwilligen Spende *(donación)* abgegolten. Nur bei akuter Krankheit darf man sich in einer Herberge länger als eine Nacht betten; in Santiago de Compostela sind es indes drei. Unabdingbar für den Herbergsaufenthalt ist ein Schlafsack. Zur Grundausstattung der durchweg sehr einfachen Herbergen zählen Dusche/n *(ducha/s)* und Toilette/n *(baño/s)*, die etwas besseren verfügen über Küche *(cocina)*, Eßraum *(comedor)*, Aufenthaltsraum *(sala de estar)*, Waschplatz *(lavadero)*, Abstellplatz für Fahrräder *(sala de bicicletas)* und – sehr selten – Schließfächer für Wertsachen *(taquilla)*. Versorgen muß man sich selber, organisiertes Frühstück zum Beispiel gibt es nicht, und spätestens um acht Uhr werden die Pilger an die frische Morgenluft des Weges gesetzt.

Wer mindestens die letzten 100 Kilometer auf dem Jakobsweg marschiert ist oder 200 Kilometer mit dem Fahrrad zurückgelegt hat und dies durch die Stempel *(sellos)* von Pilgerherbergen und/oder Pfarreien in seiner *credencial* nachweist, kann sich in Santiago de Compos-tela seine persönliche Urkunde, die *Compos-tela*, abholen. Dazu geht man in die Casa do Dean, das nahe der Kathedrale gelegene Pilgerbüro. Bedenken Sie, daß die Herbergen während der Hauptferienmonate Juli und August von zahlreichen spanischen Pilgern aufgesucht werden.

Für Wanderer und Radler empfehlen sich im Vorfeld der Strapazen des Jakobsweges ein Routinecheck beim Arzt und einige Trainingseinheiten, damit man sich gegebenenfalls an neues Schuhwerk oder Sattel gewöhnt. Bei der Ausrüstung sollte man u. a. an Kopfbedeckung (insbesondere während der Sommermonate anzuraten) sowie – zur Behandlung von möglichen Sturzverletzungen oder Blasen an den Füßen – an Desinfektionsmittel, Pflaster und Mullbinden denken. Hinweise für die Verpflegung unterwegs: viel frisches Obst und Trockenfrüchte sowie Süßigkeiten (Schokolade, Honig etc.) zu sich nehmen. An den Dorfbrunnen kann man bedenkenlos seinen Flüssigkeitshaushalt und die Wasserflasche (sehr wichtig!) auffüllen.

Kinder

Im kinderfreundlichen Spanien ist der Nachwuchs in der Regel allseits willkommen. Bei Eintritten in Höhlen, Schlösser und alte Burgen – in denen es Kinder besonders spannend finden werden – gibt es fast überall Preisermäßigungen. Gleiches gilt für Übernachtungsgebühren auf Campingplätzen, von denen manche mit Kinderbecken und Spielgerät ausstaffiert sind. In Restaurants wird man Kinderstühle nur in seltenen Fällen finden; man fragt nach einer *trona*.

Nordspaniens Strände eignen sich vorzüglich für Förmchenbacker und Sandburgenbauer. Allerdings ist bei dem zuweilen recht rauhen Atlantik mit seinen Strömungen und Gezeitenwechseln von mehreren Höhenmetern allseits Vorsicht geboten.

Landkarten

Gute Dienste leisten die Euro-Regionalkarten aus dem RV-Verlag (Maßstab 1:300 000). Für die komplette Zielregion wird man zwei brauchen: »Pyrenäen – Costa Brava« (deckt Navarra, La Rioja und das Baskenland ab) und »Spanische Atlantikküste« (Kantabrien, Asturien, nördliches Kastilien-León und Galicien). Wer's umfangreicher liebt, kauft sich in Spanien einen kompletten Kartenatlas zum Land. Zu empfehlen: der jährlich neu aufgelegte »Guía Campsa España«, der mit umgerechnet etwas mehr als 30 Mark zu Buche schlägt und im hinteren Teil – alphabetisch nach Städten und wichtigen Orten geordnet – zahlreiche Adressen von Hotels und Restaurants bietet.

Literatur

Zweifelsfrei bildet der Jakobsweg eines der großen Themen Nordspaniens. Ein hochinteressantes und brandaktuelles 420-Seiten-Werk – nicht nur für Spezialisten – hat der Historiker und Kulturwissenschaftler Rolf Legler 1999 im Verlag Gustav Lübbe veröffentlicht: »Sternenstraße und Pilgerweg – Der Jakobs-Kult von Santiago de Compostela«. Schon der Untertitel von Leglers Buch, »Wahrheit und Fälschung«, weist auf eine kritische Grundhaltung und die Betrachtung des Jakobsweges als kirchen- und machtpolitische Konstruktion. In seinen beiden Hauptthesen behauptet der Autor, daß 1) der heilige Jakobus nie in Spanien war, und 2) es zu keiner Zeit ein Grab des Apostels in Galicien gegeben hat.

Natürlich geht es beim Jakobsweg auch weniger wissenschaftlich. Peter Müllers Titel »Wer aufbricht, kommt auch heim« (Verlag am Eschbach) ist als spiritueller Begleiter beim Unterwegssein auf dem Jakobsweg gedacht, während der fabelhafte niederländische Romancier und Essayist Cees Nooteboom in »Der Umweg nach Santiago« (Suhrkamp Taschenbuch) sein persönliches Spanien-Bild zeichnet.

Auch Reiseführer gibt es über den Jakobsweg. An Wanderer wendet sich Millán Bravo Lozanos in spanischen Buchhandlungen auf deutsch erhältlicher »Praktischer Pilgerführer - Der Jakobsweg« (Editorial Everest), an Radfahrer Andreas Drouves »Spanien per Rad: Norden (Jakobsweg - Galicien)« (Cyklos Fahrrad-Reiseführer aus dem Verlag Wolfgang Kettler). In Drouves Radband findet man über den Jakobsweg hinaus herrliche Strecken durch die galicischen Fjordlandschaften sowie durch Asturien, Kantabrien und das Baskenland.

Ein ganz anderes ansprechendes Thema bietet Ernest Hemingways Klassiker »Fiesta« (Rowohlt-Verlag), besonders amüsant für Feierfreudige, die sich ins Getümmel der *Fiestas de San Fermín* im Juli in Pamplona stürzen.

Interessant für Weinliebhaber sind zwei Titel aus dem Hallwag-Verlag (Bern/Stuttgart): Jan Reads in Taschenformat gehaltenes Bändchen »Spaniens Weine« und Hubrecht Duijkers großformatiges und fundiert verfaßtes Standardwerk »Atlas der Spanischen Weine«. Auf Weintour durch die Rioja kann man mit folgendem Reiseführer gehen: »La Rioja - Spaniens Weinregion« von Andreas Drouve (Edition aragon, Moers).

Öffentliche Verkehrsmittel

Mit dem **Bus** reist man in Spanien gut, günstig, schnell und zuverlässig (auch in die kleinsten Ortschaften). Zwischen wichtigen Städten gibt es an Werktagen zahlreiche Verbindungen, sonntags weniger. An- und Abfahrtpunkt ist in der Regel der zentrale Busbahnhof *(estación de autobuses)*. Prinzipiell gilt: Fahrten mit dem **Zug** erfordern weniger Geld und mehr Zeit. In Spaniens Norden verkehren sowohl Bahnen der staatlichen Eisenbahngeselschaft Renfe *(Red Nacional de Ferrocarriles Españoles)* als auch einige Schmalspurzüge der privaten Gesellschaft Feve *(Ferrocarriles Españoles de Vía Estrecha*; im Baskenland: *Eusko Tren)*. So kann es vorkommen, daß es in derselben Stadt zwei Bahnhöfe *(estación de ferrocarriles)* von Renfe und Feve gibt, die miteinander nichts zu tun haben (auch nicht beim Ticketkauf). Der Erfahrung nach ist der Transport von Fahrrädern in Feve-Zügen unproblematisch. Auch der Hotelzug »Transcantábrico« (s. S. 206 f.) verkehrt auf den schmalen Feve-Gleisen.

Ideal für den Kurzstreckentransport ist der zwischen der französisch-spanischen Grenzstadt Hendaye und San Sebastián verkehrende Nahverkehrszug (Spitzname *topo*, Maulwurf). In der baskischen Metropole Bilbao gibt es ein hervorragend funktionierendes Metronetz.

Öffnungszeiten

Als Faustregel im Gewirr der uneinheitlichen spanischen Öffnungszeiten gilt, sich nichts während der hochheiligen Siesta zu erhoffen, also der Mega-Mittagspause von etwa 13.30 bis 16.30 oder gar 17 Uhr. Das gilt nicht für Behörden, die ohnehin nur an den Vormittagen (montags bis freitags) zugänglich sind.

Banken öffnen meist montags bis freitags zwischen 9 und 13.30 (oder 14 Uhr), nur die wenigsten auch samstags vormittags.

Bei **Postämtern** und **Touristeninformationen** können Sie von folgenden Öffnungszeiten ausgehen: montags bis freitags 9 Uhr bis 13.30 oder 14 Uhr, nachmittags 16.30 Uhr (oder 17 Uhr) bis 19.30 Uhr. Mitunter öffnet die Post schon um 8.30 Uhr, manche Infobüros aber sind erst ab 9.30 Uhr zugänglich, auch am Abend variieren die Schließungszeiten manchmal zwischen 19 und 20 Uhr. Samstags beschränken sich die Öffnungszeiten meist auf den Vormittag. Sonderfälle können folgende sein: von morgens bis abends durchgehende Schalterstunden von Postämtern (aber nur montags bis freitags) in größeren Städten, Öffnung von einigen Fremdenverkehrsämtern sonntags vormittags und komplett servicefreies Wochenende von anderen Informationsbüros.

Geschäfte öffnen im Regelfall montags bis samstags von 9 (oder 9.30 Uhr) bis 13.30 Uhr und von 16.30 bis 19.30 Uhr (oder 20 Uhr). Mögliche Ausnahmen: montags vormittags und samstags nachmittags geschlossen. Große Supermärkte auf der grünen Wiese haben montags bis samstags häufig durchgehend von 10 bis 22 Uhr geöffnet. Bäckereien und manche Gemischtwarenläden haben auch sonntags vormittags Kundenbetrieb.

Museen öffnen ihre Pforten im Normalfall dienstags bis samstags von 9 Uhr (auch: 9.30 oder 10 Uhr) bis 13.30 oder 14 Uhr und von 16.30 bis 19 Uhr (auch: 19.30 Uhr oder 20 Uhr). Hinzu kommt der Sonntagvormittag. Sonntags nachmittags und montags bleibt die Mehrzahl der Museen geschlossen.

Post

Ein Trost vorweg: Früher war's schlimmer. Mittlerweile haben sich bei der spanischen Post Zuverlässigkeit und Kundenservice verbessert, auch wenn samstags immer noch keine Briefträger unterwegs sind und jüngst von einem Tag auf den andern die preisgünstigen internationalen Büchersendungen abgeschafft wurden. Für den Aufbruch in die Moderne mag stehen, daß manche Ämter neuerdings internationalen Faxdienst *(burofax internacional)* anbieten, wobei die erste Seite umgerechnet knapp zwölf und die nachfolgenden etwa drei Mark kosten.

Gehen Sie davon aus, daß Briefe und Postkarten nach Deutschland, Österreich und in die Schweiz etwa vier bis fünf Tage brauchen. Für Briefe *(cartas)* bis zu 20 Gramm und Postkarten *(postales)* normaler Größe ins Ausland gilt derselbe Tarif. Briefmarken *(sellos)* sind in Spanien nicht nur beim Postamt *(correos)*, sondern auch in Tabakläden (*estancos*; Kennzeichen: rotbraune Schilder mit gelber Aufschrift *Tabacos* oder einem »T«-Zeichen) erhältlich. Bei Einschreibebriefen *(cartas certificadas)*, Eilbriefen *(cartas urgentes)* sowie der Aufgabe von Päckchen und Paketen *(paquetes postales)* führt an der Post kein Weg vorbei. Bei Paketsendungen durch die normale »gelbe Post« innerhalb Spaniens geht es am schnellsten mit dem Tarif *Postal Exprés*, bei internationalen Päckchen oder Paketen mit *EMS Postal Exprés*. Schickt man Päckchen oder Pakete auf dem preisgünstigsten Postweg ins Ausland, muß man mit einer Beförderungsdauer zwischen zwei und vier Wochen rechnen.

Reiseführungen Nord-Spanien

Fundierte deutschsprachige Führungen auf dem Jakobsweg, aber auch durch Navarra, La Rioja und die Stadt Pamplona veranstaltet die in Pamplona ansässige Agentur Drouve-Doria. Anfragen oder Buchungen per Post bzw. Fax: Oficinas y Servicios de Navarra, Plaza Príncipe de Viana, 2-4° derecha, E-31003 Pamplona, Fax aus Deutschland 0034 948 24 25 01.

Restaurants/Essen und Trinken

Spanische Restaurants haben in der Regel von 13.30 bis 16 Uhr sowie von 21 Uhr bis Mitternacht geöffnet. Angesichts der für viele ungewohnt späten Essenszeiten können Sie sich und Ihren Magen mit Appetithäppchen *(pinchos* oder *tapas)* in den Bars verwöhnen oder einstimmen. Jede vernünftige Kneipe bietet eine reiche Auswahl an *pinchos*, die im Tresenbereich unter Glas zur Auswahl liegen. Die Häppchenkultur mit einem Wein dazu ist im spanischen Alltagsleben fest verankert, vor allem am späten Vormittag bzw. frühen Mittag und allgemein am Abend. Faustregel für *pinchos*-Ungeübte in fremden Kneipengefilden: Je verschmutzter der Boden der Bar – jene für Ausländer gewöhnungsbedürftige Akkumulation an Papierservietten, Kippen, Zahnstochern, Essensresten usw. – desto größer der Zulauf der Einheimischen und desto wahrscheinlicher eine gute Qualität der Häppchen. Ach ja: In vielen Bars streut man vorsorglich Sägemehl aus, um dem Servietten-, Kippen- und Zahnstochermüll, den die spanischen Gäste mit lockeren Gesten über den Boden verteilen, den raschen Kehraus zu machen. Zufällig segelt hier nichts auf den Boden.

Mittags bieten viele Restaurants ein preisgünstiges Tagesmenü *(menú del día)* an, das im Normalfall aus drei Gängen besteht und Wasser (*agua*; fast immer kühlschrankfrisch, aber aus der Leitung), Wein (*vino*; häufig eine ganze Flasche, selbst für den Alleinesser) und Brot *(pan)* beinhaltet, mitunter sogar noch einen Kaffee zum Abschluß, jedoch keine Softdrinks oder Bier. Bei den Tagesmenüs reicht die Preisspanne üblicherweise von umgerechnet 12 bis 20 Mark. An Samstagen und Sonntagen bieten manche Restaurants mittags das etwas teurere Wochenend-Tagesmenü *(menú del día del fin de semana)* an.

Natürlich findet man auf der Speisekarte *(carta)* auch normale Menüs *(menús)*, Tellergerichte *(platos combinados)* oder Vorspeise *(entrada)*, *Hauptspeise (plato principal)* und Nachtisch *(postre)*, die man sich nach eigenem Belieben zusammenstellen kann. Am besten, man wählt das aus, was mit Blick auf die Umgebung die größte Frische verspricht, ob Meeresfrüchte am Atlantik oder Lamm und Rindersteaks im Gebirge.

Damit Sie all die Köstlichkeiten und Leckereien, die die nordspanische Küche bietet, auch ohne Probleme bestellen können, haben wir für Sie eine »Kleine Kulinarische Sprachhilfe« erstellt, die Sie ab Seite 217 finden.

In diesem Buch werden die Preiskategorien eines Restaurants – wie bei den Hotels – durch P-Zeichen (für Pesetas) angegeben, wobei als Grundlage ein Tagesmenü oder Tellergericht dient und aus dem preislichen Rahmen fallende Gerichte nicht berücksichtigt wurden:

P – unter 2 000 Pesetas
PP – 2 000 bis 4 000 Pesetas
PPP – über 4 000 Pesetas

Sicherheitshinweise

Nordspanien ist ein ebenso sicheres Reisegebiet wie Bayern oder Hessen. Hier wie dort ist allerdings ein gewisses kriminelles Potential – beispielsweise von Drogensüchtigen in Großstädten – nicht auszuschließen. Sprich: Beschaffungskriminalität. Fahrzeuge mit ausländischen Kennzeichen locken als fahrende Werte. Nicht die Vehikel an sich, sondern ihr Inhalt in Gestalt von Radios und Wertsachen. Für Reisende gilt, nichts sichtbar im Wageninnern zurückzulassen und das entleerte Handschuhfach zu öffnen. Geld und Schmuck sind im Zimmer- bzw. zentralen Hotelsafe gut aufgehoben. Stürzt man sich ins Getümmel größerer Feste, wie die *Fiestas de San Fermín* in Pamplona, sollte man besonders gut auf Hand- und Kamerataschen achten und an Geld nur das Nötigste mitnehmen, vorzugsweise im Geldgürtel oder in der Brusttasche.

Strom

Die Netzspannung beträgt 220 Volt, in ländlichen Gegenden und Altstadtbauten gelegentlich noch 110 Volt. In spanische Steckdosen passen in der Regel die normalen, auch zu Hause benutzten Stecker; falls nicht, muß man beim Fachhändler einen Adapter *(adaptador)* erstehen.

Telefonieren

Wer nicht direkt sein Handy mitnimmt und länger im Zielgebiet bleibt, sollte sich in Tabakläden (*estancos*; dort, wo es auch Briefmarken gibt) eine Telefonkarte *(tarjeta telefónica)* kaufen. Man hat die Wahl zwischen Karten zu 1 000 und 2 000 Pesetas. Telefonate ins Ausland sind recht teuer, vor allem, wenn man mit Münzen telefoniert. Halten Sie in dem Fall einige 100-Pesetas-Münzen bereit. Nicht in Anspruch genommene Restbeträge geben die Automaten nicht zurück.

Bei Auslandsgesprächen ab Spanien müssen Sie zunächst die internationale Vorwahl 00

Reisedaten

wählen, dann die Landeskennzahl (Deutschland 49, Österreich 43, Schweiz 41), gefolgt von der Ortsnetzvorwahl ohne die Null zu Beginn und der anschließenden Teilnehmernummer. Preisgünstiger sind Auslandsgespräche ab Spanien in der Zeit zwischen 22 und 8 Uhr.

Bei Telefonaten nach Spanien (internationale Vorwahl 00, dann die Landeskennzahl 34) wählt man heutzutage anschließend den kompletten Provinzcode samt der Anfangs-Neun plus der Teilnehmernummer. In Spanien gibt es nur zwei- oder dreistellige Provinzcodes und keine gesonderten Vorwahlen von Städten und Orten. Bei einem Gespräch innerhalb Spaniens – auch innerhalb derselben Provinz und selbst innerhalb desselben Dorfes – wählen Sie auf jeden Fall die ganze Vorwahl mit.

Trinkgeld

In einer Dienstleistungsgesellschaft sollte guter, zufriedenstellender Service mit einem angemessenen Trinkgeld (heißt in Spanien *propina*) honoriert werden. Das bedeutet: Ungefähr zehn Prozent des Rechnungsbetrages für den aufmerksamen Kellner im Restaurant und 100 Pesetas pro Koffer und Tasche für den fleißigen Gepäckträger im Hotel sollte man schon bereithalten. Auch der Zimmerservice im Hotel (bei dem man von schlechter bis sehr schlechter Bezahlung ausgehen kann) wird sich selbstverständlich über ein Trinkgeld freuen. Ebenso die Bedienung in der Bar oder im Café, wobei dort die *propina* unter Spaniern recht unüblich ist. So wie die Einheimischen generell mit Trinkgeld geizen.

Sprachhilfen

Spanisch für den Reisealltag

Mit ein bißchen Übung kann Ihnen das Spanische im Reisealltag leicht von der Hand – sprich: über die Lippen – gehen. Die Einheimischen wird's freuen, vielleicht auch amüsieren, zumindest erleichtert es die Kontakte. Auch im Baskenland und Galicien, wo außer Spanisch *(castellano* oder *español)* gleichwohl auch Baskisch *(euskera)* bzw. Galicisch *(galego)* verbreitet ist. Im Gegensatz zu Andalusien trifft man in Spaniens Norden keinen besonders ausgeprägten Dialekt an.

Machen Sie sich zunächst mit einigen Ausspracheregeln vertraut: »ñ« wie nj, »ch« wie tsch, »ll« wie lj, »v« wie b, «qu« wie k, »j« wie ein rauhes deutsches ch, das »h« bleibt stimmlos. Beachten Sie auch die Akzente. Taucht ein mehrsilbiges Wort ohne Akzent auf, betont man es im Regelfall auf der vorletzten Silbe. Hinweis zur Schriftsprache: Wird der folgende Ausdruck oder Satz eine Ausrufung oder eine Frage, stellt man ihm ein umgekehrtes Ausrufungs- bzw. Fragezeichen voran. Substantive werden gemeinhin klein geschrieben.

Nachfolgend eine kleine Sprachhilfe für den Alltag. Wer's genauer will, nimmt sich ein Taschenwörterbuch mit auf die Reise.

Wichtige Ausdrücke:

Herr	– *señor*
Frau	– *señora*
Fräulein	– *señorita*
Guten Morgen/ Guten Tag	– *buenos días*
Guten Abend	– *buenas tardes*
Gute Nacht	– *buenas noches*
Hallo!	– *¡hola!*
Auf Wiedersehen	– *adiós/hasta luego*
Danke	– *gracias*
Bitte	– *por favor*
Wie geht's dir?	–*¿Como estás?*
Wie geht es Ihnen?	–*¿Cómo está Usted?*
Sehr gut	– *muy bien*
Schlecht	– *mal*
Ja	– *sí*

Nein	– *no*
Entschuldigung!	– *¡perdón!*
Keine Ursache	– *de nada*
Ich bin Deutscher/ Deutsche	– *Soy alemán/alemana*
Ich bin Österreicher/ Österreicherin	– *Soy austríaco/austríaca*
Ich bin Schweizer/ Schweizerin	– *Soy suizo/suiza*
Ich bin Niederländer/Niederländerin	– *Soy holandés/holandesa*
Deutschland	– *Alemania*
Österreich	– *Austria*
Schweiz	– *Suiza*
Niederlande	– *Holanda*
Ich spreche kein Spanisch	– *No hablo español*
Was kostet das?	– *¿Cuánto cuesta esto?*
Wieviel Uhr ist es?	– *¿Qué hora es?*
Es ist acht Uhr früh	– *Son las ocho de la mañana*
Es ist vier Uhr nachmittags	– *Son las cuatro de la tarde*
Heute	– *hoy*
Gestern	– *ayer*
Morgen	– *mañana*
Übermorgen	– *pasado mañana*
Rechts	– *a la derecha*
Links	– *a la izquierda*
Weit	– *lejos*
Nah	– *cerca*
Montag	– *lunes*
Dienstag	– *martes*
Mittwoch	– *miércoles*
Donnerstag	– *jueves*
Freitag	– *viernes*
Samstag	– *sábado*
Sonntag	– *domingo*
Eins	– *uno*
Zwei	– *dos*
Drei	– *tres*
Vier	– *cuatro*
Fünf	– *cinco*
Sechs	– *seis*
Sieben	– *siete*
Acht	– *ocho*
Neun	– *nueve*
Zehn	– *diez*
Elf	– *once*
Zwölf	– *doce*
Dreizehn	– *trece*
Vierzehn	– *catorce*
Fünfzehn	– *quince*
Sechzehn	– *dieciséis*
Zwanzig	– *veinte*
Fünfzig	– *cincuenta*
Hundert	– *cien*
Hunderteins	– *ciento uno*
Tausend	– *mil*
Zweitausend	– *dos mil*

Hotel/Pension:

Ich hätte gern ein Doppelzimmer/ Einzelzimmer	– *Quisiera una habitación doble/habitación individual*
Wieviel kostet ein Zimmer?	– *¿Cuánto cuesta una habitación?*
Könnte ich das Zimmer sehen?	– *¿Podría ver la habitación?*
Nehmen Sie Kreditkarten?	– *¿Acepta tarjetas de crédito?*
Mit Doppelbett	– *con una cama grande*
Mit zwei Einzelbetten	– *con dos camas*
Für eine Nacht	– *para una noche*
Für zwei Nächte	– *para dos noches*
Mit Bad	– *con baño*
Mit Dusche	– *con ducha*
Mit Klimaanlage	– *con aire acondicionado*
Mit Heizung	– *con calefacción*
Mit schönem Ausblick	– *con buenas vistas*
Mit Meeresblick	– *con vista al mar*
Mit Safe	– *con caja fuerte*
Mit Telefon	– *con teléfono*
Frühstück	– *desayuno*
Halbpension	– *media pensión*
Preis	– *precio*
Zimmernummer	– *número de habitación*
Schlüssel	– *llave*
Stockwerk	– *piso*
Aufzug	– *ascensor*
Garage	– *garage*
Schwimmbad	– *piscina*
Rechnung	– *cuenta*

Sprachhilfen

Camping:

Zeltplatz – *camping*
Zelt – *tienda de campaña*
Zwei Erwachsene – *dos adultos*
Parzelle – *parcela*
Strom – *corriente*
Waschraum – *lavadero*
Steckdosen für Wohnwagen – *enchufes eléctricos para caravanas*
Direkte Wasserzufuhr für Wohnwagen – *suministro directo de agua a caravanas*
Heißwasserduschen – *duchas de agua caliente*
Im Schatten – *en la sombra*
Fahrradverleih – *alquiler de bicicletas*

Sehenswürdigkeiten:

Kathedrale – *catedral*
Kirche – *iglesia*
Stiftskirche – *colegiata*
Kloster – *monasterio*
Kreuzgang – *claustro*
Museum – *museo*
Ausstellung – *exposición*
Palast – *palacio*
Park – *parque*
Platz – *plaza*
Kapelle – *capilla*
Einsiedelei – *ermita*
Altstadtviertel – *casco antiguo/casco histórico*
Schloß/Burg – *castillo*
Berg – *montaña*
Höhle – *cueva*
Schlucht – *foz, garganta*
Aussichtspunkt – *mirador*
Strand – *playa*
Hafen – *puerto*
Touristeninformation – *información turística*

Einkäufe:

Markt – *mercado*
Supermarkt – *supermercado*
Geschäft – *tienda*
Bäckerei – *panadería*
Konditorei – *pastelería*
Metzgerei – *carnicería*
Buchhandlung – *librería*
Tabakladen – *estanco*
Post – *correos*
Postkarte – *postal*
Brief – *carta*
Briefmarke – *sello*
Telefonkarte – *tarjeta telefónica*
Landkarte – *mapa*
Stadtplan – *plano callejero*
Tageszeitung – *periódico*
Deutsche Tageszeitung – *periódico alemán*

Auto:

Auto – *coche*
Leihwagen – *coche de alquiler*
Führerschein – *permiso de conducir*
Werkstatt – *taller*
Tankstelle – *gasolinera*
Benzin – *gasolina*
Bleifreies Benzin – *gasolina sin plomo*
Diesel – *gasoil*
Öl – *aceite*
Voll – *lleno*
Parkhaus/Parkplatz – *parking, aparcamiento*
Unfall – *accidente*
Pannendienst – *auxilio en carretera*
Abschleppwagen – *grúa*
Polizei – *policía*

Öffentliche Verkehrsmittel:

Flughafen – *aeropuerto*
Bus – *autobús/autocar*
Busbahnhof – *estación de autobuses*
Sitzplatz – *asiento*
Reservierung – *reserva*
Abfahrt – *salida*
Ankunft – *llegada*
Zug – *tren*
Bahnhof – *estación de ferrocarriles/estación de trenes*
Taxi – *taxi*

Geld:

Bank	– *banco*
Sparkasse	– *caja de ahorros*
Geldwechsel	– *cambio*
Kreditkarte	– *tarjeta de crédito*
Reiseschecks	– *cheques de viajero*
Geldautomat	– *cajero automático*
Kommission	– *comisión*
bar	– *en efectivo/en metálico*
D-Mark	– *marcos alemanes*
Schilling	– *chelines austríacos*
Schweizer Franken	– *francos suizos*

Zum guten Schluß der Vokabellektionen noch einige Hinweise auf Wörter, die Sie womöglich aus dem Deutschen ableiten und ins Spanische übertragen. So könnte mancher dieser Begriffe zu Mißverständnissen oder Lacherfolgen führen. Also, aufgepaßt bei spanischen Wörtern wie *mantel* (Tischtuch; Mantel heißt *abrigo*). Und der *pastor* ist nicht nur der Pastor, sondern auch der Schäfer, und bei einer *infusión* bekommt man im Café einen Teeaufguß serviert. Achtung auch bei lautgleichen Wörtern. Wer hofft, im Restaurant mit dem deutschen »Besteck« Messer und Gabel zu bekommen, könnte falsch liegen und sich einem unbestellten Beefsteak, *bistec*, gegenübersehen.

Kleine kulinarische Sprachhilfe

Wer sich mit den folgenden Vokabeln ein wenig vertraut macht, wird sich in jeder Bar, jedem spanischen Café oder Restaurant einigermaßen »durchschlagen« können. Unsere Kulinarische Sprachhilfe nennt Ihnen im folgenden zunächst einige allgemeine Begriffe, die beim Frühstück, der kleinen Zwischenmahlzeit oder auch beim Bestellen für das opulente Fünf-Gänge-Menü von Nutzen sind. Anschließend führen wir die wichtigsten Vorspeisen und Hauptgerichte auf. Für Leckermäuler, die auch in Spanien nicht vom Nachtisch lassen wollen, halten wir am Ende noch einige Tips bereit.

Café/Restaurant:

Milchkaffee	– *café con leche*
Espresso/ schwarzer Kaffee	– *café solo*
Espresso mit etwas Milch	– *cortado*
Tee	– *té*
Milch	– *leche*
Zucker	– *azúcar*
Süßes Brötchen	– *bollo suizo*
Toast	– *tostada*
Hörnchen	– *croissant*
Orangensaft	– *zumo de naranja*
Brot	– *pan*
Belegtes Brot	– *bocadillo*
Belegtes Schinkenbrot	– *bocadillo de jamón*
Belegtes Käsebrot	– *bocadillo de queso*
Belegtes Paprikawurstbrot	– *bocadillo de chorizo*
Oliven	– *aceitunas*
Butter	– *mantequilla*
Marmelade	– *mermelada*
Ei	– *huevo*
Hartgekochtes Ei	– *huevo duro*
Spiegelei	– *huevo frito*
Omelette	– *tortilla*
Kartoffelomelette	– *tortilla de patatas*
Frühstück	– *desayuno*
Mittagessen	– *comida*
Abendessen	– *cena*
Appetithäppchen	– *pinchos, tapas*
Ober	– *camarero*
Speisekarte	– *carta*
Tagesmenü	– *menú del día*
Salat	– *ensalada*
Fleisch	– *carne*
Fisch	– *pescado*
Gemüse	– *verdura*
Reis	– *arroz*
Nachspeise	– *postre*
Mineralwasser	– *agua mineral*
Mineralwasser mit Kohlensäure	– *agua mineral con gas*
Rotwein	– *vino tinto*
Roséwein	– *rosado/clarete*
Weißwein	– *vino blanco*
Bier	– *cerveza*

Sprachhilfen

Vorspeisen:

Gemischter Salat – *ensalada mixta*
Russischer Salat (mit Kartoffeln, Ei, Mayonnaise, Erbsen/Möhrchen) – *ensaladilla rusa*
Spargel – *espárragos*
Pilze – *setas*
Paprikaschoten, gefüllt – *pimientos rellenos*
Artischocken – *alcachofas*
Salatherzen – *cogollos*
Fleischklößchen – *albóndigas*
Gemüseeintopf – *menestra*
Suppe – *sopa*
Linsen – *lentejas*
Vorspeisenplatte mit Wurst – *entremeses variados*

Hauptgerichte Meeresfrüchte/Fisch:

Fischeintopf – *marmitako* (vor allem im Baskenland)
Tintenfische in der eigenen Tinte – *chipirones en su tinta* (Baskenland)
Kabeljau – *bacalao*
Thunfisch – *atún/bonito*
Forelle – *trucha*
Lachs – *salmón*
Seehecht – *merluza*
Seezunge – *lenguado*
Meeraal – *congrio*
Oktopus – *pulpo*
Seeteufel – *rape*
Miesmuscheln, gedämpft – *mejillones al vapor*
Jakobsmuschel – *vieira*
Venusmuscheln – *almejas*
Garnelen – *gambas*
Krebs – *cangrejo*

Hauptgerichte Fleisch:

Filet – *solomillo* (qualitativ geringer: *filete*)
Lamm – *cordero*
Rind – *vaca*
Kalb – *ternera*
Ente – *pato*
Huhn – *pollo*
Hühnchenbrust – *pechuga de pollo*
Truthahn – *pavo*
Rebhuhn – *perdiz*
Wachtel – *codorniz*
Wildschwein – *jabalí*
Kaninchen – *conejo*
Schweinelende – *lomo de cerdo*
Schweinerippchen – *costillas de cerdo*
Schweineleber – *hígado de cerdo*
Kotelett – *chuleta*
Schnitzel – *escalope*
Zunge – *lengua*
Nieren – *riñones*

Sonstige Hauptgerichte:

Bohneneintopf – *fabada* (Asturien)
Eintopf – *cocido*
Vorderschinken mit Steckrübenblättern – *lacón con grelos* (Galicien)
Omelette – *tortilla*

Nachtisch:

Eiscreme – *helado*
Joghurt – *yogur*
Schafsmilchjoghurt – *cuajada* (Navarra, Baskenland)
Milchreis – *arroz con leche*
Kompott – *compota*
Karamelpudding – *flan*
Sahne – *nata*
Obst – *fruta*
Apfel – *manzana*
Birne – *pera*
Erdbeeren – *fresas*
Orangen – *naranjas*
Ananas – *piña*
Banane – *plátano*
Cremespeise – *natillas*
Pfirsichkompott – *melocotón en almíbar*
Käse – *queso*

Orts- und Sachregister

(Die *kursiv* gesetzten Begriffe bzw. Seitenzahlen beziehen sich auf Angaben im Service, **fette** Ziffern verweisen auf ausführliche Erwähnungen.)

Namenregister

Bildnachweis

G. Calvo/S. Tzschaschel, Leipzig: S. 96, 97, 99, 106, 107
Andreas Drouve, Pamplona: S. 2/3, 11, 13, 21 u., 40, 48, 60, 62, 64, 65, 75, 76 (68), 79, 87, 111, 143, 149, 150, 153, 154, 157, 158, 164, 169, 176, 184, 191
Monica Gumm/White Star, Hamburg: S. 46, 162
Roccabella/White Star, Hamburg: S. 100, 101 m., 101 u., 102 l., 102 r., 103 l., 103 r., 105
Guido Schiefer/White Star, Hamburg: S. 177
Jo Schwartz, Köln: S. 6 (141), 8 o., 28, 42, 43, 45, 50, 52, 57, 71, 72, 108, 113, 118, 119, 130, 133, 138 (128), 139, 144, 146, 148, 151, 173, 174, 175 (170), 179, 189, 190, 192 (186), 193, 194, 197, Umschlagrückseite
Jörg Steinert/White Star, Hamburg: Titelbild, S. 7, 10, 22 (54), 23, 30, 34, 35, 38, 39 (30 und Schmutztitel), 83 (vordere Umschlagklappe), 84, 88, 89, 91, 92, 98, 112, 115, 116, 131 (95), 132, 134, 136, 145, 198
Vista Point Verlag, Köln: S. 9, 20 o., 20 u., 21 o., 23 u., 24, 26
White Star, Hamburg: S. 27, 32, 36, 47, 56, 59

Alle übrigen Aufnahmen stammen aus dem Archiv des Autors.

Titelbild: Pilger im Bierzo bei Las Médulas. Foto: Jörg Steinert/White Star, Hamburg
Haupttitel (S. 2/3): Eröffnung der Fiestas de San Fermín in Pamplona. Foto: Andreas Drouve, Pamplona

Konzeption, Layout und Gestaltung dieser Publikation bilden eine Einheit, die eigens für die Buchreihe der **Vista Point Reiseführer** entwickelt wurde. Sie unterliegt dem Schutz geistigen Eigentums und darf weder kopiert noch nachgeahmt werden.

© 2000 Vista Point Verlag, Köln
Alle Rechte vorbehalten
Reihenkonzeption: Dr. Horst Schmidt-Brümmer, Andreas Schulz
Lektorat: Michael Köhler
Layout und Herstellung: Tom Harwerth, Andreas Schulz
Reproduktionen: Digital Litho, Ulm
Karten: Berndtson & Berndtson Productions GmbH, Fürstenfeldbruck

Gedruckt auf chlorfrei gebleichtem Papier

Printed in Spain
ISBN 3-88973-208-9

VISTA POINT VERLAG
Händelstr. 25–29 · 50674 Köln · Postfach 27 05 72 · 50511 Köln
Telefon: 02 21/92 16 13-0 · Telefax: 02 21/92 16 13 14
e-mail: vistapoint@t-online.de · Internet: **www.vistapoint.de**